U0595019

光明社科文库
GUANGMING DAILY PRESS:
A SOCIAL SCIENCE SERIES

·经济与管理书系·

农村土地股份制理论
与制度设计研究

（修订版）

我国农村土地股份制理论与制度设计研究课题组 ｜ 著

光明日报出版社

图书在版编目（CIP）数据

农村土地股份制理论与制度设计研究 ／ 我国农村土地股份制理论与制度设计研究课题组著. -- 修订版. 北京：光明日报出版社，2024.4. -- ISBN 978 - 7 - 5194 - 8038 - 7

Ⅰ. F321. 1

中国国家版本馆 CIP 数据核字第 20248TJ278 号

农村土地股份制理论与制度设计研究（修订版）

NONGCUNTUDI GUFENZHI LILUN YU ZHIDU SHEJI YANJIU（XIUDINGBAN）

著　　者：我国农村土地股份制理论与制度设计研究课题组

责任编辑：章小可　　　　　　　　责任校对：郭玫君
封面设计：中联华文　　　　　　　　责任印制：曹　净

出版发行：光明日报出版社
地　　址：北京市西城区永安路 106 号，100050
电　　话：010-63169890（咨询），010-63131930（邮购）
传　　真：010-63131930
网　　址：http: // book. gmw. cn
E - mail：gmrbcbs@ gmw. cn
法律顾问：北京市兰台律师事务所龚柳方律师

印　　刷：三河市华东印刷有限公司
装　　订：三河市华东印刷有限公司
本书如有破损、缺页、装订错误，请与本社联系调换，电话：010-63131930

开　　本：170mm×240mm
字　　数：260 千字　　　　　　　印　　张：17
版　　次：2024 年 4 月第 1 版　　　印　　次：2024 年 4 月第 1 次印刷
书　　号：ISBN 978 - 7 - 5194 - 8038 - 7
定　　价：95. 00 元

前　言

本书由张占录、戴银萍、张毅、张雅婷等著，是课题组集体智慧的结晶。参加课题研究、撰写书稿人员有：张占录、谭峻、戴银萍、张毅、张雅婷、康明明、曾萍、张笑寒、李云庆、万茹、王若男；孟繁瑜、吴春岐，李新瑶、李琳奕、姜武汉、赵茜宇、孟祥舟、涂宁静等参加了课题申报、课题调研或书稿整理校对工作。

治国理政，就是治国土、理地政。治国土、理地政历来是高度有效的治国安邦政策工具。土地制度在社会经济发展中具有基础地位，是农村社会经济改革和发展的推动力，更是农村社会经济发展和破解"三农"问题的关键。在土地承包制度、"三权分置"制度基础上，农村土地股份制兴起已经对我国农村社会经济发展起到了强大的推动作用，同时也为深化土地制度改革奠定了实践基础。理论和实践表明，农村土地股份制就是未来促进农村经济社会发展和破解"三农"问题、治国安邦的政策工具。通过土地股份制的改革，将土地和固定资产折股量化给农民，对汇集的土地实行统一规划、管理和经营，农民可以按股分红，一方面在提高土地利用效率的同时还实现了土地的社会保障功能，实现了公平与效率、激励与约束、低成本和高效率、稳定性与超前性的有机结合；另一方面有利于推动农村土地产权的完善，从根本上解决城乡二元化发展造成的"三农"问题，促进乡村振兴、城乡融合，产生积极的社会影响和重大效益。

在理论上，本书对农村土地股份制理论基础进行了系统梳理，综合既往的学术研究和实践成果，对农村土地股份制的概念、性质、类型进行了清晰的界定，对农村土地股份制经济组织的形式及法律地位进行了细致的研究和探讨，提出了农村土地股份制整体性理论框架，并将其与实践较好地结合，为未来的农村土地股份制改革提供了理论依据；在实践上，本书详细介绍了当前我国正在实施的几种重要的农村土地股份制形式，对我国典型地区农村土地股份制创新实践做了全面总结，为进一步深化农村土地股份制改革、制度设计，推进农村土地股份制实施提供宝贵经验。

本书是在国家社会科学研究基金课题"我国农村土地股份制理论与制度设计研究（项目号：14BJY090）"成果基础上完成的。谭峻老师和张占录老师先后分别主持了课题研究工作。谭峻老师作为课题研究第一阶段项目主持人，在其主持研究工作期间，做了大量深入调查和研究工作，为项目后续研究打下了坚实基础。2016年3月，原课题负责人谭峻老师不幸因病辞世。之后，2017年9月单位安排由张占录老师继续完成研究任务。因原研究时点与更换负责人后继续研究时点相隔时间较长，加之以"三权分置"为核心内容的农村土地制度改革深入推进，我国农村土地股份制的理论与实践有了一定的发展，张占录老师对原申报书中的申报题目、研究目标、研究内容、结构做了较大幅度调整。后续研究团队在已有成果基础上，继续深化对农村土地股份制理论与制度研究，最终完成《我国农村土地股份制理论与制度设计研究》研究报告和书稿，并于2020年12月通过国家社科基金组织的验收评审。

谨以此书告慰谭峻老师。

张占录

2021年6月8日

目　录
CONTENTS

导　言

伴随着经济社会的快速发展，一方面农村劳动力和土地生产力需要释放，分享改革发展成果；另一方面城镇化、工业化需要大量劳动力和土地作为支撑，实行土地股份制改革成为双方"共赢"的共同选择。党的十八届三中全会提出，"赋予农民对承包地占有、使用、收益、流转及承包经营权抵押、担保权能，允许农民以承包经营权入股发展农业产业化经营"；"保障农民集体经济组织成员权利，积极发展农民股份合作，赋予农民对集体资产股份占有、收益、有偿退出及抵押、担保、继承权"；"建立农村产权流转交易市场，推动农村产权流转交易公开、公正、规范运行"，为土地股份制中的土地产权关系调整指明了方向。

在这种发展背景下，作为集体土地产权实现的有益探索，土地股份制改革为农村经济社会的发展注入了强劲动力，但是关于农村土地股份制的基础理论研究仍薄弱，对农村土地股份制的内涵界定也比较模糊，未能形成对实践的有效指导。本课题认为应从理论、法律和制度多个方面对农村土地股份制进行全面、系统的研究，课题研究就此应运而生。虽然课题执行过程中，原项目负责人谭峻副教授逝世，项目推进比原计划略微滞后，但是党的十九大报告提出新时期我国的发展要实行乡村振兴战略，并指出"农业农村农民问题是关系国计民生的根本性问题，必须始终把解决好'三农'问题作为全党工作重中之重"，项目研究内容与新时期"乡村振兴"的发展战略高度融合，能够有效服务于"乡村振兴"战略，仍然具有较强的研究价值。

因此，本项目在已有成果的基础上，继续深化对农村土地股份制理论与制度的研究。在项目执行期间，项目组成员赴北京市（门头沟区、密云区、昌平区、丰台区、大兴区、顺义区）、四川省（崇州市、资阳市）、江苏省（南通市、苏州市、常熟市）、浙江省（宁波市、嘉兴市、杭州市）、山东省（济宁市、枣庄市、滕州市）等多地的农村进行细致调研，目前项目研究工作已经全部完成，通过丰富的理论和实践研究，本项目构建了中国农村土地股份制的理论体系，并完成了相应的制度设计。

第一章　绪论

中国自古是农业大国，农业对粮食安全、社会稳定所起的作用不可替代。当前我国经济进入新常态，历史和现实表明，聚焦农村是改革的方向和着力点，也是克服经济下行压力的根本[1]。农村制度由多方面构成，而土地制度处于基础地位，是农村改革和发展的牵引力，在农村土地制度改革的探索中，土地股份制通过对分散细碎的土地统一规划和经营，有效改善了小农生产效率低的问题，一方面有利于优化农村土地资源配置、集约利用土地、提高土地利用效率；另一方面有助于明确土地产权主体，使入股主体充分分享土地增值收益。可以说土地股份制改革对盘活农村闲置土地资源、提高农业生产力、保障权利主体的利益有着重要意义，产生了突出的经济和社会效益。

第一节　问题的提出

1978年改革开放后，我国在农村土地集体所有的基础上，逐渐将家庭承包经营为基础、统分结合的双层经营体制建设成为我国农村土地的基本经营制度，极大激发了农民的生产积极性，解放了农村生产力，提高了农业产量，为我国经济的发展奠定了坚实的基础。随着经济飞速发展，工业化、城镇化快速推进，农村的基础发展条件发生重大变化，农业发展面临新的挑战，具体表现在城乡发展差距、产业结构、人口、农业技术等方面。

城乡发展呈现二元化的状态，与城市居民相比农民收入增长缓慢，城乡居民收入差距大。近五年来，农村居民人均可支配收入不足城镇居民人均可支配收入的40%（图1-1）。

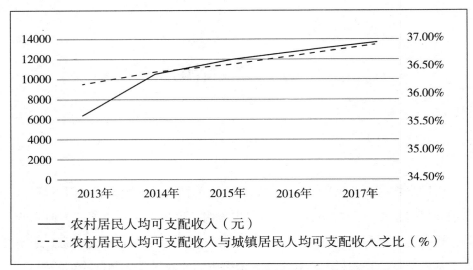

图 1-1 2013 年—2017 年我国农村居民人均可支配收入
数据来源：国家统计局

在产业结构方面，我国第一产业增加值占 GDP 的比重逐年降低，2017 年仅占 GDP 的7.9%（图1-2），同时，我国农业总产值增长率连续多年持续降低，2017 年增长率仅为4.1%（图1-3），产业结构调整为第二、三产业为主的形式，第一产业占比逐渐降低。

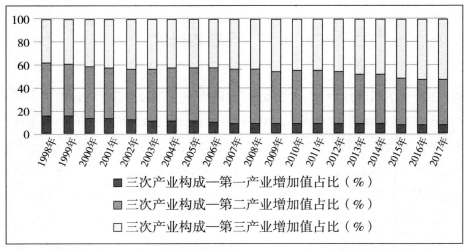

图 1-2 1998 年—2017 年我国三次产业构成（%）
数据来源：国家统计局

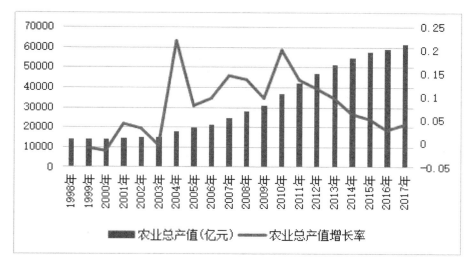

图 1-3　1998 年—2017 年我国农业总产值及其增长率

数据来源：国家统计局

在人口方面，近二十年来，我国乡村人口在总人口中的占比由66.65%降至41.48%（图1-4），乡村就业人员在总就业人员中的占比由69.4%降至45.31%（图1-5），非农人口迅速增加，大量农村劳动力涌入城市。

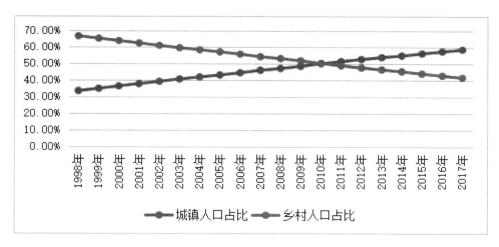

图 1-4　1998 年—2017 年我国人口中城镇与乡村占比的变化

数据来源：国家统计局

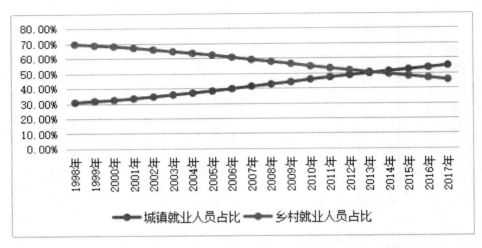

图 1-5 1998 年—2017 年我国就业人员中城镇与乡村占比的变化

数据来源：国家统计局

在农业技术水平方面，我国农业机械总动力近年来增长缓慢，2016年增长率甚至降至负值（图1-6），农业技术水平提升面临较大障碍。

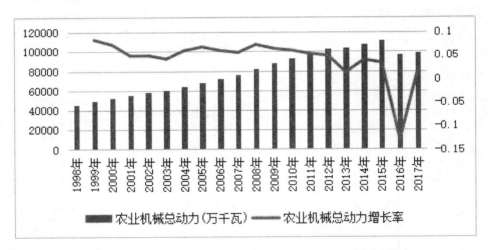

图 1-6 1998 年—2017 年我国农业机械总动力及其增长率

数据来源：国家统计局

在这种发展背景下，城乡二元化发展逐步拉大，越来越不符合当前的发展要求和农民切身需求，对经济建设和农业现代化发展造成了阻碍。城乡发展差距的形成在很大程度上受制于我国二元化的土地制度，为解决由土地制度引发的诸多问题，我国进入全面深化土地制度改革时期，在土地流转、宅基地改革、集体经营性建设用地入市等方面进行了各种探索，形成了众多具有参考意义的实践经验。农村土地股份制就是在这一过程中形成的。农村土地股份制最早产生于20世纪80年代中后期的广东珠江三角洲地区，该地区人多地少，非农产业发达，有相当多的劳动力转移到了非农产业，但土地具有社会保障功能，农民不愿放弃土地使用权，导致了严重的人地矛盾。在这一背景下，该地区开始试行农村土地股份制，即将土地和固定资产折股量化给农民，对汇集的土地实行统一规划、管理和经营，按股分红的制度。随后这一制度开始向江苏、浙江等其他地区扩散，目前我国许多地区都已经开展了农村土地股份制的试点。

农村土地股份制是解决我国目前土地制度问题的一种模式，它对传统的农村土地制度进行了改造、优化和完善，在提高土地利用效率的同时兼顾了土地的社会保障功能，实现了公平与效率、激励与约束、低成本和高效率、稳定性与超前性的有机结合[2]。其优势突出体现在：首先，完善农村土地产权结构，有效保障了农民土地财产权益，这是因为农村土地股份制下，合作经济组织统一经营，民主管理，将组织内入股要素（主要是土地）按照一定原则折股量化，公平分配到每一个入社成员，按股分红。在这个过程中，合作组织会制定符合自身情况的章程，明确规定组织架构、财务公开、民主决策、权责清晰，进而对村干部形成一定的约束作用。此外，土地的财产属性得以量化到个人，实现农村土地产权明晰化，合作组织也为农民带来长期稳定的收入回报，既有利于增加农民收入，也有利于稳定农村社会秩序。

其次，土地股份制促进了土地资源的市场化配置，提高资源配置效率。具体通过建立土地股份合作经济组织，将土地资源统一集中经营，促进农业规模化生产，再结合专业的管理人才和规范的运作，有效地参与市场竞争，在提升资源利用效率的同时还能保障入股农户的合法权益。

最后，有利于壮大新型集体经济。纵观中华人民共和国成立以后我国农村土地制度改革历史，可以发现农村土地制度改革的一个重要目的是有效建立并落实好集体土地所有权，不断发展壮大农村集体经济组织，从而实现国家对农村的有效治理。然而，长期以来农村集体土地所有权都存在主体虚置的问题，农村集体经济组织地位不断衰落，农村基层治理问题凸显。在农村土地"三权分置"改革的背景下，农村土地股份制表现出了其在落实集体土地所有权、壮大集体经济组织上的优势，使以前虚化的集体经济组织实体化，这不仅有利于提高农民收入，壮大农村集体经济，更将为农村基层社会治理带来重大变革，比如，许多地区的土地股份合作组织会设置一定比例的集体股，以维持其作为新型集体组织在村里发挥的基层自治功能，保证农村基础设施建设的资金来源，维护农村良好生产生活秩序。

可以看出，作为新时期农村土地产权制度创新形式之一的农村土地股份制体现出了许多优越性，但在实践中面临着一些理论、法律和制度障碍，比如，各地股份经济组织名称的不统一从侧面说明了我国农村土地股份制改革尚未成熟，还没能在全国形成统一的制度规范。实践中出现的各种问题对土地股份制改革的进一步推进造成了阻碍，也对学术研究提出了更高的要求。第一，在制度方面，产权界定不清，导致股权的稳定性和对股权的配置受到影响；农村土地权利受到诸多限制，约束了土地股权的流转。第二，在经济效率方面，农村土地股份制的建立大多需要一定的先决条件，不是所有地区都能实现股份制，区域之间经济社会发展的不平衡影响了土地股份经济组织的发展。与此同时，土地股份经济组织的经营管理有待完善，收入渠道较为单一，容易出现绩效增长受阻甚至亏损。第三，在农民权益保障方面，股东资格界定还有待完善和规范，收益分配机制不完善容易影响农民股权收入水平，而且农民普遍分红意愿虚高，容易引发较高的经营风险。据此，如何规范和优化农村土地股份制的发展，使其与我国的农村土地集体所有制更好地融合，从而解决我国土地制度中存在的问题？

第二节　研究目的与意义

本书以农村土地股份制为研究主题，对农村土地股份制的理论基础、概念内涵、变迁过程、组织形式、理论构建、实践情况、制度设计和改革困境、方向等问题进行了分析，旨在分析农村土地股份制创新实践中的土地产权安排，探讨面对分红时股权的确定问题，即在入股条件下农村集体经济组织成员如何界定，各成员的成员权是否有区别，是否平等一致的问题，同时，从效率角度讲，还有股权的流动与开放、股权的退出等问题。当然，单有公平且有效率的分配机制还不够，股份制改造之后土地股份合作社的运营和盈利也与承包经营权和建设用地使用权等产权权能设置息息相关。还有，作为股份制改造后农村集体经济组织实质代表的土地股份合作社的法律地位也不甚明了，它不仅涉及与现行农村集体土地所有权主体代表和农村基层自治组织等的关系问题，也关系到土地股份合作社对土地的经营利用等权利合法性问题。这些都是本书研究的主要目的，可总结为农村土地股份制理论框架的构建和制度设计两大部分。

本研究在理论和实践方面均体现了一定的研究意义。在理论方面，第一，本书对农村土地股份制的相关理论进行了系统梳理，结合理论基础对农村土地股份制进行了更好的解读；第二，综合既有的学术研究和现实中的实践，对农村土地股份制进行了清晰的概念界定，从而为统一学界对农村股份制的定义、性质、权利转换内涵的认知做出贡献；第三，提出了农村土地股份制较为整体全面的理论构建，并将其与实践较好地结合，为接下来农村土地股份制改革提供了理论模式参考；第四，对农村土地股份制经济组织的形式及法律地位进行了细致的研究和探讨，弥补了当前该方面学术研究的不足。

在实践方面，第一，详细介绍了目前农村土地股份制的实践，总结各地方实践的创新点和共同点，为我国当前的土地改革提供参考和借鉴，为农村土地股份制的进一步发展和规范提供现实依据；第二，从法律、制度、社会、市场四个方面总结了农村土地股份制发展的困境并提出相应建议，从而为农村土地股份制的未来的改革指明方向。

第三节　研究内容

本书的核心研究内容包括农村土地股份制的概念内涵、农村土地股份制的组织形式、农村土地股份制理论框架构建、我国农村土地股份制改革的实践情况、农村土地股份制的制度设计以及未来的改革方向。

明确农村土地股份制概念内涵是后续研究的基础，目前我国还没有对农村土地股份制的概念形成一致的说法，就农村土地股份制的概念内涵而言，本书将着重介绍农村土地股份制、农村土地股份合作制两种最主要概念，并对比两种概念的异同。同时，虽然土地并非农村土地股份制改革中的唯一入股要素，农村集体资产、个体农户资金、生产技术等均可成为入股要素，但是不论是哪种股份制改革的形式，土地都是重要的入股要素，本书重点关注土地作为入股要素的改革机制，并按土地性质的不同分别进行分析。在明确农村土地股份制概念内涵的基础上，本书从制度发展、政策变迁和发展现状三个方面梳理了农村土地股份制形成的具体过程。

在了解农村土地股份制是什么的前提下，本书探讨的另一个核心问题是农村土地股份制靠什么来实现。也就是说农村土地股份制的实现必须借助具体的组织形式，实践中不同地区对这种组织形式的名称规定各不相同，本书用"农村土地股份合作经济组织"这一称呼作为农村土地股份制度下所形成的各种类型的股份经济组织的统称。本书将重点分析农村土地股份合作经济组织的法律地位以及不同类型组织形式的具体特征。

在明确农村土地股份制的基本概念和实现形式的基础上，本书构建了农村土地股份制的理论分析框架，具体包括五部分：股权界定，解决入股的主体的问题，即谁可以入股；股权结构，解决入股客体的问题，即如何实现股权配置以及具体的权利性质；股权流动，从动态视角分析土地股的运作机制；经营管理，研究股份制改造是如何管理与运作的问题；收益分配，分析目前土地股份制改造中产生的收益是如何进行分配的。

建立了农村土地股份制的基本理论框架后，本书将分析我国已有的土地股份制改革实践，具体选择了北京、四川、江苏、浙江和山东五地，分别对当地改革的具体做法和模式、改革取得的成效、改革存在的问题等内容进行了分析，并针对各地的改革实践，提出了完善当地土地股份制改革的建议。

在前文分析的基础上，本书按照已有的农村土地股份制理论框架，构建设计了我国农村土地股份制的制度体系，具体包括对股权界定、股权结构、股权流动、经营管理制度、收益分配制度内容的设计，几乎涵盖了农村土地股份制实现的全过程，以期为我国农村土地股份制制度的完善提供思路。

最后，本书从宏观层面上，针对当前农村土地股份制改造面临的法律、制度、社会、市场四大困境，提出了相应的政策建议，以指导农村土地股份制改革的进一步深化。

第四节　文献综述

农村土地股份制的研究主要集中在基本概念、制度成因、制度绩效与发展趋势、制度问题及建议等方面。在大多数文献中，学者并未严格区分土地股份制和土地股份合作制的概念，因此，现有研究里两种概念均有使用。

一、土地股份制的基本概念

当前我国对于土地股份制的概念还没有形成一致的解释，不同学者提出了不同的含义，但总体解释框架都是指农民将土地承包经营权入股合作社，入股农民土地由合作社自主经营或统一流转给经营主体经营，最后的收益按股分配，如，李增刚（2014）提出，土地股份制是在坚持农村土地集体所有制不变的前提下，农民凭借土地承包经营权入股组成股份合作社从事农业经营或其他经济活动、获得股权并以此获取股息和红利[3]。张兰君等（2013）认为该制度属于集体经济组织内部的一种产权制度安排，即在按人口落实社员土地承包经营权的基础上，按照依法、自愿、有偿的原则，农户将土地承包权转化为股权，农户土地使用权流转给土地股份合作经济组织经营。土地经营收入在扣除必要的集体积累以后，按照社员土地股份进行分配[4]。刘晓玲等（2017）认为土地股份制是指农民以入股方式流转土地经营权，把分散的承包地集中到土地股份合作社手中，委托合作社对土地进行统一整理、开发、经营。入股后，农户依然保留承包权，并按照股份获得一定比例的土地经营收益[5]。

就土地股份制性质而言，唐浩等（2008，2009）认为其从本质上讲是分成制，即两个或更多当事人为生产出某种相互同意的产出而把私有资源组合在一起，然后合约当事人根据他们所放弃的生产资源来约定一个共同所接受的报酬比例，据此来分享实际的产出[6—7]，土地股份制改革为产权在不同主体间进行交易提供了有效途径，降低了农业分工过程中的交易成本[8]。

实践中按照不同的划分标准，土地股份制的模式也分为多种不同的类型。首先，从不同经营主体来看，一般认为土地股份合作组织的经营方式主要有三种：一是委托经营，即合作社全部土地委托第三方经营；二是合作经营，即合作社以土地参股组建新的企业；三是自主经营，同股、同利、风险共担。杨桂云（2012）按"发起人"不同，把土地股份合作经济组织形式划分为"社区集体组织（行政村）＋农户""农户＋农户""公司＋农户"、政府引导发展型或中介组织带动型等类型[9]。其次，从入股要素角度来看，肖端（2013）将土地股份制的模式分为资产量化型、纯土地型、"公司＋农户"型、"公司＋集体＋农户"型四类，前两者是社区型土地股份合作制，后两者是企业型土地股份合作制[10]。最后，按照不同的经营方式可将土地股份制的模式分为三种：①社区型土地股份合作社，具体由合作社统一规划经营，发展农业工商业等。②集体租赁型土地股份合作社，即合作社自身、社员都不直接经营合作社，将规模化土地对外出租。③联合经营型土地股份合作社，由农民将土地承包经营权与资金、技术等要素一同入股，组建土地股份合作社（公司），合作社按现代企业制度生产经营[11]。

现有研究对土地股份制内涵的解释重点关注农用地的入股，本书认为，土地股份制不仅包括农用地股份制，也包括农村建设用地的股份制。农用地股份制是承包地流转，实现农业规模经营的方式之一，它的核心是承包经营权变股权后，入股农户如何公平分享农业经营收益的问题；农村建设用地的股份制可以被看作是农村集体及成员分享建设用地租金和进行土地、物业等资产管理的一种机制。

二、土地股份制的形成原因

唐浩等（2008）对不同类型的农村土地股份制形成原因进行分析，研究显示，以农用地非农用收入为主土地股份制的形成是受到不断增值的集体收入二次分配的影响；以农用地农用收入为主土地股份制的成因是规避自然和市场风险，节约交易成本；农民自主组建的土地股份制则是分散风险，提供激励和甄别企业家才能的结果[6]。陈会广（2011）通过江苏省苏中地区的调查研究认为，农民从分工演进、合作及规模经济中的获益大于单纯的土地市场流转收益，因此，农民达成供给制度、组织创新的集体行动，以重复合作形式的稳定预期降低一次性合作的交易费用，通过内部化的经济组织治理替代市场流转[12]。朱婷（2018）分析了经济欠发达地区土地股份合作社发育原因，指出村庄困境驱动是欠发达地区村集体经济组织创新的根本原因[13]。程国强等（2015）指出四川省崇州市土地股份合作制的改革是受到土地细碎化、农户兼业化、劳动力弱质化、农业副业化、生产非粮化等因素的影响[14]。王吉泉等（2016）也指出崇州市改革背景是成都崇州市面临无农愿耕、种粮断代的问题，懒人农业，农业两个天花板、两道紧箍咒的问题[15]。

综上，我国农村土地股份制形成的前提条件主要有农业生产效率低、农民职业分化，大量农民转移到二、三产业，集体经济实力较强，合作经济组织干部管理能力和自身素质较高等[16—18]，特别是经济主体独立交易成本过高能够为合作经济组织的产生提供条件[19—20]。

三、土地股份制的制度绩效

在土地股份制的绩效研究方面，学者们主要从促进土地规模化生产、提高农民收入、壮大集体经济等方面进行阐述。周振国等（1995）认为我国农村土地股份制的意义在于集体产权界定明晰、分配机制体现公有制原则，促进了社区集体经济壮大[16]。房慧玲（1999）通过对广东农村土地股份制改革调查后发现，土地股份制改革不仅促进了农村生产要素合理流动和优化，推动土地规模经营和农业产业化经营，还解决了农村集体经济二次分配问题，有利于保护耕地和土地合理规划与开发[21]。总之，土地股份制改革一方面可以实现土地资源优化配置，提高农业生产力和竞争力，显化土地资产价值；另一方面也有利于农民摆脱对土地的过度依赖，提高农民收入，重构农村集体产权主体地位[22—23]。

在土地股份制产生巨大绩效的前提下，其未来发展呈现出一些特点。张笑寒等（2015）基于江苏农用地股份合作社的发展进程，总结出土地股份三大变化趋势：一是合作社向"农用地合作＋专业合作"的"双合作"方向转变；二是向多要素合作转变；三是由"内股外租"型向多样化的经营方式转变[24]。解安等（2016）认为未来农村土地股份制的发展会配合相关配套制度的改革，指出在配套制度体系中，应以户籍制度改革为先导，以基层行政管理制度改革为支撑，以社会化服务制度改革为纽带，以社会保障制度为托底，以涉农相关法律制度改革为保障，形成健全而完整的制度体系和合理的制度结构，使农民土地财产权益能得到有效保障[25]。孙东升等（2017）指出在发展土地股份合作社的基础上，探索龙头企业以技术、资金等要素入股，实行一二三产业融合发展，是粮食规模经营优势和农业产业化优势相结合的具体体现，也可以成为发展现代农业的重要形式[26]。

可以看出，土地股份制在实践中已经体现出了一定的制度绩效，其未来仍有较大的发展空间和多样化的发展方式，可以成为显化农村土地资产价值，增加农民收入的有效路径。

四、土地股份制问题及建议的研究

土地股份制改革的实践虽然十分丰富，但也面临许多问题，如姜爱林等（2007）指出土地股份制的问题：一是对制度缺乏明确认识；二是组织形式和管理制度有待完善和规范；三是法律地位不清；四是股权封闭性较高；五是股权的福利性与收益分配存在合理性问题；六是组织管理水平不高[115]。范瑞等（2017）将四川省农村土地股份制改革存在的问题总结为：一是深化改革方向不明，缺乏政策法律支持；二是股份组织地位不明，缺乏政策法律保障；三是股权设置矛盾显现，缺乏政策法律依据；四是股权替代土地权利，土地流转存在政策法律风险[27]。综合来看，土地股份制改革的突出问题表现为法律地位不清[28]、产权模糊[29—30]、交易成本偏高[31]等。针对发现的问题，现有研究也提出了具体的建议，张笑寒（2009）通过对苏南地区上林村土地股份合作社的分析，认为合作社发展出路在于政社分开，明晰产权，完善股权流动机制，健全激励监督机制，完善收益分配制度以及加强立法建设等[32—33]。肖端（2013）认为，首先需明确合作组织法律地位；其次要充分发挥政府的引导服务功能，建立职能部门协同推进；再次要健全合作组织治理机制；最后应当建立土地流转市场体系，完善地价评估制度，并构建财税金融政策支持体系。朱婷等（2018）借鉴国外经验提出推动我国土地股份合作社发展对策，包括账务委托代理，创新扶持资金监管机制，创新社企合作机制、扩大服务对象覆盖面，体现集体经济组织特性、以土地为纽带，创新经营方式、以经营效益为基础，合理把控利益分配机制、规范民主决策机制，优化组织内部环境、健全政策支持体系，发挥政府引导作用[23]。

综合已有研究可以看出，我国农村土地股份制的研究始于20世纪90年代，开始较早，研究内容主要集中在农村土地股份制性质、特征、成因、运行模式、成效、问题和建议等方面，但总体来讲理论的运用较少，对问题出现的内在机理缺少深入分析，缺乏整体系统的理论框架和制度设计。

第五节　本书结构

本书共包括以下八个章节的内容：

第一章是绪论，介绍了本书的研究背景、研究目的与意义、研究内容、文献综述以及本书的基本结构和研究框架。

第二章是理论基础，对农村土地股份制的四个相关理论进行了系统性梳理和介绍，并分析了四个理论对农村土地股份制改革的指导。

第三章是中国农村土地股份制的概念内涵与历史变迁，对农村土地股份制的概念内涵进行了清晰界定，详细介绍了农村土地股份制的构成要素，并对农村土地股份制产生的历史沿革进行了梳理。

第四章是农村土地股份制的实现形式，首先探讨了农村土地股份合作经济组织，对其形式、经营模式和优势进行了阐述；接着探讨了农村土地股份合作经济组织的法律地位，对相关法律政策规定、目前存在的法律困境和突破法律困境的实践探索进行了介绍。

第五章是中国农村土地股份制理论构建，主要包括五个部分，这五大问题是农村土地股份制理论构建的核心，按照股权管理的内在逻辑，构建了农村土地股份制的理论框架，具体包括：股权界定、股权结构、股权流动、股权经营与管理和收益分配。

第六章是农村土地股份制实践，对我国各地关于农村土地股份制的实践情况和经验进行了详细介绍。

第七章分析了中国农村土地股份制面临的发展困境，并按照第五章构建的理论框架对农村土地股份制的制度进行了设计。

第八章针对中国农村土地股份制的发展提出了后续的政策建议。

本书的基本研究框架见图1-7。

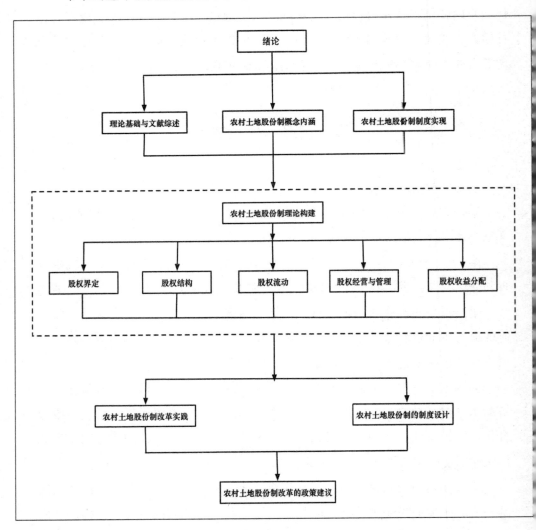

图 1-7　研究框架

第二章　理论基础

第一节　产权理论

自美国经济学家科斯提出产权理论以来，现代产权经济理论已形成一套较为完整的理论体系，其中什么是产权，是产权理论首先要回答的问题[34]。早于科斯近100年，马克思就已提出了系统的产权理论，平乔维奇认为"马克思是第一位有产权理论的社会科学家"[35]，但是马克思未在其著作中明确界定"产权"的概念，恩格斯在《资本论》中用"Eigentumsrecht"或"Recht des Eigentums"两个德语词语来表述"财产关系"，这两个词语在英文中被译为"Property rights"或"The rights of property"，即产权或财产权。

现代产权理论对产权概念的解释具有一定代表性，《大不列颠百科全书》中指出，产权不仅是法定权利的客体（财产），而且是人对物的法律关系的综合（所有权把占有和财富相结合）。德姆塞茨认为，"产权是一种社会工具，其重要性就在于事实上它能帮助形成一个不同主体进行交易时的合理预期"，诺斯将产权定义为"一种排他性权利"，阿尔钦则指出："产权是一个社会所强制实施的选择一种经济品的使用的权利。"[36]菲吕博腾和配杰威齐在《产权与经济理论：近期文献的一个综述》中对产权作出界定，认为"产权不是关于人与物之间的关系，而是指由于物的存在和使用而引起的人们之间的一些被认可的行为性关系……社会中盛行的产权制度便可描述为界定每个在稀缺资源利用方面地位的一组经济和社会关系"[37]。

综上，产权的内涵包含四个基本方面：第一，产权是由于稀缺物品的存在及使用它们所引起的人与人之间的一种基本关系；第二，产权是包含了一系列权利的权利束；第三，排他性是产权的一个基本特征；第四，产权不仅包括权利结构本身，它还是社会关系的反映[38]。目前对于产权理论的研究与运用主要集中在以下几方面。

一、产权的起源与发展动力

根据马克思产权理论，私有产权是在生产力发展的基础上，由公有产权演变而来的。人类社会最初的产权关系是与当时低下的生产力相匹配的原始公有产权，这种产权安排是自然形成的。随着生产力的发展，交换与分工进一步发展，个人占有的事实越来越清晰，财产的私有化程度不断提高，再加上国家和法律制度的建立，私人占有事实变为合法占有，使得私有制以法律的形式固定下来，从而形成了私有产权，这是与原始社会晚期的家庭演变密切相关的——以血缘关系为纽带的部落分裂而产生具有独立经济意义的家庭。越能促进生产力发展的制度越有效率，产权制度的效率体现在是否能在具体的生产过程中对劳动者产生可观的激励作用[39]，有效率的产权制度可以推动生产力的发展，反之则会阻碍生产力的发展，所以产权制度的建立和发展应适应生产力的要求。

在德姆塞茨看来，伴随社会发展，生产技术的发展开拓了新市场，与技术、市场相伴而生的是习俗与普通法律制度的变化，三者在人性自利的假设下导致资源价值的成本与收益变化，最后使得新的产权关系出现，包括产权各种分割形式的变化和交易[40—41]。

巴泽尔从收益的角度分析了产权的起源，指出产权制度建立的动机是使交易双方在交换中均获益，产权的核心是随着人类行为变化而变化的权利安排，故而产权所有者对该权利的所有是一个演化的过程，并且受到很多因素的制约。在产权的交易中，"价值量的变动对谁的影响最大，谁就有权左右这种变动"[42]。

诺斯和托马斯将私有产权和封建制度下领主和君主的权利进行了对比，指出后者不是严格意义上的产权，是通过原始掠夺再层层分解的权利，产权的行使和获得几乎不必付出任何交易成本，而前者是在经济发展的作用下自发形成的，这种经济动力就是在良好有序的封建制度下迅速膨胀的人口压力。在经济动力的作用下，资源稀缺程度在不断加剧，围绕资源展开的竞争就会不断加剧，当建立一种资源产权的成本低于可能带来的收益时，私有产权的建立就是必要和可能的。诺斯和托马斯认为，劳动力的个人产权是私有产权的最早形式，而国家只是为界定、维护和行使私有产权而存在的凌驾于社会成员个人之上的界定权利的机构。

二、产权的本质与特征

阿尔钦指出，产权的本质是对权利的使用，"产权是一个社会所强制实施的选择一种经济物品的使用的权利"，"财产所有者拥有的是使用资源的权利……这些权利往往是通过禁止某种行为来确定界限的……从本源意义上说，财产权仅指一种权利、资格或利益，将资源等同于财产还不如将它等同于权利、资格或利益"[43]。如果将产权定义为资源所包含的可供人支配的权利，那么资源稀缺的本质就是资源背后的权利稀缺，这种权利的稀缺会带来人们对权利的追逐与竞争，进而导致社会成员之间权利配置的差异。可见阿尔钦认为私有产权是产权的基础，或者其他产权形式都是建立在私有产权基础之上的。私有产权是对资源使用权的一种排他性分配，进而抵御侵权者以保外部人无权干涉。阿尔钦还分析了各种产权分割的形式，包括私有、公有、委托、地役权、租赁、许可证、特许权和继承等。德姆塞茨从契约角度分析了产权的本质，他把产权视为一种社会契约，产权意味着对该权利的所有者或者他人有益或有害。

财产和财产制度同样是马克思产权理论的核心内容，他认为财产关系包含"权、责、利"三大内容，是不同的人或群体围绕财产而形成的[44]，财产权利存在于一定的经济社会形态中，是人们对财产占有、使用和处置[45]的一组权利。在马克思看来，产权具有双重性质[46]，一方面，产权是一种经济权利关系，人们会通过占有稀缺资源的方式以获取经济收益，这种占有是一种客观事实，而不是由法律创造的。另一方面，随着生产力的发展，生产关系随之发生变动，进而引发所有制形式的变化，作为所有制的核心，产权也会受此影响发生变化，当经济权利关系获得法律认可时，经济权利同样具备了法权形式，可以说产权也是生产关系的法律表现[47]。在资本主义社会出现之前，产权可以表现为三种形态：第一种表现为原始社会的土地财产，是公有制的表现形式；第二种是以个人劳动为基础的私有权；第三种形态表现为农奴制和奴隶制[48]。总之，马克思产权理论与西方产权理论不同，其更侧重于分析由人对物的关系进而形成的人与人之间的关系。

产权具有三个特点：第一，产权具有可转移性或可交换性，"私有产权……可以同附着在其他物品上的类似权利相交换"[42]，产权交换具有协作和竞争两个特点。第二，产权具有可分割性，也就是同一资源的不同权利被不同的人所占有，这种占有可以通过契约来规范和约束，而被分割的权利也再度组合成为其他权利束，产权的分割与重组不仅不会阻碍产权的有效性，还会增进各部门的专业化[43]。第三，为了使产权的作用得到有效发挥，产权还应具备稳定性，一旦产权不能保障人们使用某种资源的权利，那么其所预期的净收益也得不到保护，人们就会失去创造净收益的激励，从而改变资源利用的方式甚至有可能放弃使用该资源。稳定的产权应至少满足以下三个条件：一是产权的界定明晰；二是产权的属性完备；三是产权的有效保护。

三、产权的内容与形式

马克思产权理论指出，在产权的"权利束"中，核心内容是所有权[49]，他不仅分析了所有权与占有权、收益权的统一，也分析了所有权和支配权、使用权、经营权分离等产权现象，并指出剩余索取权是财产权中的一项重要权利[50]。在具体形式上，产权可以表现为国有形式、集体形式、个人形式和复合形式，这些形式在资本主义向共产主义过渡的社会主义阶段，是可以共存、共同发展的[51]。张五常则持有不同的观点，他认为产权由资源的使用权、收入享受权和自由转让权三部分组成。其中所有权不重要，因其对生产和收入并无影响，只需足够的年期保障。使用权指由产权所有者决定使用资源的权利，但使用权的权项范围是有约束、有限制的，其中交易费用对其有很大约束，当使用权的各权项达到最高租值时，资源使用也具有最高收益，在私有产权制度下，政府的作用是处理因成本过高而只能共享的权利配置。财产的自由转让一方面保证了价高而得的经济原则，另一方面转让权因容许资源的自由合并与合约私定，进而减少交易费用[42]。使用权、收入享受权和自由转让权这三种权项是相互关联的，使用权是收入享受权的前提，受限的收入享受权必然导致产权缺失与稀释，自由转让权可独立于私人使用权和收入享受权而存在，但一般来说自由转让权伴随着前两权而存在，即私人使用权和收入享受权是自由转让权的保证。合约则是用来约束产权结构中的使用权和收入享受权的，这里的合约并不限于正式的法律文书合约，还包括一系列涉及经济权益配置的交易，为了解决成本外溢的问题，外部性的研究核心在于把握合约结构的变化，即合约内部确定的权利指向。

巴泽尔从产权建立的目的解构了产权的内容，个人对资产的产权由消费这些资产、从这些资产中收益和转让这些资产的权利或权力构成，其中收入权和转让权都与交换有关，所以，产权制度的建立是为了交易双方在交换中获益，交易是随着人类行为变化而变化的，所以产权也是一个演化的过程，并且受到很多因素的制约。在产权的交易中，"价值量的变动对谁的影响最大，谁就有权左右这种变动"[42]，如果交易双方都想从交易商品的价值量（商品的价值量受到"商品各属性的总价值"和"商品各属性权利界定的成本"两种因素的影响）变动中最大限度地扩张自己的财富，交易双方会根据成本—收益变动结果而选出交易势力较大的人，巴泽尔认为它在产权安排中应该处于首要位置，当然，应当明确的是此理论是建立在新古典假设基础上的，另外，在具体问题分析的过程中还需要根据具体问题加上其他的假设条件[42]。

在明确产权基本内容的基础上，可以将产权划分为三种基本形式：第一，共有权，否认国家或私人去干涉任何个人行使其权利，共有财产制度具有很强的外部性；第二，私有权，承认所有者的权利，并拒绝其他人行使该权利，交易费用的降低是私有权有效率的重要因素，但私有权具有高昂内部化费用；第三，国有权，意味着国家可以在权利的使用中排除任何个人因素，而按政治程序来使用国有财产。德姆塞茨指出，对世界整体而言，是不存在外部性的，外部性是由互动中形成的人的群体行为而产生的，群体内部会因成本过高而试图将部分成本外溢[40]，现实中交易双方会根据经济规模、谈判费用和外部性以及产权变更的交互作用等标准来判断产权内部化的成本与收益，最终形成一种"有效的所有权"[42]。

四、现代产权理论：交易费用与资源配置

在西方经济理论中，新古典经济学和福利经济学占据着主流地位，但也存在着局限性。20世纪30年代，科斯等一大批西方经济学家对主流经济学进行深入思考和批判反思，逐渐形成以交易费用理论等为主干的现代产权理论。

1960年，科斯发表《社会成本问题》，明确提出了交易成本的概念，并把产权与资源配置效率联系起来，科斯在文中表达的中心思想被概括为"科斯定理"，一般将它归纳为科斯第一、二、三定理。科斯第一定理指出，若交易成本为零，那么市场具有最优效率，而此时权利的最初分配并不重要，即只要不存在交易成本，那么通过市场竞价，获胜者就可以占有物质财产和相应的法定权益，此时资源配置效率最优。考虑到现实生活中交易成本为零的状况基本不存在，科斯第二定理指出界定双方的权利可以使社会成本最小化，交易双方的双方福利在交易中都能得到改善。科斯第三定理指出，产权制度不同，资源配置效率也不同，同一产权制度如何制定和实施也会影响资源配置，构建新的制度本身就需要成本，对于生产何种产权制度及怎样生产产权制度，不同的选择会带来不同的经济效率[52]。

威廉姆森认为由于人的有限理性，所以交易各方都有机会主义倾向，契约天然存在不完全性，影响交易的存续，因此，为保证交易各方的利益，需要建立一种治理结构以解决可能产生的各种状况，好的治理结构下交易费用应当是最节约的[53]。交易费用可以分为事前和事后两种类型，事前交易费用是指信息不确定条件下事先规定交易各方的权利、义务过程中所花费的成本，如起草协议、搜集信息、谈判等费用；事后交易费用包括交易发生后为维持长期交易关系耗费的成本、对交易偏离契约规定进行修正花费的费用、交易终止需要付出的费用和机会成本等。威廉姆森用不确定性、交易频率和资产专用性程度作为描述交易的基本方面[54]，并强调了交易特性、交易形式与组织制度的匹配关系，建立了"法律—经济学—组织"的研究范式[55]。他认为节约交易费用是经济组织的主要目的[56]，通过分析交易属性和契约关系，揭示了契约关系治理的多样性选择，这种选择既有利于降低交易成本，又能促

进交易双方治理结构多样性[57]。

巴泽尔关注产权的"公共域",指出交易成本是围绕着产权而产生的一系列成本,主要包括商品属性的界定成本与公共财产的获取成本,交易成本对产权最重要的影响是其导致产权不能被完全界定,进而使部分权利流入"公共域"。是否将商品的某项权利放在公共域,取决于商品中各属性的价值和产权界定与保护成本比较,只要不能对权利或服务一一收费,就至少有一部分权利或服务会被置于公共领域,同时,合约本身就含有公共领域,因为任何合约中都存在计量单位的选择,而这些计量单位并不能完全表现所有产品的多样差别,故而合约中公共领域永远存在[42]。

马克思产权理论认为私有产权与市场交易有密切的内在关联[58],市场机制是商品经济的范畴,而商品经济又是以私有制为载体的,私有产权是商品交换的前提。当私有制和社会分工发展到一定程度,商品经济出现后,私人劳动产品才能作为商品进行交换,商品交换又体现着商品生产者之间的相互关系,即商品生产者在彼此承认对方是私有者的前提下才能交易。因而私有产权和商品交换是相互渗透、相互促进的。私有资本的商品生产作用是在劳动力成为商品之后才得以发挥的[59]。

交易费用理论和传统的经济学都是研究节约问题的,但交易费用理论不是以产品、货币和服务为分析对象,而是以交易为分析对象。传统经济学一般多采用生产函数,边际分析法等数学分析方法研究经济问题,交易费用理论着重于体制、组织制度比较分析研究经济问题,因而,交易费用理论备受人们的重视。但交易费用理论也存在交易费用的范围难界定、难计量,对交易费用形成的原因分析不够充分等问题。

现代产权制度建立的条件是社会化大生产。社会化大生产客观上需要通过资本积聚对分散的社会资本进行集中,以此实现资本规模的扩大。资本所有权和使用权的两权分离,可以使资本的使用效率大大提高,股份制顺理成章成为一种社会资本形式。股份制不仅通过发行股票融资,而且其资本职能具备了资本所有权相分离和资本证券化的特征,也符合现代产权运动的要求,作为现代产权制度的微观基础,股份制成为一个优异的选择。

结合中国实际情况,中国农村土地所有权是集体共有产权,一般由村集体成员选举出的决策机构决定应该如何使用集体资源，农村土地股份制改革则是推进新型城镇化和农业现代化的重要手段，通过地权转股权的形式，将劳动、技术、资本等要素集合，大大降低了交易成本的同时，凸显了集体土地产权的收益权能，在一定程度上解决了农村土地长期以来产权残缺导致的土地流转困难、农民权益难以保障的问题。农村土地股份制的一个重要特征就是通过相对清晰的产权界定化解了小农户和大市场的衔接问题[60]，其实质是集体土地产权制度改革的一种表现形式，也是集体土地财产权的有效实现形式，在这种形式中，农户在村集体的组织之下将土地的使用权作为股本入股不同的经济组织以获取收益，有利于土地利用效率的提升。

第二节　股份制理论

股份制是与市场经济相适应的一种企业产权制度和经济组织形式，也是现代企业的一种资本组织形式。早在古罗马时期就有了股份制的原始形态，但其真正产生则是在18世纪的欧洲资本主义社会。马克思在《资本论》中指出，股份制企业"是在资本主义体系本身的基础上对私人资本主义产业的扬弃"，"应当被看作是由资本主义生产方式转化为联合的生产方式的过渡形式"。可见，股份制的出现是社会化大生产发展到一定阶段所产生的一种经济组织形式。其实质是将原本分散的、分属于不同人所有的生产要素集中起来，实现统一使用、合理经营，并实行按股分红、自负盈亏的经济组织制度。在这一经济组织制度中，原来分散的生产要素的所有者失去了对于生产要素的所有权，而获得相应的股份制企业的股权；同时，股份制企业取得了生产要素的所有权，但需要按照股权治理结构的要求，依据股东的意志进行统一的生产经营和收益分配。

股份合作制是以合作制为基础，吸收股份制的一些做法，劳动者的劳动联合和资本联合相结合形成的新型企业的组织形式。资本是以股份为主构成的，职工股东共同劳动，实现按资按劳分配，权益共享，风险共担，自负盈亏，独立核算。所有职工股东以其所持股份为限对企业承担责任，企业以全部资产承担责任。它既不同于股份制企业，也不同于合作制企业和合伙企业，它是以劳动合作为基础，吸收了一些股份制的做法，使劳动合作和资本合作有机结合，是我国合作经济的新发展，也是社会主义市场经济中集体经济发展的一种新的组织形式。

针对土地股份制合作制而言，是将原本分散在农民手中的土地集中起来并转换为股份，然后统一地进行生产和经营。土地的所有权不变，仍然归集体所有，而分散的使用权被集中起来统一使用。股份制理论指导下建立的土地股份制合作制，既有利于合作经济组织自主经营、主动发展，还有利于吸引更多的农民入股合作经济组织，扩大合作经济组织的规模，提升资源利用效率。股份制的运用是解决中国农村集体经济目前主体虚位与权利残缺等问题的有效方式，我国农村土地股份制的不断实践摸索，已经在逐渐吸收股份制企业的成熟经验，进行运营和操作。

一、股份制的特征与权利关系

就股份制的特征而言，财产的实际占有与所有权剥离是股份制的最大特征之一，是对由单个资本家出资并直接经营管理的企业资本组织形式的否定，资本所有者转化成单纯的货币资本家，经理是资本职能的执行者[61]。股份制的组织形式使公司管理与工业设备所有权两者处于完全分离的状态，工业材料的所有人在经营管理中没有发言权，资产所有人的收益大部分寄托在经理的经营权上。在股份制中，所有权通过股票的形式予以体现，本质上是债务凭证。凡勃伦提出，管理人员是通过把自己的管理和工程技术知识作为一种无形资本投入股份制企业而获取报酬的[62]，初次凸现了管理与科技知识作为重要生产要素并应参与分配的思想[63]。

在股份制权利关系方面，拜尔和米恩斯于1933年合作发表《现代公司和私有财产》一书中提出："股份制发展已经进入新阶段，不仅中小股东在股份制公司中处于被动地位，原来掌握控股权的大股东也逐渐地失去主动地位，所以法律意义上的所有权实际上已经不代表对股份制财产的真正占有、使用与控制了。"[31]在拜尔和米恩斯的研究基础上，贝纳姆进一步提出了"经理革命"概念，认为股份制中"两权分离"的彻底化，不仅使管理权与所有权的分离在法律学意义上得到实现，而且还在社会学的意义上得到了推进，经理对法人财产的控制，是由于权力转移而出现的社会变革，是一场"经理革命"，由于这场革命，社会的统治阶级已由过去的资本家变成现代的企业管理者，社会的性质也产生了巨大的变迁 [63]。

艾尔斯的《经济进步理论》重视生产工具变革对制度变迁的重要作用，他指出，制度经济学一直把股份公司及其引起的社会结构变化作为理论分析的重心，忽略了生产工具的变革及其引起制度变革的巨大意义。他认为，作为生产工具革命的一种表现和社会组织的一种新技艺，股份制及其"两权分离""经理革命"的社会意义，要比凡勃伦、拜尔、米恩斯和贝纳姆所认为的还要大得多。"两权分离"表征的是对一直以来的财产收入权惯例的巨大改变，是所有者权力的弱化和消失。胡义成也赞成这种说法，认为股份制财产社会化毕竟是对数千年来古典私有制的否定和超越，其巨变意义确实是应予以特别注意的 [63]。

加尔布雷斯把股份制中发生的权力转移看成生产要素中不同成份重要性变化的结果：在历史上，随着资本代替土地成为最重要的生产要素，权力逐渐由地主手中转移到资本家手中；现在科学技术和管理等专门知识又上升为最重要的生产要素，因此，权力又从资本家手中向专业技术人员手中转移。在当代股份制之中，由于决策的认识论机制倾向于知识互补，所以握有权柄者并非一两个专业技术人员，而是某个专业技术人员组成的集体。在其代表作《权力的分析》中，加尔布雷斯又提出，基于新科技革命的当代股份制"两权分离"将会越来越彻底，在信托机构出现之后，股东便与财产完全失去了联系 [63]。

二、股份制产生与发展的基础

凡勃伦提出，股份制是"信用手段"或"信用经济"的一种新的使用方式，是"借助于信用筹集资金以扩大资本的简化程序，在现代工业公司的改组与合并中达到了发展的顶点" [62]。

马克思指出股份制是社会化大生产的产物，生产力的发展导致了生产的社会化和资本的社会化，兴办大型企业所需的巨额资本与私人资本有限性之间的矛盾日益突出，社会化大生产已发展到单个资本家力所不能及的规模[64]，为缓和生产社会化和资本主义私有制矛盾，股份制应运而生，它符合社会化大生产的客观规律，解放和发展了生产力，联合分散的私人资本[65]，具有促进资本集中，放大资本支配力的功能[64]。此外，生产社会化意味着企业之间的联系更加密切，股份制是实现企业联合与合并的有效形式。

三、股份制的属性

股份制的社会属性受到了众多学者的关注，马克思把股份制财产界定为"社会财产"或"社会资本"，他指出股份制是个人所有与社会占有的统一，是从资本主义私有制向社会主义公有制转变的过渡形式，并相信股份制的发展的终极形式必定是公有制[65]。股份制是资本主义生产方式的自我扬弃，是适应生产力发展的要求而在资本主义社会内部萌发成长的新社会因素。在股份制中，虽然企业财产的所有权属于股东，但是它由企业的雇员（包括经理）占有，而企业雇员常常是不固定的，因而企业财产的占有在不同程度上属于社会[66]，因此，股份制财产是某种程度上的"社会财产"[67—68]，这就使股份制具有了一定的社会属性。股份制的社会性质，不仅表现为股份资本采取了社会资本的形式，还表现为股份公司的财产成为独立的法人财产与社会财产。

拜尔和米恩斯认为，股份制财产成为脱离了所有者而由非所有者的经理们占有、使用和控制的社会化财产，所以股份制财产可以为主张财产公有的社会主义目标服务。为了使股份制财产进一步社会化，达到为全社会服务的目标，他们提出了"置公司于社会利益之下"的口号，认为无论是所有者的要求还是管理者的要求都不能反对社会的持久利益[63]。

四、股份制的作用

股份制理论之所以受到广泛关注，是因为其发挥的巨大效用，具体表现在以下几个方面。

第一，股份制促进了国民经济的迅速增长。具体表现在两大方面：一方面是股份制促使生产规模惊人地扩大，一些大规模企业的建立依赖于巨额资本的积累，而这些巨额资本不可能靠单个资本的逐年累月的积累来获得，股分公司提供了这样一个机制，它通过广大股民购买股票的方式可在瞬间获得建立巨型企业所需要的巨额资本，于是过去个别资本不可能建立的企业出现了，进而使整个社会的生产规模惊人地扩大了。另一方面，股份制是"发展现代生产力的强大杠杆"，它可以实现联合的生产能力，扩大单个资本家无法企及的生产规模，也可以将闲置和半闲置的资本有效集中到少部分人手中，提升资本利用效率[69]。

第二，股份制优化了资本的所有制关系，有利于两权分离。正如前文所述，股份制的最大特征之一就是财产的实际占有与所有权剥离，否定了单个资本家出资并直接经营管理的企业资本组织形式，资本所有者转化成单纯的货币资本家，经理是资本职能的执行者。

第三，股份资本的增加延缓了平均利润率下降的趋势。股份公司最早是为了适应创办大型企业的需要而产生的，股份资本一般也都是投在大的生产企业上，由于"恰好在这些企业中，不变资本同可变资本相比最大"，因此，利用股份资本创办的企业一般资本有机构成都比较高，在同等的条件下，它们提供的利润率低于平均利润率，如果它们参加利润率平均比，就会使平均利润率下降得更厉害。然而，由于在这些企业中不变资本所占比重很大，资本一经投入后就不容易撤出，其他中小资本也没有能力转入这类企业，而且股份资本提供给股东的又是通常比平均利润小的股息，所以，股份资本不参加平均利润率的形成过程，从而延缓了平均利润率下降的趋势，在一定程度上缓和了经济生活中的各种矛盾[69]。

农村土地股份制改革是股份制在中国农村本土化的有效实践，在新型城镇化、新农村建设、城乡统筹发展和农业现代化的大背景下，转变以往农民的土地收益主要来源于农民对土地的占有和使用的低效收益模式，通过股份制的形式一方面能够促进土地要素优化配置、合理利用，又切实保护农民土地权益、增加农民财产性收入；另一方面有助于明晰产权安排的特征，使得由股份而来的财产权与集体成员权有效对接，在保留土地公有制内涵的基础上赋予农民完整的财产权利，促进农村集体财产的合理利用，推动农村集体经济的发展，加强农村社会管理。所以，农村土地股份制改革是解决中国农村集体经济目前主体虚位与权利残缺等问题的有效方式，是统筹城乡发展的有效途径。

第三节　合作经济理论

合作经济思想起源于16世纪初的早期空想社会主义[70—71]，创始人是英国的托马斯·莫尔，他设想建立一个没有剥削、压迫的"乌托邦"，19世纪初，出现了三个伟大的空想社会主义思想家：法国的圣西门、傅立叶和英国的欧文[72]。圣西门设想了一种"实业制度"，社会的政治、经济、文化的权力由"实业者"和学者所掌握，他们由选举产生，实行集体领导，执行为公众利益服务的社会管理职能。这个制度下没有特权，人人参加劳动，实行有计划的生产和按劳分配。傅立叶的理想社会是"和谐社会"，用联合劳动和生产的和谐制度来代替人剥削人的资本主义制度，具体以"法郎吉"为基础单位，包含各行各业的人员，每一个人自由选择工作，保障其最低限度的生活需要，社员分享共同收入，收入按资本、才能、劳动三方面的比重进行分配。欧文主张对当时的社会生产领域和流通领域进行改革，从而建立理想社会"公社联合体"，实行财产公有制，人人参加劳动，没有阶级，没有剥削，各取所需。空想社会主义者对合作制度的设想在尝试、试验中不可避免地失败，但它仍然不失为对合作经济的积极设想，是启发后人的极为宝贵的财富[73]，对后来合作经济理论的建立和发展产生了深刻的影响。

一、合作思想下的所有权

无政府主义合作思想的代表人物蒲鲁东着重研究合作的所有权问题，他极力反对私有制，视私有制为人类不平等的根源，主张在权利面前人人平等，有权拥有自己劳动的产品[76]，他还主张废除国家和政权，使人们得到充分的自由。除此之外，蒲鲁东还认为，一个生产者的产品在交换时得到社会承认，列入社会财富，就成为"构成价值"，所以应该取消货币，并把所有商品都变成货币那样的等价物，这样就能够随时随地根据生产商品所耗费的劳动直接进行交换，"构成价值"就可以实现。具体办法是设立"交换银行"，组织生产者交换产品，并向生产者发放无息贷款，使工人摆脱货币的奴役，拥有取得自己全部劳动产品的权利，这样可以免除资本主义的中间剥削[72]。

二、合作社的性质与作用

合作社的三大要素是劳动力、资本、知识，缺一不可。马克思主义合作经济组织理论将之看作是向共产主义过渡的中间环节，并且很重视合作社的地位和作用。合作社和合作制产生在不同社会制度下，具有不同的作用，合作社不能等同于社会主义的经济组织，合作制也不能等同于社会主义的制度安排，但是合作社和合作制经济形式对资本主义制度或社会主义制度都是适用的，可以适应不同社会制度、产权制度。

列宁在十月革命后，对合作社的认识发生了转变，认为合作社在不同的社会制度安排下具有不同的性质，在社会主义条件下，合作社是劳动农民组成的集体企业，合作社的性质就是社会主义性质[74]，同时，自愿互利是社会主义合作经济的基本原则[75]。莱费森认为合作社社员组成应该以农民为主，主张以小村社为合作区域，进行全国联合或跨区域联合，不分配盈余，建立公积金，入社自由，依靠社员的道德和合作社的信誉等无形资本来吸纳存款，社员对合作社承担无限责任。德里奇认为社员组成应以手工业人员为主，入社必须认购股金，按股金分红。

毛泽东十分重视合作经济在革命中的地位和作用，认为分散的个体生产是封建统治的经济基础，这种生产方式让农民陷入贫穷，而逐步集体户是克服这种状况的唯一办法[74]，当然生产领域的合作应建立在自愿互助的基础之上[74]。

三、合作组织的目标

有关合作组织目标的研究较多，具体目标包括成立农业公社、消费、对抗资本家、为社员谋利益等。基督教社会主义学派合作社的最终目的是成立农业公社，因为合作社是推翻资本主义的有力工具，劳动者必须组织起来，创办合作社，才能维护自己的利益[72]，公积金制度在其中尤为重要[76]。

合作社社会主义思想的代表人物季特非常重视消费，认为"我们大家的目的，都是消费，我们所以生产，也是为了消费。消费是目的，一切经济的组织，目标全在消费"[77]，他主张通过消费合作社来消灭资本主义的利润制度和竞争制度，建立"合作社共和国"，最终解放劳动者。他认为消费合作社的发展轨迹是：商业合作，维护消费者主权；工业生产合作，消除劳动与资本的对立；农业生产合作，实现农民有土地[76]。

国家社会主义合作思想的代表人物布朗认为资本主义社会一切经济上的罪恶都发生于竞争制度，必须建立"反竞争"的组织，就是"社会工厂"，即在国家的保护下创设的大规模的生产企业[72]。拉萨尔认为生产合作社是资本主义内部的社会主义因素，一切生产和分配等都要由生产合作社统一指挥。总之，国家社会主义的合作思想是从工人对抗资本家的角度来谈合作组织，合作企业学派的莱费森则认为合作社应以为社员谋利益，服务社员、帮助社员为宗旨。

四、合作经济的应用领域

合作经济可以应用在生产合作、农业合作、流通合作等领域。首先，在生产合作领域，马克思、恩格斯继承了空想社会主义关于合作社是改造资本主义制度的社会工具的思想，他们重视合作运动，尤为重视生产合作[76]。马克思认为没有从资本主义生产方式中产生的工厂制度，合作工厂就不可能发展起来，同样，没有从资本主义生产方式中产生的信用制度，合作工厂也不可能发展起来[78]，雇佣劳动只是一种暂时的和低级的形式，它注定要让位于自愿进行的联合劳动[79]。

其次，在农业合作领域，随着小农占多数农业合作运动的广泛宣传和实践，马克思、恩格斯认为要将国有土地交给合作社经营，国有经济与合作经济不仅可以共存，而且可以融合。恩格斯认为应将私有制变为合作社占有制，将私人生产变为联合生产，要积极引导小农走合作制的道路，而不应该采取掠夺的办法，即农户应该在自愿平等、互惠互利的基础上，组建多种形式的合作经济。邓小平在农业问题上的合作经济思想主要体现在"两个飞跃"上，第一个飞跃是废除了人民公社，实行家庭联产承包为主的责任制；第二个飞跃是顺应科学种田和生产社会化的需要，发展适度规模经营，发展集体经济^[80]，"两个飞跃"思想，一方面强调了以改革促进农业的发展和现代化的实现，另一方面又强调了以农业的发展进一步推动农业的深层次改革。

列宁则把流通领域的合作看作是农民经济与国营经济联系的纽带，从而提高广大农民生产积极性，把农民经济引向社会主义经济的过渡形式，这是建成社会主义社会所必需的^[76]。

合作经济的思想在中国农村土地改革中具有深远影响，也有大量实践。比如，土地股份制合作社中，农民自愿联合，用土地入股组成合作社，农民作为合作社的股东，共同分担风险和分享利益。土地股份制合作社的盈利属于全体成员，作为股东的农民不仅可以通过在合作社的劳动获得经济收益，还可以分得作为股东的年底红利，使农民获得了远高于小农经营的农业收益，使农民突破了原有的家庭生产模式，去除了传统合作社的弊端，农民的个人利益和合作社的集体利益得到了兼容。而且农民在参与股份制改革的同时，也为合作提供了必备的三个要素：劳动力、资本和知识。在农村土地股份制下，以互惠合作为前提，农民自愿决定是否入股，在提高土地利用效率和集体资产收益的基础上，农村土地股份收益可以真正实现还权于民，打破了个人、家庭与集体的界限，个人利益和集体利益在合作社得到了兼容。

第四节　制度变迁理论

人类社会的发展要求有一定的规则来对社会成员进行激励和约束，规范他们的行为，保证社会秩序的稳定，制度即是这样的规则。制度不是凭空产生的，而是事先经过人类精心设计的，是对人类交流活动加以制约的规范框架，是用以减少风险和增加信任的一种行为规则，它是在长期的社会发展过程中形成和建立起来的。随着时间的推移，制度会发生相应磨损，产生低效运行的状态，最终不适应社会发展的需求，此时旧的制度安排可能会被打破，进而形成新的制度供给。这种制度的创立、变更及随着时间变化而被打破的方式就表现为制度变迁^[81]，它包含两个层面的意思：一是新的制度如何产生；二是新的制度如何替代（接轨）旧制度。

诺斯在《经济史中的结构与变迁》中指出，制度是对行为主体追求福利和效用最大化施加约束的一系列正式或非正式的规则（程序和行为准则）的集合，它包含制度环境和制度安排两个方面。制度环境是社会中所有制度的集合，包括政治、经济、社会和法律基本规则；而制度安排则是在一定制度环境中形成的，支配经济单位之间（经济秩序）合作或竞争方式的一种安排。学者在分析制度变迁时，一般假设制度环境是外生不变的，所以此处的制度变迁主要指制度安排的变迁。

一、制度变迁的主体

马克思认为人是制度变迁的主体，这种主体性包含在社会基本矛盾的历史运动中，体现在人在制度发展进程中对制度的创造和选择上[82]。诺斯则进一步将制度变迁的主体划分为制度变迁的塑形者、制度变迁的推动者以及制度变迁的直接获益者。由于资源有限，组织与企业家必须不断地创新现有制度以寻找潜在利润得以生存与发展，他们成为制度变迁方向的塑型者；相对价格的变化改变了人们对外部世界的感知，从而影响人们对制度规则的重新审视，从制度的非均衡状态到制度均衡状态的循环是制度变迁的过程，而在此过程中必然存在制度变迁的推动者；此外，制度变迁之所以能够顺利开展，其关键在于制度的创新能够为行动者带来收益[83]。

二、制度变迁的影响因素

诺斯认为，之所以制度会发生变迁，原因就是新制度取代旧制度可以给人们带来在旧制度下不可能得到的利益，按照"经济人"假设，内在利益驱动下，经济主体希望发生制度变迁以获取最大化的"潜在利润"。制度变迁的发生机制为：一旦要素价格比率、信息成本、技术水平发生变化，相对价格就会相应地发生变化；思想观念、宗教及意识形态发生变化，个人偏好也会随之发生变化，当旧的制度不能适应相对价格变化和人的偏好变化时，原有的制度均衡状态就会被打破，制度变迁就会发生。另外，由规模经济、外部成本与收益、对风险的厌恶、市场不完善等而引起的外部性变化也会产生潜在利润，这种潜在利润在现有的制度结构中是不能得到的，因此会刺激经济主体追求一种新的制度安排，以制度变迁的方式来实现潜在利润。总体来看，之所以会出现制度变迁主要是因为市场规模、技术、收入预期或者政治游戏规则等外生性变化使得某些群体有可能获得潜在利润从而增加收入，但现存安排结构内的政治压力、外部性、规模经济、风险和交易费用等导致潜在利润不能内部化，只有经过创新的制度安排才可能使这些群体获得潜在利润，如果这类群体通过认知时滞把目标调整到成本小于利润的情况，就会获得潜在利润，反之，他们就可能会修改旧的制度安排。

综上所述，影响制度变迁的重要因素包括政治权力、信念、文化等。比如，阿西莫格鲁强调制度变迁中政治的力量，他提出的政治决策理论以权力和社会冲突为主线[84—85]，把社会群体之间的利益冲突作为制度分析的基本单元，强调以权力分配在制度及其变迁中的主导作用，认为政治权力的分配决定了冲突发展的方向与未来政治权力、利益分配的基本格局[86]，良好的政治制度一经形成，就可以使政治权力在社会中的配置相对分散、平等，形成有利的经济制度。经济制度反过来又影响未来政治权力的分配，决定既有的政治制度是否自我实施和自我强化[87]。青木昌彦重视信念在制度变迁中的重要性，他认为信念的坚定与动摇与否决定了制度的形成、稳定与变迁。在青木昌彦看来，博弈中所有主体所形成的共有信念和各个博弈域中形成的规则之间相互联系，也就是说，规则的关联性与互补性可以为博弈主体提供认知上的支持，来促进他们在重复博弈中形成共有的信念与共识，从而促使均衡的产生并形成制度。在这个过程中，共有信念能否产生的关键是看一个均衡表征能否被参与博弈的各方主体所认同[88]。格雷夫强调制度变迁中文化的重要性，其分析方法的核心是基于特定背景的"比较历史制度分析方法"框架，这个框架将环境的知识、历史与理论以及特定背景结合在一起来分析制度[86]，还将制度分析和社会资本分析结合起来，用以说明文化与制度的关系，该框架将制度的动态变迁过程看成是一个历史过程来分析，强调了制度演化过程中微观机制的作用[87]。

三、制度变迁的推动力

虽然外部利润的存在为新制度替代旧制度提供了动力源泉，但是制度变迁的方式是不同的。从制度变迁的类型来看，可以划分为诱致性制度变迁和强制性制度变迁两种。其中，诱致性制度变迁主要指由个人或一个群体在追求潜在利润时自发倡导、组织和实行而导致的制度变迁；强制性制度变迁是由政府通过发布命令或引入法律最后付诸实施而引起的制度变迁。这两种变迁方式存在以下几点不同：首先，从变迁的主体来看，诱致性制度变迁的主体多数是个人或某一群体，而强制性制度变迁的主体是国家政府。其次，从改革程序来看，诱致性制度变迁自下而上、由外及里，而强制性制度变迁则相反。最后，从制度变迁的性质来看，诱致性制度变迁具有渐进性质，而强制性制度变迁具有激进性质。

现有研究对制度变迁推动力方面的解释主要是从经济基础或收益的角度进行。在马克思看来，生产力决定生产关系、经济基础决定上层建筑，生产资料所有制的变迁，是整个社会经济制度的变革，是根本性的制度变迁，它决定了中观层面的政治法律制度的变迁和微观层面具体制度的变迁。马克思将引起社会经济制度变迁的动力分为内动力和外动力，内动力是生产力水平发展要求与各个层次经济制度的内在矛盾所产生的动力；外动力是制度本身以外的，由人施加的外动力。内动力与外动力是共同起作用的，内动力是制度变迁的根据，外动力是制度变迁的条件[88—89]。诺斯则认为收益是制度变迁的动力，由于现有的制度安排与制度结构无法为组织和企业家带来外部收益，所以在利益的驱使下行为主体便会进行制度的再安排或者制度创新，实现将外部或潜在收益转化为内部收益的目的[82]。

四、制度变迁路径与模式

在制度变迁的路径和模式的研究上，诺斯认为：第一，由于制度的创新来自统治者，所以革命式的制度变迁难以发生；第二，国家不仅是经济增长的关键，也是经济衰退的根源[90—91]，因而，政府所发挥作用的不同也会导致制度变迁结果的不同，政府发挥主导作用的制度变迁是强制性变迁，政府仅发挥辅助作用的制度变迁是诱致性变迁[51]。历史上社会制度演进的不同模式，实质上是与一定阶段生产力相适应的生产关系或者经济结构，还包括与这种经济结构相匹配的政治、法律、文化等上层建筑。马克思主义思想认为，任何社会制度都不可能永久不变的，随着生产力的发展，原本适应生产力的社会制度最终将阻碍生产力的进一步发展，正是由于生产力的活跃性，脱离人类社会演进轨迹的不变的路径并不存在[92]。在对制度变迁方向的理解上，马克思主义思想认为事物的发展是从简单到复杂、从低级到高级的"螺旋式发展"的过程，同时，制度变迁的过程具有路径依赖的特性，即制度的发展变化一旦进入某种路径，在惯性作用下容易在特定路径中不断自我强化，即使有更优路径出现，也很难取而代之[93]。

农村土地股份制改革是一种需求导向的诱致性制度变迁[94]，其产生受到长期以来农村土地权能残缺、财产属性被抑制、小农经营方式不适用于现代农业发展需求等因素的影响。股份制的改革既能有助于完善农村土地的财产权，又能有助于实现规模经营，制度执行的预期收益大于预期成本，再加上城市化进程产生了一定"催化"的作用，土地股份制度应运而生。此外，在研究农村土地股份合作制时，应当关注可能产生的"路径依赖"问题，对制度变迁的路径不断进行重新思考与评价，同时高度关注制度环境、初级和次级行动团体、成本—收益分析等理论工具，找到适合中国农村土地股份制改革的道路。

第三章　中国农村土地股份制的概念
内涵与历史变迁

　　分析农村土地股份制，首先要明确它是什么、是如何形成的。目前我国还没有对农村土地股份制的概念形成一致的说法，极易在理论、制度、实践等多个层面上对农村土地股份制产生误读，本章旨在对农村土地股份制的本质内涵进行清晰界定，并梳理制度形成的历史过程，以勾勒出对农村土地股份制的全面解释。

第一节　中国农村土地股份制概念内涵与入股要素

一、农村土地股份制概念内涵

　　最早关于农村土地股份制或者股份合作制的说法出现于20世纪八九十年代，随着我国改革开放和城镇化的发展，农村普遍推行的家庭联产承包责任制出现弊病，农业发展受到阻碍，学界便开始针对现实中部分农村地区实行的股份制改革给予关注。目前我国还没有对农村土地股份制的概念形成一致的说法，不同时期人们提出的定义反映了当时对这一事物的看法，有必要对农村土地股份制的含义作出一个解释，这有助于理解现阶段农村土地股份制的性质和特征。

（一）农村土地股份制

20世纪90年代末，最早有文献明确指出农村土地股份制是建立在农村社区合作经济组织基础上将集体的土地以股份形式量化为组织内部农民共同占有的股份经营体制[95]。之后的学者注重强调土地股份制要以坚持农村集体土地所有制为前提，并按照自愿、自主、互利的原则，将村民的农村土地承包经营权入股农村集体或者股份合作社、农业经合组织、股份公司等组织。张吉清（2004）、刘保峰等（2006）认为土地股份制是农民将农村土地承包权以股份的形式交给村集体，并由村集体对股份量化后的土地进行统一规划开发和管理经营[96—97]。刘俊认为农村土地股份制的入股要素除了农村土地使用权或者集体土地，还包括了资金、技术、劳务等生产要素，统一折股量化到人，入股土地的经营管理由各种形式的农村股份合作经济组织来统一经营管理，入股要素主要包括土地承包经营权、集体建设用地使用权、宅基地使用权等集体土地使用权，并且强调土地股份制不会导致集体土地财产流失，它只是一种新型利用方式，强化了集体土地的资产属性，保障了农民切实享有集体财产权益。

结合前人的已有研究和实践情况，本书将土地股份制的内涵分为广义和狭义两种。广义上的农村土地股份制是指将包括集体土地及其他生产要素作为主要入股要素的股份制，是在集体土地流转和经营管理中引入了股份制思想的制度形式。具体而言，入股股东（主要是村、组、村民）将集体土地联合其他生产要素一起入股，成立经济组织（实践中有多种组织形式，如土地股份合作社），该组织负责对入股的集体土地及其他生产要素统一经营管理，所得收益扣除经营成本和必要的组织积累后，采取按股分红的分配方式，建立起一个风险共担、收益共享的制度[98]。

狭义上的农村土地股份制指仅以集体土地入股的经济制度。从这个层面上讲，农村土地股份制就是指20世纪90年代以后出现的主要以集体土地入股合作经济组织的制度，学术界和实务界一般将广东南海土地股份制改革看作农村土地股份制改革起点，本书重点关注集体土地为入股要素的股份制形式。

（二）农村土地股份合作制

农村土地股份合作制是农民将土地承包经营权或者联合资金、技术、设备等其他要素入股股份合作经济组织，入股要素折股量化，土地承包经营权入股合作社等经济组织后，由组织对入股土地统一开发规划利用，实现规模化经营，入股后农民依然保留农用地的承包权 [3、99—100]，年底合作经济组织将总经营收入扣除掉必要的集体积累和经营成本后，剩余利润按股分红。此外，甘藏春认为农民将承包经营权入股股份合作公司后，股份合作公司则是作为企业法人的身份从事土地的规模化经营管理。

我国最早出现真正意义上的农村土地股份合作制是在20世纪80年代中期。1982年中央一号文件正式明确指出农村地区实现包产到户、包干到户的家庭联产承包责任制，即农民以家庭为单位向农村集体经济组织承包土地等生产资料，每家农户按照合同约定自主生产经营。家庭联产承包责任制克服了平均主义的弊端，解放了农村生产力，大大激发农户个体的生产经营积极性，改革初期有效地提高了我国的农业生产效率。但是随着时间的推移，联产承包责任制存在的局限也突显出来，以家庭为生产单位的小农经营模式导致土地细碎化程度高，土地管理成本较高，农业生产效益远远落后于二、三产业，同时，大量农民工进城也使农村出现空心化问题，土地大量抛荒，经营效率低下。在此现实情况下，部分农村地区运用股份合作制的方式整合农村生产资料（主要是土地），以期提高生产效益。具体来说，股份合作制是指两个以上劳动者或投资者，按照章程或协议，以资金、实物、技术、土地使用权等作为股份，自愿组织起来，依法从事各种生产经营服务活动，实行民主管理，按劳分配和按股分红相结合，并留有公共积累的企业法人或经济实体[101]。

（三）农村土地股份制与股份合作制的异同

现有文献很少对土地股份合作制与土地股份制做深入的区分，甚至是直接混用，本书认为应当对股份制与股份合作制进行明确的区分，以更好地理解二者的内在含义。股份制是现代企业资本的典型组合形式，其核心是资本，是在资本联合基础上联合各生产要素，联合主体为资本，本质特征是对资本的控制。合作制则是在劳动者联合基础上联合各生产要素，联合主体为劳动者，本质特征是对劳动的控制，强调劳动者权利及劳动对资本的权力。股份合作制集股份制和合作制优点于一身，它吸取了合作制中股东参与劳动、提取公共积累、按劳分配等基本内容，又包含了股份制企业中筹集资金、按股分红等合理机制，但是从本质上而言，股份合作制仍是合作制的变形，从入股资格、决策方式、收益分配模式等方面都可以看出股份合作制的基础就是一种合作经济。所以，可以说股份合作制是以资本联合为前提、劳动联合为基础的组织形式。虽然在折股量化、按股分红等方面纳入了股份制的管理形式，但与完全意义上的规范的股份制比起来有着很大的区别，因此，股份合作制是农村土地入股的一种形式，但不是唯一的形式。

综上，当前我国农村土地股份制实现的主要形式是股份合作制，但是也应该明确土地股份制实现形式不仅仅是股份合作制，在实践中还有公司制的土地股份制 [98]。具体而言，股份制和股份合作制主要有以下几点的区别：

1. 入股资格

二者的财产来源即入股要素都具有多样化，并依据股份的形式量化，主要的区别在于入股者资格限定上，股份合作制主要以集体资产、集体成员个人资产为主，一般情况下集体外部成员资产不能入股，成员权资格具有封闭性特征。股份制对于入股成员则没有资格限制，企业或集体内外部的任何法人和自然人都可以用资金、技术等要素入股。

2. 股权结构

股份合作制下通常由集体经济组织进行经营管理，所以在股权结构设置上一般会有集体股，主体就是集体股和个人股，一般不存在也不允许某个单体户个体股比例占比较大的情况。而股份制企业没有设置集体股，一般设有国家股、个人股和法人股，少部分情形对单个股东的股权占比提出了限制，如规定内部员工购买的股份不能超过公司股份总额的2% 等。

3. 决策方式

股份合作制组织中，入股者所占股份总额比例与其在组织中的地位和权力无直接联系，表决原则是"一人一票"制，其目的是避免少数人利用入股资金大所占股权高的优势借机操控集体组织的经营管理活动，损害集体成员的利益。而股份制企业的决策原则是"一股一票"制，股东在组织中的话语权由其所拥有的股份份额所决定，大股东因为拥有的股份多，所以也更有发言权，在组织中的地位也更高。

4. 分配方式

股份合作制由于是劳动合作基础上的资本联合，所以实行按劳分配和按股分红结合的分配方式，又由于个人股所占股份差距不大，所以按股分红的收益差异也不会很大。股份制主要是资本联合，企业所得利润完全根据股份的多少分配，入股者之间的分红差距可能会很大。

5. 风险承担

股份合作制和股份制都要求股东对企业承担有限责任，对社会承担有限法律责任。不同的地方在于，股份合作制组织中一般规定股东的股份只能在组织内部成员之间转让，有的甚至不能转让，另外由于个人股持股比例差距不大，所以个体股东之间所承担的风险差距不大。股份制对于股东转让股份则没有限制，股东承担的风险大小与其拥有的股份多少呈正相关，大股东承担的风险更高，详见表3–1。

表 3–1　股份制与股份合作制区别对比

	股份制	股份合作制
入股资格	入股成员无资格限制	入股要素只能来源于组织内部成员
股权结构	一般设国家股、个人股、法人股，无集体股	一般设集体股和个人股
决策方式	一股一票原则	一人一票原则
分配方式	按股分红	按劳分配和按股分红结合
风险承担	股份转让无限制，承担风险与股份比例相关，入股者之间承担风险差异大	股份只能内部转让，个体股东之间承担风险差异较小

二、农村土地股份制入股要素

农村土地股份制改革是我国农村土地产权制度改革的重要探索和创新。土地股份制要在充分尊重农民改革意愿的基础上，坚持中央提出的明确集体土地所有权，稳定农用地承包权／宅基地资格权，放活农用地经营权／宅基地使用权／经营性建设用地使用权，将农村土地联合其他生产要素折股量化入股，由成立的股份合作经济组织对入股土地及其他要素进行统一经营管理并按股分红。当然，土地要素并非土地股份制改革中的唯一入股要素，还有农村集体资产、个体农户资金、生产技术等，如社区股份合作社及公司除了有土地入股外，还包括集体经营性资产的入股，后文的案例研究中也将提到不同类型的土地股份制运作形式，但是为了充分说明农村土地这一基本生产要素与农村土地股份制的相互影响机制，文中的分析主体仍是"土地"这一要素，并主要按照入股土地要素性质的不同，从农用地和集体建设用地来分析农村土地股份制改革中的入股要素。

家庭联产承包责任制将集体土地所有权与承包经营权分离，调动了亿万农民的生产积极性。随着社会经济的快速发展，现阶段的农村土地制度改革也顺应农民希望保留承包权、流转土地经营权的意愿，实行"所有权、承包权、经营权"三权分置，不断完善农村生产经营制度，适应生产力发展需求，激发农村基本经营制度的持续活力。有专家曾指出，"三权分置"是我国农村土地制度改革的指针，代表着改革新方向，是农村土地改革方略的核心。

2016年中共中央办公厅、国务院办公厅印发《关于完善农村土地所有权承包权经营权分置办法的意见》，文件指出"不断探索农村土地集体所有制的有效实现形式，落实集体所有权，稳定农户承包权，放活土地经营权，充分发挥'三权'的各自功能和整体效用，形成层次分明、结构合理、平等保护的格局"，"鼓励采用土地股份合作、土地托管、代耕代种等多种经营方式，探索更多放活土地经营权的有效途径"。十八届三中全会公布的《中共中央关于全面深化改革若干重大问题的决定》中要求"赋予农民对承包地占有、使用、收益、流转及承包经营权抵押、担保权能，允许农民以承包经营权入股发展农业产业化经营。鼓励承包经营权在公开市场上向专业大户、家庭农场、农民合作社、农业企业流转，发展多种形式规模经营"。2017年发布的《中华人民共和国农村土地承包法修正案（草案）》中也提出"土地经营权可以依法采取出租（转包）、入股或者其他方式流转"。农村土地既是资源，也是资产，中央政府相关文件中支持农民将土地经营权以入股方式进行流转，获得股权收益。这样一来有利于唤醒农村土地多年沉睡的资产，提高农民的收入，推动农业生产朝向规模化经营方式的转变，有利于现代化农业的实现。

《中华人民共和国物权法》（以下简称《物权法》）中规定农村土地权利包括集体土地所有权及集体建设用地使用权、宅基地使用权、土地承包经营权等用益物权。当前农村土地股份制改革涉及的土地权利类型主要还是土地承包经营权入股模式，未来土地股份制改革需要真正落实好农村全部土地的股份制改革，向包含集体经营性建设用地使用权、宅基地使用权等在内的全面土地股份制改革转变。针对当前的研究现状和改革实际进展情况，本书将主要从农用地和集体建设用地两种类型土地入股合作经济组织的角度进行分析研究，即农村土地股份制不仅仅是农用地承包经营权入股，还包括了集体建设用地的股份制[98]。本研究中介绍的集体建设用地入股的股份制主要是集体组织通过物业出租等方式进行资产管理经营的制度形式，不包括建设用地入股企业联营的问题。

1. 农用地入股

《中华人民共和国土地管理法》中规定农用地是指直接用于农业生产的土地，包括耕地、林地、草地、农田水利用地、养殖水面等。随着城乡发展一体化进程加快，农村很多农民长年在外打工或者定居城镇，这部分人群拥有农用地的承包经营权，实际却不经营土地，农用地抛荒闲置现象严重。农用地入股则是指在稳定家庭承包经营制度和保护农户土地承包经营权的基础上，将承包权与经营权分离，由农户自愿将土地经营权入股，组建土地股份合作经济组织，将土地适度集中进行农业产业规模经营。合作组织对入股农用地进行统一经营管理，实际中的经营模式包括有自主经营、内股外租以及两种形式相结合等。年底将合作组织的总收入扣除经营成本和必要管理费用后按股分红，建立起了一种利益共享、风险共担的运行制度。不仅有利于盘活闲置农用地资源，提高土地资源配置效率，实现农用地的适度规模化经营，还能为实现农业生产的现代化专业化提供基础。

2. 集体建设用地入股

集体建设用地是指农民从事二、三产业及其居住生活的空间承载地，包括农村居住用地、农村公共服务及基础设施用地、村办及乡镇企业用地等，本书研究的集体建设用地主要包括宅基地和集体经营性建设用地两大类。随着城镇化的快速发展，城市建设用地资源日益紧缺，而另外一方面农村建设用地由于产权制度的限制却无法同等入市，大量集体建设用地无法充分发挥出其潜在的巨大资产效益。中共十八届三中全会审议通过的《中共中央关于全面深化改革若干重大问题的决定》指出，建立城乡统一的建设用地市场。

在符合规划和用途管制前提下，允许农村集体经营性建设用地出让、租赁、入股，实行与国有土地同等入市、同权同价。农村建设用地入股合作组织后则有利于显化其资产属性，进一步优化产权结构，厘清各方责任和权益，对推动农村市场经济发展和新农村建设有着重要的积极作用，也为进一步推动农村改革与发展创造了必要条件。

第二节　农村土地股份制变迁过程

一、农村土地股份制制度历史变迁

（一）农村土地股份制产生的制度基础

我国的农村集体土地制度是股份制产生的制度基础，集体经济组织产生于20世纪50年代，它是农业合作化运动的重要产物。从20世纪50年代开始，中国共产党通过各种互助合作形式，把个体农业经济改造成为农业合作经济，从生产资料私有制转变为生产资料公有制。这种生产关系的变革被称为农业集体化伴随着农业集体化，我国的农村集体经济组织产生并发展起来，农民成为集体组织的一员，相应地与农民身份紧密相连的成员权也产生，目前我国农村集体土地制度的产生经历了以下几个重要阶段：

1. 农业合作化时期

20世纪50年代，中国农村兴起农业合作化运动，经历了互助组、初级社、高级社等阶段。其中，初级社就包含了许多股份合作的因素。如：自愿申请入社，农民以土地、农具、牲畜等生产资料折股入社，统一使用劳动力，民主商定生产和分配大事，按劳、股比例分配等。这些都可以看作是社会主义股份合作制的最早实践。初级社和高级社与现在的社区股份合作制仅是在入股的土地权利上存在不同。即目前的股份合作制是以农村土地的使用权入股，而高级社则是以农民的土地所有权入股[102]。

1953年春，中国的土地改革基本完成，获得土地的农民有着极大的生产积极性，但是分散而脆弱的农业个体经济既不能满足工业发展对农产品的需求，又具有两极分化的风险。中国共产党当时认为只有组织起来互助合作，才能发展生产，实现共同富裕。

互助合作的发展大致分为两个阶段：第一个阶段从全国解放到 1955 年夏。中共中央颁布了《关于农业生产互助合作的决议》，号召各地建立农业生产互助组。互助组时期的互助合作基本是建立在自愿互利原则基础之上的，是个体经济基础之上的集体劳动。土地、其他生产资料及产品仍然归农民个人所有，独立经营，农民之间相互提供帮助，既能解决生产当中的困难，也可以借此提高收入。进入初级合作社时期以后，土地入股，按股分红，统一经营。

早期的互助合作组织主要有三种形式：一是临时互助组。这是最简单的劳动互助形式，它的特点是其组织形式是临时的，参加互助合作的人员并不固定，这次和这户合作，下次可能跟另一户合作，这种互助组还具备小型这一特点，通常只由三到五户农民组成。二是常年互助组。它的特点是成员有着共同的生产计划，统一的组织管理制度，统一的分配制度，且互助组的成员比较稳定。组织存在的主要目的也从克服困难变为发展生产。三是初级农业生产合作社。其最主要的特点是土地开始由合作社统一经营。土地的所有权尚由农民掌握，但使用权已经由农业生产合作社所掌握。在年终分配时，农民可以凭土地入股参与分红。在分配比例上，按股分红大约占了 30%，按劳动分配大约占了 70%[103]。农民仍然拥有对土地处分的权利，拥有退社的自由，且退社时允许把入社时带来的土地带走，如果原来的土地不能退出，则可以获得使用其他土地代替，或者经济上的补偿的帮助。因此，这种初级农业生产合作社也被称为土地合作社。

第二阶段是从 1955 年夏季以后，农业合作化运动骤然加快发展速度，经过高级阶段进入人民公社阶段。到 1956 年春，全国掀起了高级社的高潮，高级合作社是在初级社的基础上，取消土地分红，农民不再拥有包括土地在内的生产资料所有权，但仍然拥有劳动请求权与报酬请求权，农民的报酬主要按劳动数量与质量来分配。

1958 年夏天，河南农村率先开始建立人民公社，8 月 4 日到 9 日，毛泽东先后视察了河北、河南和山东三省的农村。他在视察河南省新乡县七里营人民公社时说："人民公社这个名字好，包括工、农、商、学、兵，它的特点一曰大，二曰公。"在视察山东历城北园乡时，毛泽东又说："还是办人民公社好，它的好处是把工、农、商、学、兵合在一起，便于领导。"[104] 毛泽东的讲话在全国掀起了人民公社化运动。农村人民公社的所有制关系大致经历了三个阶段：第一阶段，农村人民公社所有制。第二阶段，人民公社、生产大队、生产队三级所有，以生产大队所有为基础。第三阶段，人民公社、生产大队、生产队三级所有，以生产队所有为基础。在人民公社的产权制度安排下，作为农村集体生产队的一名社员，农民从事什么农活是由生产队统一分派的，他们作为一个劳动者的所得甚至每个家庭成员的生计都从集体而来。随着人民公社的壮大，农民的成员权变得模糊起来，成员资格逐渐被淡化。成员权主要体现为"劳动报酬（工分）权和获得福利（口粮）权"，劳动报酬（工分）是由农民从事的农活的性质、性别和年龄决定的，福利（口粮）则是完全按照平均主义的原则在生产队所有成员之间平均分配[105]。

2. 家庭承包经营时期

党的十一届三中全会以后，农村中普遍推行各种形式的生产责任制，到了80年代初期，以家庭承包为主要内容的农业生产责任制占据主导地位。家庭联产承包责任制确立以后，集体成员可以直接占有、使用土地，并获得来自土地和家庭劳动所得的收益，以及有限的流转、出租或互换等处分权[106]。家庭联产承包责任制打破了人民公社时期的所有集体统一经营这一经营状态，原先以生产队为生产和收益分配单位转变为以农户为分配单位，原先是集体统一劳作、统一经营，实行家庭承包责任制之后变为以家庭为单位，分散劳作、分散经营，但土地的集体所有制并没有发生变化。农民只拥有对土地的使用权，并没有对土地的完整所有权。集体有权对土地的使用进行管理和监督，并对土地的承包关系进行适当调整。农民除了向集体上缴土地承包费、完成国家税收和农产品交售任务外，其他产品和收入全归自己。在村庄集体内部，如何进行农民对土地权利的再分配也变得至为关键。一方面要考虑成员在集体中原来的权利量，另一方面还要对集体现有的资源禀赋以及人地关系的可能变化进行通盘考虑。而集体产权则体现在：每一个属于生产队的成员都拥有成员权，集体中的每一员劳动力都按照年龄、性别以及所从事的农活类型享有对生产成果的收益权[104]。关于成员土地权利量的决定，主要存在三种安排方式：一是土地按照集体总人口平均分配；二是根据土地的两种不同类型，口粮田按照人口平均分配，责任田按照劳动力平均分配；三是土地按照劳动力平均分配。家庭联产承包责任制使农民利益和土地收益紧密联系起来。

家庭联产承包责任制是改革开放后我国农村土地产权制度的一大创新。随着城镇化进程的加快，农村劳动力也出现了大规模流动，城镇化进程的加快，更造成了土地价值的高涨，家庭联产承包责任制的弊端凸显，20世纪90年代以来，多地尝试对家庭联产承包责任制进行改革，股份制是其中一种重要形式。

（二）中国农村土地股份制的发展历程

从发展脉络来看，农村股份合作制实行之初并不仅限于集体土地使用权的作价入股，而是涵盖了现金、实物以及农民的其他生产资料。此后，伴随着城市建设用地的日趋紧张以及农村承包土地的部分闲置，以集体土地使用权入股方式为主的股份合作制才逐步出现。农村土地入股的方式，大多采取了股份合作制的组织模式。因为集体土地使用权作为农民最基本的生活保障和重要的财产权利，是农民从事农业生产和获得收益的主要途径。借助股份合作的制度优势，一方面，以土地使用权入股能够使原本分散的农业生产活动形成规模效益，最大限度地发挥集体土地的市场价值；另一方面，股份合作方式并不会剥夺农民从事劳动的机会，农民在获得股权收益的同时，可以继续参与生产经营活动，这就有效避免了农村出现大量闲置劳动力等风险，也在一定程度上提升了农民的收益数额和生活水平。

农村土地股份制，即以集体土地入股方式为主或仅以集体土地入股的股份制经济，是随着市场经济的发展、土地价值的凸显而出现并发展的。从这个意义上说，农村土地股份制是以集体土地入股为特点的农村股份制，南海土地股份制改革被认为是我国农村土地股份制改革的起点。20世纪90年代，广东省南海市（现为佛山市南海区）在全国率先进行土地股份合作探索，通过土地制度改革进一步解放和发展农村生产力，有力支撑了当地经济社会发展，也对国内其他地区产生了引领和示范作用。1987年，南海区成为农村改革的试验区，1992年南海在罗村下柏开始进行以土地为中心的农村股份合作制试验，同年共发展14个农村股份合作社。1993年南海市委、市政府发布《关于推行农村股份合作制的意见》，要求用2年时间分批全面建立农村股份合作制。

"南海模式"的推行改变了原有小农碎片化经营土地的方式，实现了土地规模经营，很快在广东省其他地区得到推广，进入21世纪后，土地股份合作制探索在我国沿海和大中城市郊区的许多农村展开。如2005年前后，浙江、江苏两省的农村土地股份制改革进入规范发展阶段，浙江省出台了《关于全省农村经济合作社股份合作制改革的意见》以及《浙江省村级股份经济合作社示范章程（试行）》等政策文件，对繁荣发展农村集体经济，提高农民收入起到了巨大的推动作用。

二、农村土地股份制政策历史变迁

在我国股份制经济改革的基础上，土地股份制改革得到了一系列政策支持，《中华人民共和国农村土地承包法》（以下简称《土地承包法》）（2002年）第42条规定："承包方之间为发展农业经济，可以自愿联合将土地承包经营权入股，从事农业合作生产。"《农村土地承包经营权流转管理办法》（2005年）第19条规定："承包方之间可以自愿将承包土地入股发展农业合作生产，但股份解散时入股土地应当退回原承包农户。"需要说明的是，家庭承包的土地承包经营权入股应在承包方之间进行，不包括将土地承包经营权量化为股份，投入到从事农业生产的工商企业或者公司，也不包括将土地承包经营权作为投资成立农业经营公司[107]。

党的十七届三中全会通过的《中共中央关于推进农村改革发展若干重大问题的决定》（2008年）规定："按照依法自愿有偿原则，允许农民以转包、出租、互换、转让、股份合作等形式流转土地承包经营权，发展多种形式的适度规模经营"，进一步明确了"股份合作"是土地承包经营权的流转方式之一，并提出了流转的目的是发展多种形式的适度规模经营。

2008年，十七届三中全会提出"加强土地承包经营权流转管理和服务，建立健全土地承包经营权流转市场，按照依法自愿有偿原则，允许农民以转包、出租、互换、转让、股份合作等形式流转土地承包经营权，发展多种形式的适度规模经营。有条件的地方可以发展专业大户、家庭农场、农民专业合作社等规模经营主体"。

十八届三中全会通过的《中共中央关于全面深化改革若干重大问题的决定》（2013年）进一步提出："允许农民以承包经营权入股发展农业产业化经营"，不仅再一次明确了土地承包经营权入股，并进一步明确了入股的目的是发展农业产业化经营。

党的十八届三中全会后，我国进入全面深化改革的新时期，农村土地制度改革也同步进入全面深化的新阶段。2014年的中央一号文件中明确指出"在落实农村土地集体所有权的基础上，稳定农户承包权、放活土地经营权"[108]，首次在中央文件中提出"农户承包权"和"土地经营权"的概念。自此，"三权分置"成为我国现阶段农村土地制度改革过程中重大制度创新的集中体现，也导致入股农用地股份合作组织的土地（产权）发生了新变化。

2015年2月1日，中共中央国务院《关于加大改革创新力度加快农业现代化建设的若干意见》（2015年中央一号文件）首次提出"引导农民以土地经营权入股合作社和龙头企业"，这与《农村土地承包法》所规定的"土地承包经营权入股应在承包方之间"有所不同。

2015年11月2日，中共中央办公厅、国务院办公厅印发《深化农村改革综合性实施方案》，对全面深化农村改革作出了总体部署。2015年11月18日，中农办主任陈锡文首度表示，土地股份合作制可能是未来中国农业特别是生产经营体制改革的方向[109]。在全面深化农村改革启动的大背景下，在农用地股份合作制这种狭义的土地股份合作制限定条件下，有针对性地逐一研究农用地股份合作制的构成要素及其规范与转型发展，对于推动实现农业现代化、繁荣农村经济和持续提高农民收入，具有重要的理论和实践价值。

2016年1月18日，农业部印发《关于扎实做好2016年农业农村经济工作的意见》（农发〔2016〕1号）再次明确："鼓励农民在自愿前提下以土地经营权入股合作社、龙头企业，发展土地流转、土地托管、土地入股等多种规模经营模式。"2016年3月18日，国家"十三五"规划纲要（全文）进一步规定："稳定农村土地承包关系，完善土地所有权、承包权、经营权分置办法，依法推进土地经营权有序流转，通过代耕代种、联耕联种、土地托管、股份合作等方式，推动实现多种形式的农业适度规模经营。"

2018年12月24日，农业农村部、国家发改委、财政部、中国人民银行、国家税务总局、国家市场监督管理总局联合发布《关于开展土地经营权入股发展农业产业化经营试点的指导意见》，明确指出了"土地经营权入股是用活土地经营权的有效形式"，在更大范围、更高层次上推进农业产业化经营"。

不难看出，中央政策对农村土地股份制改革持支持态度，其导向一直在个体经营与合作经营之间寻找平衡。而实际上，农村社会合作经营的需求一直存在，只要有适宜的外部环境和有效率的内部治理结构，农民的合作经营就能产生大大高于个体经营的绩效。

三、农村土地股份制发展现状

"南海模式"的股份制改革推行后，农村土地股份制在全国得到了广泛推行，以家庭承包耕地流转的情况为例，2010—2014年全国通过股份合作的方式流转的家庭承包耕地逐年增长，特别是2014年，通过股份合作的方式流转的家庭承包耕地达27169167公顷，达到历年最多，见图3-1。

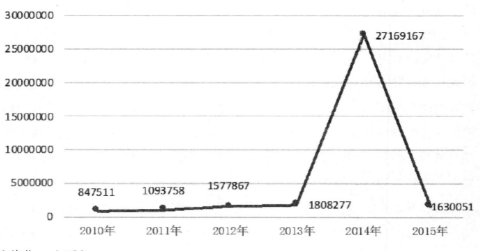

（单位：公顷）

图3-1　股份合作耕地流转数据

数据来源:《中国农业统计资料》2011—2016年

《中国农业统计资料》统计的数据显示，2015年全国通过股份合作的方式流转了1630051公顷承包耕地，约占全部流转面积的5%，见图3-2。

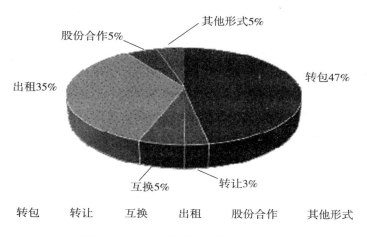

转包　　转让　　互换　　出租　　股份合作　　其他形式

图 3-2　2015 年承包耕地流转方式

数据来源:《中国农业统计资料》2011—2016 年

本章小结

本章主要研究了我国农村土地股份制和股份合作制,明确了二者的概念内涵和差异,探索了土地股份制及相关政策法律在中国的发展经历。

在对农村土地股份制、农村土地股份合作制的概念进行考证和阐述的前提下,对农村土地股份制与股份合作制进行了对比。发现二者在入股资格、股权结构、决策方式、收益分配方式、风险承担方面存在差异,当前我国农村土地股份制的主要实现形式是股份合作制。

我国农村土地股份制已经经历了近70年的发展演变。第一个阶段是始于20世纪50年代的农业合作化时期,主要包括互助组、初级社、高级社三个阶段,是中国社会主义股份合作制的最早实践。农业合作化时期主要以土地所有权入股,现在的股份合作制则以土地使用权入股[98]。第二个阶段是从20世纪70年代末开始的家庭承包经营时期,家庭联产承包责任制是改革开放后我国农村土地产权制度的一大创新,提高了劳动生产力,但是随着城镇化进程的加快,家庭联产承包责任制的弊端凸显,在对家庭联产承包责任制的改革中，股份制成为一种重要形式。

　　随着经济基础发生变动，一系列关于土地股份制改革的法律与政策应运而生，目前中央政策对农村土地股份制改革持支持态度，其导向是试图在个体经营与合作经营之间寻找平衡。在经济和政策环境的影响之下，通过股份合作制流转的农用地面积逐年增长。

第四章 中国农村土地股份制的实现形式

　　农村土地股份制的实现必须透过相应的运行媒介，也就是在实际运行中的管理主体或组织形式——农村土地股份合作经济组织。农民以土地入股，身份转变为股民，成为土地股份合作经济组织的一员，合作组织替入股农民管理土地，保障农民合法土地权益。当前作为土地股份合作制运行管理主体的农村土地股份经济组织的形式多样，主体名称不甚相同：有的称作经济社、股份合作经济社，如广东省；有的称作经济合作社、社区性合作经济组织，如浙江省，并且村经济合作社在该省已经取代村委会或村民小组成为实质的集体土地所有权的行使主体；有的称作农用地股份合作社、农村社区股份合作社，如江苏省；有的称作土地股份合作社、土地股份公司，如上海；有的称作集体资产管理公司，如四川省；甚至还有的实行完全的公司化改造，称作有限责任公司和股份有限公司[110]。为了后文阐述的便利，将这些合作组织统一称为（农村）土地股份合作经济组织，指农村土地股份制度下所形成的各种类型的股份经济组织，重点介绍农村土地股份合作经济组织的法律地位以及不同类型的组织形式。

第一节　农村土地股份合作经济组织的法律地位

　　对农村土地股份合作经济组织法律地位的探讨有着十分重要的意义，只有明确合作经济组织的法律地位，落实相关改革措施的法律依据，土地股份制改革的推行才能够有法可依，从而实现对各类行为的有效规范和指导。

一、农村土地股份合作经济组织相关政策法律规定

农村土地股份制改革有利于保护农民财产权益、激活集体资产的财产属性，也是集体土地所有制的有效实现形式，所以国家政策对其持较为支持的态度。党的十四大确立社会主义市场经济体制后，股份合作制迅速发展。党的十五大报告指出："目前城乡大量出现的多种多样的股份合作制经济，是改革中的新事物，要支持和引导，不断总结经验，使之逐步完善。劳动者的劳动联合和劳动者的资本联合为主的集体经济，尤其要提倡和鼓励"；2003年党的十六届三中全会提出使股份制成为公有制的主要实现形式；2008年十七届三中全会提出"探索集体经济有效实现形式，发展农民专业合作组织，支持农业产业化经营和龙头企业发展"；党的十八大提出"坚持和完善农村基本经营制度，依法维护农民土地承包经营权、宅基地使用权、集体收益分配权，壮大集体经济实力，发展农民专业合作和股份合作，培育新型经营主体，发展多种形式规模经营，构建集约化、专业化、组织化、社会化相结合的新型农业经营体系"；之后，党的十九大报告中指出"深化农村集体产权制度改革，保障农民财产权益，壮大集体经济。构建现代农业产业体系、生产体系、经营体系，完善农业支持保护制度，发展多种形式适度规模经营，培育新型农业经营主体，健全农业社会化服务体系，实现小农户和现代农业发展有机衔接"。可以看出，中央政策对股份合作制的经济形式给予了充分肯定，并配套了一系列政策鼓励多种形式的农业经营组织形式的发展。

然而我国还没有针对土地股份合作经济组织的专门立法，与之联系最紧密的则是《中华人民共和国农民专业合作社法》（以下简称《农民专业合作社法》）。《农民专业合作社法》于2006年10月31日颁布，并于2017年12月27日修订通过。法律中第2条指出农民专业合作社是"在农村家庭承包经营基础上，农产品的生产经营者或者农业生产经营服务的提供者、利用者，自愿联合、民主管理的互助性经济组织"。从该法条可以看出《农民专业合作社法》适用于从事农业经营的经济组织，而土地股份合作经济组织中有以集体经营性建设用地入股、依赖物业出租等非农经营为主的经济组织则无法包含在内。

虽然《农民专业合作社法》第13条规定指出："农民专业合作社成员可以用货币出资，也可以用实物、知识产权、土地经营权、林权等可以用货币估价并可以依法转让的非货币财产，以及章程规定的其他方式作价出资"，拓宽了入社要素的类型，明确指出货币及非货币财产也可作价出资，然而当前我国估价行业还没有明确的集体土地估价办法。此外，《农民专业合作社法》第4条规定"盈余主要按照成员与农民专业合作社的交易量（额）比例返还"，但是关于盈余分配的规定在土地股份合作经济组织中大多入股成员与组织之间没有任何交易的情况下并不适用。而且，《农民专业合作社法》第19条有关成员入社的规定是"具有民事行为能力的公民，以及从事与农民专业合作社业务直接有关的生产经营活动的企业、事业单位或者社会组织，能够利用农民专业合作社提供的服务，承认并遵守农民专业合作社章程，履行章程规定的入社手续的，可以成为农民专业合作社的成员"，这与土地股份合作经济组织中成员权资格的封闭性（即组织内成员都为原村集体成员）也有很大的区别。

　　虽然有些土地股份合作经济组织是通过公司化改制的组织形式实现的，但现行的《中华人民共和国公司法》（以下简称《公司法》）是针对商业企业制定的，对于进行了公司化改制的土地股份合作经济组织会出现的特殊问题，《公司法》中相关条例的适用性则较弱。如一些合作经济组织在股权结构上设置了集体股，但对于如何确定集体股代表人、协调集体股与个人股之间的利益关系等都没有相关内容可供参考。还有部分条例明显与现在土地股份合作组织的运行情况相背离。如《公司法》第24条指出有限责任公司由五十个以下股东出资设立，而一般农村土地股份合作经济组织的入股成员都会超出五十人。《公司法》规定农村土地使用权可以作价入股，但是股权只能转让不能退股，这与合作社"入社自愿、退社自由"的原则相违背。与《公司法》紧密相关的《中华人民共和国企业破产法》（以下简称《破产法》）还规定"债务人不能清偿到期债务，债权人可以向人民法院提出对债务人进行重整或者破产清算的申请"，但若是集体土地入股成立的公司申请破产存在很大的社会风险，一方面，农民一旦失去土地承包经营权，意味着失去了稳定的生活保障；另一方面还有可能影响农用地的可持续利用，危害国家粮食安全。因此，在制定土地股份合作经济组织申请破产的法规条例时应充分考虑到农民利益、农用地的保护问题，还应注意农业生产周期的可持续性。土地股份制改革相关的政策法律内容见表4-1。

表 4-1　土地股份制改革相关的政策法律内容

政策 / 法律	土地股份制改革相关内容
党的十五大报告	"要支持和引导股份合作制经济"
十六届三中全会	"使股份制成为公有制的主要实现形式"
十七届三中全会	"探索集体经济有效实现形式"
党的十八大报告	"发展农民专业合作和股份合作"
党的十九大报告	"深化农村集体产权制度改革"
《农民专业合作社法》	"农民专业合作社，是指在农村家庭承包经营基础上，农产品的生产经营者或者农业生产经营服务的提供者、利用者，自愿联合、民主管理的互助性经济组织 / 盈余主要按照成员与农民专业合作社的交易量（额）比例返还"
《公司法》	"有限责任公司由五十个以下股东出资设立"
《破产法》	"债务人不能清偿到期债务，债权人可以向人民法院提出对债务人进行重整或者破产清算的申请"

二、农村土地股份合作经济组织法律困境

虽然2017年10月1日最新的《中华人民共和国民法总则》确定了城镇农村的合作经济组织法人为"特别法人"，可以从事为保障履行职能的民事活动，但是合作经济组织在登记注册、运作管理、经营模式等具体操作环节仍然没有专门的针对性法律作为依据，比如，在土地股份合作经济组织申请设立登记时，应该在政府哪一部门进行登记，不同法律之间缺少协调性；《农民专业合作社法》第16条规定农民专业合作社在工商行政管理部门申请登记；《公司法》第6条规定应当依法向公司登记机关申请设立登记。但是在实践中，各地股份合作经济组织在工商、民政、农业管理部门登记的情况都存在，还有不少的组织只能进行民办非企业法人登记，没有独立的法律地位，工商部门不予登记的理由是股份合作经济组织不是标准的企业法人，民政部门认为它不符合社团性质不予登记。

三、突破农村土地股份合作经济组织的法律困境

虽然中央出台的相关支持政策文件对土地股份合作经济组织的发展具有规范和指导作用，但是相关法律条例中的内容缺失和矛盾急需探索股份合作组织突破法律困境的途径。

针对土地股份合作经济组织单独立法，是一项工程浩大的任务，从研究制定到最后出台需要较长的一段时期，在这段时间内，合作组织仍处于法律规定空白，法律地位得不到保障的阶段。所以有学者提出可以制定自治规则，让合作组织通过自治的方式制定本组织章程，但是这一过程中最大的难题在于农村合作组织中鲜有专业人才能够胜任此项工作，若是聘请专家则花费较多。

本书认为，可以由各省级政府出台地方性法律，结合各地实际情况，制定有关条例。如可以在《农民专业合作社法》的基础上出台地方条例，将土地股份合作经济组织的有关规定纳入其中，赋予其法律地位，推动合作组织内部治理机制和各项制度的不断完善。江苏省人大在2009年底，经省人大常委会审议通过《江苏省农民专业合作社条例》，并于2010年1月1日起正式施行。该条例第2条规定"农民专业合作社以其成员为主要服务对象，提供农业生产资料的购买，农业生产作业，农产品的销售、加工、运输、贮藏，农用地经营，以及与农业有关的技术、信息、基础设施建设、物业经营等服务"；第12条规定"农民可以以承包地的经营权作为主要出资方式，设立相应的农民专业合作社（以下称农用地股份合作社），增加土地承包经营权收益，分享农业适度规模经营效益"。该条例的出台创造性地赋予了农用地股份合作社和社区股份合作社的法人地位，大大推动了江苏省的土地股份制改革的立法进程。

未来土地股份制改革的首要方向就是明确土地股份合作经济组织的法律地位，保证合法权益，具体通过制定相关法律法规条例明确合作组织的性质、法人资格、登记机构，建立健全组织的财务制度、分配制度、运作模式等，保障组织规范运行，推进合作组织的法制化改革。

第二节 农村土地股份合作经济组织形式

根据实践中农村土地股份合作经济组织形式多样，名称也不尽相同，本书将按照入股集体土地性质，将其分为以农用地入股为主的农用地股份合作社和以集体建设用地入股为主的社区股份合作社，经过公司化改制后的合作经济组织，则分别对应农用地股份合作公司和社区股份合作公司[111]。下文将对这四种类型的土地股份合作经济组织进行详细介绍。

一、农用地股份合作社

农用地股份合作社成立的具体过程是：农民将农用地承包经营权单独入股或者联合资金、设备、技术等其他生产要素一同入股，入股要素统一折股量化，成立农用地股份合作社对入股土地进行规模化集中管理，统一规划开发，最大程度挖掘入股土地的潜在收益，提高合作社经营效益，所得利润按股分红。

（一）入股土地区划范围

实践中合作社入股土地的区划范围存在两种情况，一种是按行政村来划分，以村、组为单位成立合作社，有地区还会在村小组设立分社。第二种是跨行政村范围组建合作社[98]，合作社根据自身产业规模发展水平吸纳周边农民土地入股，如四川省资阳市雁江区中和镇明月村鸡鸣山合作社重点发展精品水果种植，按照"联动、综改、建新村"的发展思路，合作社入股土地除了中和镇明月村内农民的土地还吸收了周边的雷庙村、罗汉村、凉风村、罗家村共4个村的农用地，总规划面积为3000亩的水果种植示范园区，突破原来"一村一品"的观念，实现了跨村的规模化发展。

（二）农用地股份合作社的成立条件

农用地股份合作社并不是适用于所有地区，受到农民收入结构、社会保障水平、村集体经济组织的经济实力和管理能力等因素的影响。具体而言，首先，与家庭收入以农业收入为主的农户相比，农业收入占农民家庭总收入比重小的家庭亲自从事农业生产的可能性较低、承担风险的能力也较强，更愿意参与股份制改革；其次，我国农村土地长期以来承担了部分农村社会保障功能，随着城镇化的发展，很多农民家庭主要劳动力通过参与非农产业获得更高的收入，在一定程度上弱化了农用地的社会保障功能；再次，合作社的成立成本很高，这就对集体经济组织的经济实力有很高的要求，特别是合作社董事会和监事会成员是由原来的村组织干部担任时，对集体经济组织的管理和组织能力有较高的要求。

（三）农用地股份合作社的优势

农用地股份合作社在促进农业规模化生产、提高农业经济效益、增加农民收入、壮大村集体经济实力等方面都有着重要的作用。首先，由于农民将分散的土地入股，合作社进行统一整治开发，提高了农业生产的规模化和机械化水平，对于闲置荒芜的农用地，盘活了农用地资源，提高了土地资源利用和配置效率。而且合作社还吸纳了资金、技术、劳务、设备等生产要素入股，有效提升了农业经营效率和效益。其次，入股合作社一方面有助于解放农业劳动力，另一方面还有利于增加农民收入，拓宽农民收入渠道。最后，合作社每年都会在净收益中提取集体公积金和公益金用于发展农村公共事业，促进农村公共事业的繁荣发展和农民福利的提升。

（四）农用地股份合作社存在的问题

农用地股份合作社在实践中也面临着一些困境和问题，具体表现：一是部分合作社内部治理机制不够规范，入股农民的参与决策的权利没有能得到好的保障，管理者考核制度和内部监督体系还有待完善。二是经营模式还较为单一，农业生产配套服务和地价评估机制需要进一步健全。三是受农村金融服务政策和服务体系影响，部分合作社贷款融资还较为困难。四是利益分配方式有待完善，目前很多合作社采取的"保底收益＋股份分红"的方式一方面体现出了对农民的高福利性，但另一方面又违反了合作社"风险共担、利益共享"的成立原则。

二、农用地股份合作公司

农用地股份合作公司成立的具体逻辑是：农户将土地承包经营权入股成立股份合作公司，土地的承包经营权作为入股农户的资本，进而获得公司股权，入股农民可以自由选择外出务工或者成为公司员工继续参与土地经营。公司则拥有农用地经营权，对入股农用地进行统一规划管理，从事现代化农业生产经营，获取利润，从而实现资本增值。

学术界对于成立农用地股份合作公司持有不同观点，一些学者认为《农村土地承包经营权流转管理办法》第35条规定"入股是指实行家庭承包方式的承包方之间为发展农业经济，将土地承包经营权作为股权，自愿联合从事农业合作生产经营；其他承包方式的承包方将土地承包经营权量化为股权，入股组成股份公司或者合作社等，从事农业生产经营"，办法中将农用地承包经营权入股和其他方式承包（指未通过家庭承包的"四荒"土地）入股作了区分，前者入股未明确表示可以组成股份公司，表明中央政策是不倡导农民将承包经营权入股成立农业公司的[112]。但也有学者认为土地承包经营权入股公司体现了《物权法》所保障的土地承包经营权自主经营的物权性质，是土地承包经营权流转新的探索发展方向[113]。本书认为不应该单纯因为改革出现的新模式不符合现有法律政策的规定，就简单地予以否定，需要具体地分析其在实践中的进步与可取之处，并对其未来的发展方向作出探讨。

（一）农用地股份合作公司的成立条件

与农用地股份合作社类似，农用地股份合作公司成立的必要条件同样也包括地区非农产业较发达、青壮年劳动力大量转移、农民自愿入股等，此外，入股农户想要成立企业要求自身具有一定的资金和技术基础，同时，农用地股份合作公司还可以引进农业龙头企业，引入农业企业经营公司的先进管理制度和生产技术，提高自身规模化经营土地的实力。最后，由于公司是以盈利为目的的，所以农用地股份合作公司应当重视提高市场竞争力，需要决策层和入股农户重视培养自身的市场意识和民主管理意识，以提高公司的经营管理能力。

（二）农用地股份合作公司实践情况

实践中采用农用地股份合作公司的模式相对较少，如成都地区的"汤营模式"，该模式未被广泛采纳可能是因为农村土地属于集体所有，农用地承包经营权入股直接成立公司与相关的法律规定相矛盾，农民可能会面临失地的风险，同时保底分红的利益分配原则也与公司"无盈不分"的原则相违背。

　　重庆市在2004年开始了专业合作社进行公司化改制的探索，由国家开发银行重庆市分行与市农业局合作在江津等10多个区县进行试点，这些地区通过龙头企业的带动，壮大了当地特色农产品的生产规模。一直到2006年，试点地区共有农用地股份合作公司35家，涉及入股农户1万多户，规模化生产基地达2万多亩，年经营收入4500万元。重庆市政府在2007年6月展开全市土地承包经营权入股公司的试点，重庆市工商行政管理局在2007年出台了《关于全面贯彻落实市第三次党代会精神服务重庆城乡统筹发展的实施意见》，文件中明确指出"在农村土地承包期限内和不改变土地用途的前提下，允许以农村土地承包经营权出资入股设立农民专业合作社；经区县人民政府批准，在条件成熟的地区开展农村土地承包经营权出资入股设立有限责任公司和独资、合伙等企业的试点工作，积极推进土地集约、规模经营，提高农民组织化程度，加快发展现代农业"。后来工商局又出台实施细则《重庆市农村土地承包经营权入股设立公司基本内容》，文件中规定了土地承包经营权入股公司的基本要求、公司形式、经营范围、公司股东、章程等内容。这一做法被外界称为"股田制"。然而这一改革实施不久后就被中央叫停，很可能是公司制形式使得内部成员将股权转让给公司内非从事农业生产的股东（如以资金、实物等出资入股的法人或自然人），不符合土地承包法中规定的承包经营权流转中受让方需有农业经营能力的规定，此外，如果企业破产，农民入股的土地承包经营权则将用于清偿债务，农民则面临着失地的风险。

　　因此，无论是法律上还是实践中的困境都使得农用地股份合作公司在运行中困难重重。随着我国市场经济的日益发展和完善，农村农业的发展需要不断明晰和完善集体土地权利内涵，特别是在城乡一体化发展的背景下，农村集体土地资源的资产属性日益凸显，农用地股份合作公司仍然可以作为土地股份制改革的有益探索。所以对于在理论和实践中遇到的诸如公司治理、股权结构、股份转让、破产清算等突出问题需要进行深入分析研究。

　　（三）农用地股份合作公司的优势

　　首先，农用地股份合作公司的优势之一就是其作为独立法人，与村集体经济组织相比主体地位更为明晰。其次，股份合作公司的形式有利于其利用完善的现代企业制度，规范组织运作流程，严格按章程规定维护好公司内各股东权益。此外，相对于将土地入股后集中租赁给农业公司的土地流转方式，直接成立农用地股份合作公司可以有效避免农业公司与村集体、农民之间利益不一致，农户在利润分配、经营模式等方面的话语权处于弱势地位等问题。最后，土地入股直接成立公司使得农民与村集体成利益与风险共担的联合体，充分调动了农民的经营管理积极性，也提高了农民对风险的承受能力。

（四）农用地股份合作公司存在的问题

除了法律规定上的障碍之外，在实践中部分农用地股份合作公司还存在公司治理体系不完善，公司设置的管理机构如"董事会""监事会"形同虚设，缺乏有效的监督体制，管理人员发生腐败现象，甚至有擅自卖地等严重违法现象，农民权益受到侵犯，分红过少，在广东南海就出现农民要求退股还田的情况。一旦公司由于经营不善而解散或破产注销，对于债权人和入股农民的利益还没有健全的规定予以保证。

三、社区股份合作社

社区股份合作社成立的逻辑是：在坚持生产资料集体所有制的前提下，将集体资产折股量化到集体成员，原来的村集体经济组织改组为社区股份合作社，实行民主管理。每年年底将社区可分配盈余按股分红给合作社成员。2016年12月29日，中共中央、国务院发布了《关于稳步推进农村集体产权制度改革的意见》，意见指出"农村集体产权制度改革是维护农民合法权益、增加农民财产性收入的重大举措，并且针对一些地方集体经营性资产归属不明、经营收益不清、分配不公开、成员的集体收益分配权缺乏保障等突出问题，着力推进经营性资产确权到户和股份合作制改革。明确农村集体经营性资产的股份合作制改革，不同于工商企业的股份制改造，要体现成员集体所有和特有的社区性，只能在农村集体经济组织内部进行"，可以看出，社区股份合作社是农村集体经营性资产股份合作制改革的基本形式之一。

农村集体资产包括农民集体所有的土地、森林、山岭、草原、荒地、滩涂等资源性资产，用于经营的房屋、建筑物、机器设备、工具器具、农业基础设施、集体投资兴办的企业及其所持有的其他经济组织的资产份额、无形资产等经营性资产，用于公共服务的教育、科技、文化、卫生、体育等方面的非经营性资产。而集体经营性建设用地是该看作农村集体资产中的资源性资产还是经营性资产，目前还没有法律或者政府规章制度中予以明确说明。虽然集体经营性建设用地属于集体所有的土地，但不能就这样简单地将它归入资源性资产。经营性建设用地最大的特征就是它的盈利性，本书认为应该将它看作集体经营性资产更为合理。因此，社区股份合作制中涉及的土地要素主要是集体经营性建设用地。

（一）入社资产的范围

社区股份合作社一般以行政村为单位改造组建，现在一些地区的村级合作社为了扩大社区资本规模，增强社区资本实力，在乡镇范围内共同投资入股建立农村社区股份合作联社。另外，如果村下面的村小组集体资产较多的也可建立小组级社区股份合作社。

（二）社区股份合作社的成立条件

在我国工业化和城镇化进程中，一些农村地区出现了村集体经济组织财产大量流失的情况，农民权益受到严重侵犯，如政府征用集体土地后给予极低的补偿费用，损害了失地农民的利益；撤销村组建制时村集体资产被无偿占用划拨到街区；部分村干部私自占用集体资产，村民缺乏有效知情权和监督权等。为了解决这些问题，保护村集体和农民资产权益、防止集体资产被无偿占有，部分大中城市周边农村和"城中村"地区进行了农村社区股份合作制改革。社区股份合作社的成立至少需要具备两大条件，首先村集体必须有可经营性资产，其次这些资产能够折股量化并进行分红，如果没有足够的集体资产或者资产不能获得持续较高的收益，合作社就难以长期维系下去。社区股份合作社的模式主要出现在广东、江苏、北京、浙江、山东等较发达的东部城市的郊区，一些西部大城市周边地区也有采用这一模式的实践。

（三）社区股份合作社的优势

建立社区股份合作社的积极作用最主要体现在明晰集体资产产权和实现集体资产的保值增值。首先通过对社区所有的全部资产进行清算评估，量化为股权形式分配，切实保障了社区成员对于集体资产收益的分配权。操作流程公开透明，科学合理，得到社区成员的很大认可。集体资产进行股权量化后有利于防止村集体资产被平调，维护失地农民权益。合作社可以进一步整合资源，提高社区资产经营效率。总体而言，社区股份制改革对于推动农村生产要素的市场化改革、加强基层民主建设、稳定农村社会治理秩序等都发挥着重要的作用。

（四）社区股份合作社存在的问题

社区股份合作社面临的问题主要表现在三大方面：第一，资本积累问题，具体表现为随着城市化的快速发展，很多集体资产被征收或者拆除，合作社赖以发展的基础资源越来越少，由此合作社经营基础受动摇，严重制约着组织的进一步壮大；第二，过度承担公共事务费用，一些合作社除了日常运营外，还承担着很多社区公益事业费用的开支，增加了其运营负担；第三，社区股份合作社内部管理体系不健全，具体表现为基层干部改革动力不足，担心成立合作社后农民话语权增强，自身权力将被削弱，所以部分基层村干部对社区股份合作社持观望甚至抵触态度，与此同时，政企不分、监督机制不够完善导致腐败现象容易发生。

四、社区股份合作公司

广义上讲，社区股份合作公司是指依法设立的，以集体经济组织或合作制经济组织为基础，按照章程或协议，通过各种形式改制或新设而成的公司，公司将全部资本划分为等额股份，特定身份的股东以其拥有的股份为限对公司承担有限责任，公司以其全部资本为限对外承担有限责任。狭义上讲，社区型股份合作公司是指仅以集体组织所有的财产折股并可募集部分股份的公司，股东主要由社区集体成员组成，并以发展社区集体经济和集体福利为职能[114]，本书重点关注狭义上的社区股份合作公司。

（一）社区股份合作公司的发展

社区股份合作公司首先产生于珠江三角洲地区，是在政府主导下为推动农村城市化改造形成的特殊企业形态。20世纪90年代，作为经济特区的深圳市在改革开放中具有独特的区位优势和优良的发展条件，当地农村集体经济发展迅速，最早出现了社区股份合作公司。深圳市从1992年开始对特区内原农村集体经济组织实行股份制改革，即村集体组织被改造成社区股份合作公司。为实现股份合作公司的规范化管理，深圳市在1994年出台《深圳经济特区股份合作公司条例》（以下简称《条例》），并在1997年和2010年两次修正，2018年1月深圳市政府六届一百零六次常务会议审议通过了《深圳经济特区股份合作公司条例修正案（草案）》（以下简称《条例修正案草案》）。《条例》对于我国在探索农村城市化发展路径、规范组织行为、确立社区股份合作公司合法地位以及推动集体经济发展等方面都起到了重要的作用。虽然社区股份合作公司经历了公司化改制，但与传统的股份有限公司和有限责任公司有着很大的不同，它是以社区（原行政村和村民小组）为基础、以集体所有土地为纽带，这是社区股份合作公司的基本标志，是一种全新的股份合作公司组织形态。公司股权上，一般分为集体股、合作股和募集股。以深圳市宝安区为例，宝安区在2004年实现了农村城市化的改造，在行政体制上将原来的自然村和行政区撤销并新成立了社区工作站和居委会，村集体经济组织转变为社区股份合作公司。

社区股份合作公司未来发展方向是向现代企业制度过渡[115]，具备一些特征：第一，股东人员还是原村集体人员，封闭性特征明显，公司控制的土地还是集体所有的模式，股东获得公司收益分红仍是原来村集体村民保持紧密联系的重要纽带。第二，公司股东即原来的村民在村集体公司化改制后，其就业、社会保险、生活等对股份合作公司依赖程度很高，实则为原来村集体组织对于村民的社会保障职能的延续，若是转变为现代企业制度，很多股东的就业、社保等都会受到影响甚至是威胁，所以社区股份合作公司不完全是现代意义上的公司制。

（二）社区股份合作公司的优势

发达地区将城市周边农村进行公司化改造，建立起现代企业制度是适应现代化市场经济要求的表现。社区股份合作公司的管理运营中引入了现代企业治理机制，旨在建立健全"产权清晰、权责明确、民主监督、管理科学"的现代企业经营管理制度，实现公司的规范化运作，进而不断提高自身在市场中的竞争力。公司化改制的最大优势应该在于利用公司的"开放性"特点多渠道大规模地筹集资金，满足企业在改革发展中对资本的大量需求。因此，想要进行公司化改制的村集体至少需要具备以下几种条件：第一，"政社分离"，保证社区股份合作公司的经济职能与社区公共服务职能的分离，确立公司的经济主体地位。第二，公司能够实现民主性与资本性的结合。第三，改制前已有企业治理体系的雏形。

（三）社区股份合作公司存在的问题

近年来随着经济社会发展和产业结构升级转型，社区股份合作公司在体制机制、经营管理上存在的缺陷愈来愈明显。同时还面临着缺乏土地资源、无法吸引高素质人才加入、资金融通难等问题。股权设置落后是当前股份公司一大突出问题，第一，集体股产权主体不明晰，集体股股东无法发挥所有者权力对公司进行管理，村民股东实际控制着公司，而村民股东受到个人能力和观念限制，制约了公司的发展空间；第二，合作股股权固化，封闭性特征明显，股权转让、继承等没有统一规定，严重影响公司进一步扩大发展。如深圳市某社区股份合作公司有股东（原村民）1700多名，但所管理的社区却有17万人，缺乏股东的流动机制，使得公司的管理和运营中经常面临多种纠纷；第三，"一人一票"的决策机制容易导致决策的分散和低效，不利于维护社区整体利益，还可能引发宗族之间的矛盾冲突，特别是很多企业由于规模不大，董事长兼任总经理的情况较多，缺乏公司管理者之间有效的权力制约机制，监督机制也不够完善。因此，对于社区股份合作公司未来的改革重点应该聚焦在公司定位、集体股表决权、股权流转、人才引进、经营管理等方面。

本章小结

本章主要分析了土地股份合作经济组织的法律地位以及四种不同类型的土地股份合作经济组织形式。首先，就农村土地股份合作经济组织的法律地位而言，虽然农村土地股份制改革受到了各类政策的支持，然而我国还没有针对土地股份合作经济组织的专门立法，只有《农民专业合作社法》《公司法》和《破产法》中针对个别的土地股份合作经济组织形式做出了部分规定。法律的不完善使得合作经济组织定位不明确，在登记注册、运作管理、经营模式等方面无法可依，实际操作运营中面临诸多困境。据此，推进合作组织的法制化改革，通过法律途径赋予组织合法地位是土地股份合作经济组织健康发展的前提。

　　其次，各地在土地股份制改革实践中基于自身实际情况选择了多样化的组织形式。本书按照入股集体土地性质的不同将其划分为四大类型：农用地股份合作社、农用地股份合作公司、社区股份合作社和社区股份合作公司，不同类型的土地股份合作经济组织各有其特点和适用条件，没有绝对的优劣之分，所以在改革实践中要因地制宜地选择组织形式，不同类型的土地股份合作经济组织对比详见表4-2。

表 4-2　不同类型的土地股份合作经济组织对比

组织名称	入股要素	是否公司化	股权结构	按主导者分类	典型地区
农用地股份合作社	土地承包经营权为主	否	集体股、个人股为主	农民自发	广东、江苏、浙江
农用地股份合作公司	土地承包经营权为主	是	集体股、个人股为主	农民自发	成渝地区
社区股份合作社	集体经营性资产为主	否	集体股、个人股为主	农民自发	北京、江苏
社区股份合作公司	集体经营性资产为主	是	集体股、合作股和募集股	政府主导	深圳

第五章　中国农村土地股份制理论构建

对农村土地股份制理论的探讨，就是要解决农村土地股份制度框架中的核心问题。第一个问题是农村土地股份制的主体是什么，即谁可以参与入股的问题；在明确农村土地股份制主体的基础上，第二个要明确的问题是农村土地股份制的客体是什么，即入股的主体可以得到什么样的权利；第三个问题即是，土地股权是如何进行流动的；第四个问题是股份制是通过怎样的运作及管理实现价值的；最后一个问题是如何对股份化运作中产生的利益进行分配。

第一节　农村土地股份制的股权界定

股东资格界定直接涉及哪些主体有资格加入土地股份合作经济组织并享受分红，或者哪些人有资格享受分红，哪些人没有资格享受分红，这与土地股份合作经济组织中每一个成员的切身利益息息相关，从这个角度上讲，股东资格界定是推进农村土地股份合作制进程中的关键问题。本书认为，股东资格界定应在明确股东类型、获取股东资格所必需的入股要素，股东资格界定标准的基础上，明确股东资格的界定主体。

学界对农村土地股份制股东资格的界定尚未形成统一的标准，在具体的资格确定方式上，学者们持有不同的观点，如解安（2002）认为可以本村农业户口为标准，确定持股资格，因人口的增减造成的股权调整采取"动股不动地"的原则[116];姜爱林等人（2007）认为应以某个时点登记在册的农业人口为基数，留有一定灵活操作空间，对于特殊人口可以根据地方实际情况，在多数社员同意的情况下授予股权[117];蒋省三等人（2006）指出可将农村土地股权等同于农民集体成员权[118];刘玉照（2012）认为在股东资格主体的确定上，主要有三种分配逻辑：一是传统的成员权逻辑；二是劳动创造股权的逻辑；三是资本创造股权的逻辑[119]。

一、股东类型

之所以对股东资格的类型给予关注，是因为在农村土地股份制的实践中，农村土地股份合作经济组织的形式多种多样，不同组织形式下对应的股东资格类型不尽相同，尚未形成统一的股东资格类型。按照入股土地要素的性质不同，具体有几种股东类型（见表5-1）：

表 5-1　股东资格分类[111]

入股土地要素	制度类型	组织大类	组织亚类	股东类型
农用地/承包地	股份合作制	土地股份合作社	农用地股份合作社（自营、他营）	社员或股东
	企业制	土地股份合作公司	农用地股份合作公司	股东
集体建设用地	股份合作制	土地股份合作社	社区股份合作社	社员或股东
	企业制	土地股份合作公司	社区股份合作公司	股东

可以看出，就农用地而言，股份合作经济组织可分为农用地股份合作社和农用地股份合作公司两大类。其中农用地股份合作社有自营和他营两种类型，自营型农用地股份合作社的股东可称为合作社成员（简称"社员"）；他营型农用地股份合作社类似于通过农用地流转进行规模经营的一个中介组织，其既不同于农民专业合作社，也明显不属于土地股份合作公司，其成员称为"股东"，而非"社员"。

就农村建设用地而言，股份合作经济组织可分为社区股份合作社和社区股份合作公司两大类。社区股份合作社以集体建设用地及其厂房等物业出租为主要盈利方式，不涉及土地承包经营权入股，而是以集体建设用地使用权入股组建。因此，这些组织成员可称为股东或者合作社成员（简称"社员"）。

社区股份合作公司的成员称为"股东"。鉴于存在多种类型，为保证分析的规范性，本书将农村土地股份合作经济组织的成员统称为"股东"。

二、入股要素

从农村土地股份制改革的实践来看，入股要素主要有两种：一是完全以土地要素折价入股的股份制。农用地、宅基地、集体经营性建设用地均可成为入股要素，土地要素入股的本质是地权转股权，按照土地类型的不同，可以分为农用地承包经营权入股和集体建设用地使用权入股。

二是以土地要素和其他要素综合入股的股份制，既包括土地要素折价入股，也包括其他要素入股。这些其他要素则包括各类农机具、资金、资产、技术等内容。

三、股东资格的界定

土地股份合作经济组织的不同类型下股东资格的界定标准均不同：

（一）农用地股份合作社

农用地股份合作社可分为自营和他营两种类型，两种类型下股东资格界定标准及界定主体有所不同。自营农用地股份合作社实质与农民专业合作社无异，可参照《农民专业合作社法》规定的成员标准对其进行股东资格界定。《农民专业合作社法》第14条规定"具有民事行为能力的公民，以及从事与农民专业合作社业务直接有关的生产经营活动的企业、事业单位或者社会团体，能够利用农民专业合作社提供的服务，承认并遵守农民专业合作社章程，履行章程规定的入社手续的，可成为农民专业合作社的成员。但是，具有管理公共事务职能的单位不得加入农民专业合作社"；同时，《农民专业合作社法》也对各类型成员的比例做了规定[①]。《农民专业合作社法》第13条规定"设立农民专业合作社，应当向工商行政管理部门提交下列文件，申请设立登记"。关于成员资格的取消，《农民专业合作社法》第19条规定"农民专业合作社成员要求退社的，应当在财务年度终了的三个月前向理事长或者理事会提出；

---

① 参见《农民专业合作社法》第15条。

退社成员的成员资格自财务年度终了时终止"。由此可见，农民专业合作社成员可以成为自营农用地股份合作社的成员，并由相应的理（董）事长或者理（董）事会、工商行政管理部门共同对股东资格进行界定。

他营农用地股份合作社是股东以其享有的农用地承包经营权入股组建，因此，他营农用地股份合作社的股东资格界定应该以是否享有农用地承包经营权为标准。有所不同的是，股改后（原农村集体）村民享有农用地承包经营权，但这一承包经营权却不与具体的地块相联系，在对全村农用地加以评估后量化给村民的实际上就是股份权[120]。农村土地承包权应当以集体经济组织的成员权为基础，非农业经营群体应当退出农用地承包经营权[121]，所以他营农用地股份合作社的股东资格界定的主要是依据是否拥有农村土地承包经营权。此外，依据《物权法》第32条①，《农村土地承包法》第11条、第51条②，《农村土地承包经营纠纷调解仲裁法》第2条第3款③、第4条、第6条、第7条、第11条，《民事诉讼法》第3条④、第93条等的相关规定，我国他营农用地股份合作社的股东资格可由他营农用地股份合作社自身、村民委员会、乡镇人民政府、县（市）农业行政主管部门、县（市）土地承包经营纠纷仲裁部门、市县级人民法院等部门进行界定。

（二）农用地股份合作公司

与农用地股份合作社不同，农用地股份合作公司股东的资格没有身份限制，即拥有土地承包经营权和经营权的主体均可入股。首先，以家庭承包方式取得的土地承包经营权入股组建农用地股份合作公司的股东资格界定主体的确定可参照他营农用地股份合作社。其次，依据《公司法》第27条规定"股

---

① 《物权法》第32条规定："物权受到侵害的，权利人可以通过和解、调解、仲裁、诉讼等途径解决"；第33条规定："权的归属、内容发生争议的，利害关系人可以请求确认权利。"

② 《农村土地承包法》第51条规定："因土地承包经营发生纠纷的，双方当事人可以通过协商解决，也可以请求村民委员会、乡（镇）人民政府等调解解决。当事人不愿协商、调解或者协商、调解不成的，可以向农村土地承包仲裁机构申请仲裁，也可以直接向人民法院起诉。"

③ 《农村土地承包经营纠纷调解仲裁法》第2条第3款规定："农村因征收农民集体所有的土地及其补偿发生纠纷，不属于农村土地承包仲裁委员会的受理范围，可以通过行政复议或者诉讼等方式解决。"

④ 《民事诉讼法》第3条规定："人民法院受理公民之间、法人之间、其他组织之间以及他们相互之间因财产关系和人身关系提起的民事诉讼，适用本法的规定。"

东可以用货币出资，也可以用……土地使用权等可以用货币估价并可以依法转让的非货币财产作价出资；但是，法律、行政法规规定不得作为出资的财产除外"，所以，以土地经营权入股组建农用地股份合作公司的股东资格界定主体确定以《公司法》为依据。同时，《公司法》第6条规定"设立公司，应当依法向公司登记机关申请设立登记"，第25条规定"股东应当在公司章程上签名、盖章"。可见，拥有承包经营权和经营权的主体均可成为农用地股份合作公司的股东，具体可由作为公司设立登记机关的工商行政主管部门以及通过公司章程的公司股东代表大会进行界定。

（三）社区股份合作社

社区股份合作社的股东主要以集体建设用地使用权入股，而集体建设用地使用权的享有与是否为农村集体成员密切相关。因此，社区股份合作社股东资格界定标准也即农村集体成员的取得标准。但是，社区股份合作社股东资格与集体成员身份也不完全一致，成员不一定必然是股东，因为成员是通过其与村社的血缘或地缘关系取得的，而股东的权利与义务则是通过合同或加入社区取得的，是建立在法律行为的基础上的。股东资格界定的依据不再是户籍这一行政管理制度的标准，而是以入股这一法律行为作为判断标准。现实中，不少地方在实施农村土地股份制改革时，选择以集体组织成员资格作为确定股东资格的依据，而认定集体组织成员资格在很大程度上又综合考虑户籍、居住、生活保障来源、履行相应社会义务等多方面情况，进而按照某种大多数人认可的办法，着重公平，兼顾贡献，把股份基本上无偿地分配到每个成员头上。不论标准如何，农村集体成员界定以土地为其基本的生存保障为标准，并且坚持股东资格的唯一性，避免出现"两头占"和"两头空"现象[122]。

社区股份合作社的股东资格界定标准主要是依据是否是农村集体成员、是农村社区范围内依赖集体土地和其他自然资源和财产为基本生存保障的自然人[123]。集体成员资格具有可变动性，可以在符合政策、法律甚至习惯的情况下，变动其集体成员的资格[124]。农村集体成员的界定主要包括三种方式：一是由民政部门界定；二是由村民委员会界定；三是综合界定，指既考虑户籍，又照顾其他因素，充分发挥农村熟人社会的特殊职能，由集体威望较高的长辈和村干部在征求各方意见后决定，再由村民委员会开会表决是否通过。

（四）社区股份合作公司

由于社区股份合作公司的股东以集体建设用地使用权入股、公司内外部资金入股等为主，并且土地股份合作制的实质是将股份制引入合作组织，实行土地、劳动、资金及其他要素的结合，聚集和融合各种生产要素，其合作组织或股份组织成员已超出农民集体土地成员的范畴，具有不特定性[①]。

社区股份合作公司的股东包括土地使用权股、现金股等，由于该类组织完全实行公司化经营，所以其股东资格界定主体应当参照《公司法》予以确定。由于该类组织通常由原集体经济组织转化而来，成员人数较多，鉴于《公司法》对股份有限公司股东人数2人以上200人以下的规定，社区股份合作公司股东资格界定主体可参照《公司法》对股份有限公司的有关规定。此外，《公司法》第77条规定"股份有限公司的设立，可以采取发起设立或者募集设立的方式"，所以，社区股份合作公司股东的资格确定，既可以由公司发起人确定，也可以由设立公司募集计划的公司董事会或股东代表大会确定。需要说明的是，在该类公司成立时，由于其之前与原农村集体经济组织的多重联系，且其股东资格界定标准主要是农村集体成员，所以其股东资格界定方也要将原农村村民委员会纳入农村土地股份制的股东界定标准，（见表5-2）。

表 5-2　农村土地股份制的股东界定标准 [111]

组织形式	类型	界定标准
农用地股份合作社	自营型农用地股份合作社	依据《农民专业合作社法》对合作社成员的相关规定
	他营型农用地股份合作社	是否享有农用地承包经营权
农用地股份合作公司	农用地股份合作公司	是否享有农用地承包经营权、是否投入资金技术
社区股份合作社	社区股份合作社	是否是原集体经济组织成员
社区股份合作公司	社区股份合作公司	是否是原集体经济组织（社区）成员、是否投入资金技术

① 比如，《深圳经济特区股份合作公司条例》（2010年修正）第18条规定"当以折股和募集结合设立公司时，募股对象仅限于本村村民和公司员工，公司员工包括本村村民之外的本公司董事、经理、职工和公司的子公司以及参股公司的上述人员"。

综上所述，从我国的实际情况来看，不能完全仿照现代股份制对股东资格"限制较小、社会公开"的做法，股东资格的初始确定最好限定在一定区域内。即农村土地股份制可以在某几个村民小组之间、村庄之间甚至是几个乡镇范围内联合实施。

第二节　农村土地股份制的股权结构

股权结构研究的主要目的是在地权与股权之间建立起连接桥梁，主要关注两大核心问题：第一个问题是地权转化为股权后，如何将股权进行量化，并分配给相应的股东；第二个问题是股东拥有的股权包含怎样的权利内容。

一、股权量化与配置

（一）股权量化

土地股权量化是农村土地股份制实施的关键，土地股份量化可以选择多种方式，具体来讲，可以按数量、质量、价值等不同标准分别进行量化[125]。实践中农用地和建设用地在股权量化上会选择不同的方法，对农用地的量化可以按照家庭每户承包土地面积，一亩或几亩折一股；可以按照承包地等级，划定标准等级为一股，依次递减；也可以由专业的土地估价机构对其价值进行评估，按照评估值折股量化；还可以通过对承包地过去一定时期年均收益进行测算，按照收益折股量化。若涉及土地所有权入股或者未分配到户的未利用地入股，则量化标准应以集体成员资格为参照。对集体建设用地使用权的量化一般采用成本法先估价，即按投资成本进行量化，再根据估价结果折算股份，比如，可以按照集体建设用地的投资金额，固定金额折一股，或者建立农村建设用地基准地价，按照不同等级建设用地的投资成本折股，进行股权量化。

（二）股权配置

作为公有制的集体土地所有可以采取共同共有的形式，也可以选择按份共有的形式，二者最大的区别是按份共有不因"共同关系"而发生，共同共有因"共同关系"而发生[126]。土地股份制改造是按份共有的典型表现形式，将土地所有权和使用权分离，原农村经济合作社改造成为符合市场经济要求和现代企业制度的股份合作经济组织——股份合作经济组织[127]，在这种经济组织形式下，私有产权或者明确的独立产权通过入股的方式，实现了共同占有、经营和收益[128—129]。农村土地股份制的改革不仅没有违背土地集体所有的基本制度安排，还在真正意义上实现了土地集体所有，将较为模糊的农村土地产权量化到了农民个人，实现了产权主体的人格化[130]，解决了集体产权主体虚置的问题[131]。

股权配置方面，正如公司化的股份制企业按投资主体不同设置国家股、法人股、个人股、外资股等不同类型的股票[132]，土地股份合作经济组织也会设置不同的股票类型，通常都设有集体股和个人股，部分地方还设有机动股。集体股是体现农村集体经济组织权益的股份[133]，具体以集体资产入股后由集体经济组织拥有的股份，其分红主要用于村集体公共支出和各项运转费用以及村集体全体村民分红等，部分地区设置集体股还是为了解决集体新增人口股权问题或者为改革中的遗留问题做准备。个人股是以土地承包经营权入股，由符合入股资格标准的人员所持有，一般都为村集体本村村民，这也是入股农民获得分红收益的主要依据。

各地在实践中对于股权配置是否设置集体股，以及集体股所占的比例都没有一致的规定，学术界对于集体股的设置大多还是持支持意见：汪险生等（2017）认为土地股份合作社就是集体经济组织的变体，而集体股的设置体现了所有权的地位[134]。村集体利用集体土地入股、管理服务等方式获得的集体增量利益进行扩大再生产、弥补亏损和集体福利支出，形成村集体与合作社共同发展格局[73]。当然，集体股的设置也存在问题，实践中有的社区股份合作公司中近三分之二的股份全部由公司法人控股，农民个人股不到五分之一，这样一来也违背了土地股份制改革的初衷——实现农民土地财产权益，所以集体股的比例不应过高（一般不超过30%），避免农民权益被侵占。此外，个人股设置还存在以"劳龄股""现金股"等非"土地股"为主的现象，这些行为实际上都是对农村土地资源的侵蚀，部分地区的村集体滥用职权甚至以个人名义收购入股农民的个人股权，因此，规范股权的配置是改革的重点之一。

二、土地股份制股权权利内容

土地股份制的发展过程中，必然涉及权利结构的转换，最突出的表现则是地权转股权。虽然土地股份制改革在我国已有多年探索，但是目前农村土地制度改革已进入"深水区"，对农村土地股份制的理解应结合更为宏观的农村土地产权制度。2015年，国家启动了农村土地征收、集体经营性建设用地入市、宅基地制度改革（以下简称"三块地"改革）试点工作，将农村最主要的三类土地统一纳入改革范围 [135]，在此背景下，土地股份制则可成为"三块地"改革实现的一种重要途径。

就农用地（承包地）而言，在"两权分离"制度基础上，党的十九大报告明确将完善农村土地"三权分置"作为土地制度改革的重要内容，之后，《农村土地承包法》的修正将"三权分置"作为土地承包法修改的核心内容，并以法律的形式确定了该制度框架的合法性，可以看出，农用地由"两权分离"变为"三权分置"成了我国农用地产权制度的最新安排，由于"三权分置"下权利主体及关系错综复杂，通过股份制改造后权利主体与权利关系均会发生改变。"三权分置"即所有权、承包权、经营权三种权利的分置，是对承包地"两权分离"的继承和延续，二者均为家庭联产承包责任制框架下的具体制度安排 [136]，当农户自己经营土地时，"三权"中的"承包权 + 经营权"就等同于承包经营权，农户拥有直接支配土地资源的权利 [137]，土地产权结构仍表现为"两权分离"。只有当土地发生流转时，"三权分置"的产权结构才会形成，此时，在土地承包经营权的基础上分置出经营权，代表土地的财产属性，权利表现遵循所有权派生出承包经营权，再由承包经营权派生出经营权的生成逻辑 [138]。"三权分置"放活了承包经营权中的经营权能，经营权流转后权利主体行使相应的经营权能，但是单纯依靠权利分置很难实现改革的目标 [139]，股份制改造则可以成为改革实现的有效路径 [140]，"三权分置"制度设计下股份制改造的本质是维持农用地原所有权不变、承包经营权不变，相应地原所有权关系和承包经营权关系也维持不变，仅从承包经营权中分离出经营权，用于股份制改造。具体来讲，则是土地股份合作组织将以农用地经营权直接入股组建，然后把农用地经营权转化为股权 [141]，也可以说，在农用地经营权入股条件下，经营权主体（可以是集体、农民家庭、农业经营者）让渡农用地经营权后取得股权，土地股份合作组织让渡股权后取得经营权主体曾经拥有的农用地经营权，从而实现双赢。在地权转股权后，股权便可自由交易、流转。

就宅基地而言，《中共中央、国务院关于实施乡村振兴战略的意见》明确提出完善农民闲置宅基地和闲置农房政策，探索宅基地"三权分置"。宅基地"三权分置"是宅基地所有权、资格权、使用权三种权利的分置，城镇化的发展客观上引发了大量农村劳动力向城镇转移，造成大量农房及宅基地闲置 [142]，再加上原有"两权分离"的制度设计抑制了宅基地的财产属性，使得农村大量的资产长期处于沉睡状态，"三权分置"改革随之提出，旨在保障农民住有所居的基础上盘活闲置宅基地。其中，所有权仍归集体所有，资格权的本质是农户享有的宅基地权益的总称，包含了宅基地获取资格和使用权两大部分内容，当农户将宅基地交由他人在一段期限内占有使用并以此收取相应费用时，并未丧失资格权，只是让渡其中的使用权。所以宅基地"三权分置"的权利生成逻辑为所有权派生出资格权，再由资格权派生出使用权。虽然宅基地"三权分置"改革已成为趋势，但是其实现路径尚未定论，改革模式也不必强求千篇一律，在我国农村土地制度的改革实践中，土地股份制可以模糊产权与土地之间的对应关系，股权变动不影响土地使用者权利的稳定性 [143]，可以为宅基地"三权分置"的实现提供有效思路。土地股份合作组织将宅基地使用权直接入股组建，然后把宅基地使用权转化为股权，实现了地权向股权的转变，也可以说，在宅基地使用权入股条件下，使用权主体让渡宅基地使用权后取得股权，土地股份合作组织让渡股权后取得宅基地使用权，从而实现双赢。在地权转股权后，股权便可自由交易、流转，进而激活宅基地财产属性。

此外，"三块地"改革中重要的集体经营性建设用地的使用权同样可以通过入股的方式实现财产属性的盘活。集体经营性建设用地入股后，所有权仍由集体掌握，土地股份合作经济组织只拥有集体经营性建设用地使用权。

综上，一方面，"三权分置"明确了土地股权的生成路径，揭示了地权转股权的本质是承包地"经营权"、宅基地"使用权"和集体经营性建设用地"使用权"中包含的土地收益，不仅为土地股份制改造提供了新思路，还清晰地界定了土地股份制的权利性质。另一方面，土地股份制改造也可以成为农村土地改革的实现路径，土地股份制的改革在维持原有土地承包关系和宅基地使用关系不变的基础上，激活农村土地财产属性。从权利结构细分来看，农用地经营权/宅基地使用权入股条件下，虽然农用地经营权/宅基地、集体经营性建设用地使用权转化为股权，但农用地承包权仍由农户家庭掌握，土地股份合作经济组织只拥有农用地经营权；宅基地资格权仍由农户家庭掌握，土地股份合作经济组织只拥有宅基地使用权；集体经营性建设用地所有权仍由集体掌握，土地股份合作经济组织只拥有集体经营性建设用地使用权，一旦土地股份合作经济组织经营失败、需要解散，其掌握的权利复归原权利主体，并与其他权利组合成物权。由此不难发现，地权转变而成的股权具有相对性、暂时性、短期性和意义自治性等特征，是债权性质的权利。农村土地股份制的权利内容见图5-1。

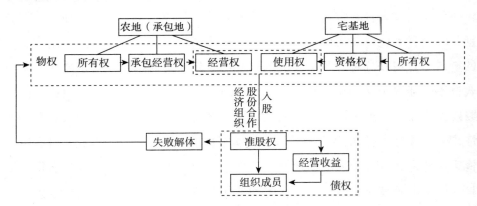

图 5-1　农村土地股份制的权利内容

第三节　农村土地股份制的股权流动

通过股权管理实现了对土地原始股权的配置，但这并非农村土地股份制改革的最终目的，在股权原始配置的基础上，土地股份制改革的继续推进还需要保持股权的流动活力。按照股权流动选择的方式不同，股权流动可分为市场化流动和非市场化流动，市场化流动主要以股权交易的方式进行，非市场化流动主要通过股权退出的方式实现。

一、股权交易

土地股份合作制绝不仅仅是土地的入股，要实现土地股份合作制的持续健康发展，就必须要在土地入股的基础上，实现城乡之间资金、技术、劳务等多类型生产要素的大融合，从而调动一切可以调动的生产要素，实现全要素生产率的提高。股权交易则是在股权初始配置的基础上，保障股权效率实现的重要手段，实行土地股份制改革后，股权主体拥有的只是一种对使用权货币化的股权，是把实物形态的土地转变为价值形态的土地，这种土地股权的交易，并不影响实物土地的相关权利的行使，而股权主体则可以凭借其拥有的股权参与土地收益分配，并得到法律上的认可和保护[144]。

土地股权的流转和交易，实质上是集体土地产权的流转，因此股份制改革在相当程度上促进了集体土地权能的实现。同时，由于股份量化农民直接参与管理，农民与集体的联系变得更为紧密，调动了广大农民发展集体经济的积极性，促进了集体资产保值增值，探索出在市场经济条件下集体土地所有权的有效实现方式。如宁波市鄞州区62个土地股份合作社账面总资产达43.42亿元，2011年取得净收入3.79亿元，分配给社员2.26亿元（人均4027元，最高人均1.2万元）。可以说，通过股份制改造后的"集体"，不是对农村土地集体所有制的否定，而是"集体"的新生，是对农村土地产权结构的完善，是土地集体所有制在新的历史条件下的实现权能的有效途径和方式。

当前我国多数农村土地股权交易处于半封闭状态，许多地区农村土地股份制改革仍表现出"均分、均利、均受益"的特性。股东的股权是集体无偿配送的，只作为集体年终分配的一种凭证，股东没有处置权。集体资产运营的好与坏，只体现股东分配的多少，股东既不需要投资，又不需要承担经营风险就可以享受农村集体经济分配成果。在实践中，为了维持现有持股成员的稳定，股权往往实行相对稳定的静态管理，市场化交易机制尚未形成，以江苏省为例，常熟市虞山镇新库村规定所有股权均归本社集体，个人取得的股权只享有分配权，所有股权不得继承、转让、买卖、抵押，不得退股提现；南通崇川区百花社区股份合作社规定，村组级公共股不得抵押和退股提现，仅作为年终收益分配的依据；木渎镇天平村天灵物业股份合作社规定股东一经现金入股，不得退股取现。仅在一些特殊情况下，经股东申请董事会批准可以股份内部转让、继承。受让人最终持有股份数不得超过基本数的三倍。可以看出，当前的股权交易存在封闭性，合作组织均规定股权的转让、继承只能在集体组织内部成员之间进行，禁止在集体成员外流转。随着土地股份合作经济组织的发展壮大，组织内部资产日益膨胀，固化股权的模式导致权利主体的股权权益无法得到充分实现。

在快速工业化、城镇化阶段，土地需求日益强烈，土地市场日益发育，土地价值逐步凸显，农村集体和农民的土地权利意识不断增强，对"还权赋能""自主交易"，充分实现农村集体土地资产价值的愿望和要求日趋强烈。所以当前土地股权交易封闭性的问题亟须解决，使集体土地通过股权形式充分进入市场，显化土地的财产价值。

二、股权退出

股权是流动的，完整的农村土地股权处置，还应包括清晰完善的股权退出机制。入股农民想要退出农村土地股份制经济组织，主要有以下情况：第一，土地产权变更导致的退出，如征地导致土地股份合作经济组织无法继续运营，此时股东需要退出股权。第二，因农民股东从股份合作经济组织处得到的收益不能达到农民的预期从而选择退出股权。

在农村土地股份制改革的实践中，当权利主体提出退出股权的要求时，土地股份合作经济组织通常会采取两种方式满足农民的诉求：第一，由合作经济组织回购股权，这种方式主要用于农民或成员自愿退出股权的情况，如天津市宝坻区在农村集体资产股份制改革过程中规定农民或成员自愿退出股权时，经成员代表大会表决通过后，由本社收购[145]；第二，由合作经济组织无偿收回股权的方式，通常用于股权所有者丧失成员资格的情形，如天津市宝坻区在农村集体资产股份制改革过程中规定："股权证上登记人员全部死亡或者全部丧失成员资格的，股权由集体无偿收回。"股权退出后，农民原有的土地若无法退出经营，可通过异地置换的方式退回，比如，山东省东平县在土地股份合作社改革中，成员退股后，通过异地置换的方式，重新分给了土地。

第四节 农村土地股份合作经济组织的经营管理

一、农用地股份合作社

（一）农用地股份合作社经营管理方式及特点

从经营方式来看，农用地股份合作社可以被划分为内股外租、自主经营、"内股外租 + 自主经营"三种模式。内股外租型是指合作社将入股土地统一对外出租给种植大户或农民专业合作社、农业企业等进行规模化集中经营。这种模式多出现在特色农产品种植具有一定规模的地区，随着合作社的不断发展，不少合作社开始实行自主经营。自主经营型模式又可以分为社区内社员分包经营和引进外部熟悉农业生产的种植能手作为职业经理人来经营管理。"内股外租 + 自主经营"型即是指合作社的土地一部分自主经营，其余部分对外出租给农业企业、家庭农场等其他主体经营，合作社将自身经营所得收入和租金收入统一按股分红，该种模式在实践中相对较少。

从管理方式来看，农用地股份合作社会出台各种内部管理规定来规范经营管理，从规定的内容来看，主要可以分为总体章程规定和具体规则，部分地区还有合作社与职业经理人签订的合约规制，主要涵盖生产经营类型、双方权责确定、收益分配方式等内容。总体章程规定包括合作社章程、董事会章程及监事会章程等，其中，合作社章程主要规定建社原则和宗旨目标、最高权力机构、组织结构设计、决策机制、成员资格权界定标准等；董事会及监事会章程主要包括人员构成、产生办法、任期限制及职责义务、奖惩考核标准等。具体规制则涉及土地利用方式、经营类型、收益分配标准和方式、职业经理人聘任途径及选拔标准等。另外，农村有着传统的依靠地缘、血缘、家庭等关系建立起来的社会结构和人际关系网络，注重发挥权威宗族或者村民信任的当地种植能手的引导作用，即通过充分发挥核心成员的示范效应的方式来进行经营管理。总之，不论是总体章程还是具体规定，管理规则都应遵循简洁易懂，表述明确的原则，相关内容尽量在一个规制文本里体现完整，便于入社村民及相关主体了解认可和遵守。通过科学的制定方法及合法性程序树立起合作社内部规定的权威性和科学性。若是管理条例本身存在模棱两可不完善的地方，在之后执行的过程中则可能出现较大的争议和矛盾，阻碍生产经营的顺利实施。在具体实施探索的过程中，对于发现总结的原合作社管理条例中不全面或者有质疑的地方要及时进行修改补充，获得全体社员的认同。

农用地股份合作社经营管理的突出特点是保证经营决策的合理和公正，即农用地股份合作社生产经营中的各个环节都需要有不同的利益主体进行选择，以达到经营效益的最优化。如生产经营的类型及运作机制需要合作社组织全体社员共同讨论决定，具体种植什么作物品种以及种植方式等则应由种植大户、农业龙头企业或者职业经理人来决定，所有主体在生产经营过程中都不能违反合作社章程的有关规定，保证决策民主公开。

（二）农用地股份合作社经营管理问题

从经营方式来看，虽然当前农用地股份合作社已朝向多样化经营方式转变，但仍然还有很多合作社仅仅是将合作社的入股土地进行对外租赁，社员收益主要来自流转收入，自主经营模式较少。少量进行自主经营的合作社存在资金少、成员少、经营水平低等问题，同时产品主要集中在初级农产品生产上，在农产品深加工领域的经营开发还未实现，在选择精品种植类型时也缺乏市场敏感性，没有进行足够的前期市场调研和分析，最后在产品销售环节容易遇到产品雷同、销售困难等问题。另外，还有部分地区重流转轻经营，也就是说由于上级政府强势推动，为了完成任务而盲目组建农用地股份合作社，入股土地由于合作社招商无果而处于长期闲置的状态。

此外，农用地股份合作社在管理运行机制上也存在问题，突出表现为：首先，"三会"制度流于形式、风险防范机制有待完善、分红机制尚不健全等。在实践中有些合作社虽设立了"三会"制度，但作用微乎其微，法人代表都是由村委会主任担任，缺乏管理经营。股东代表大会也未能履行最高权力机构的义务，入社农户的参与权、知情权和监督权遭到侵犯，很多重要事项没有通过集体表决，只是负责人一人决定。其次，有少数合作社只是为了争取政策资金支持，空有一个躯壳，没有改革性的实质内容，农户对于合作社也没有归属感，有利就合，无利就散。此外，一般合作社在分配方式上都会选择保底分红和浮动分红，虽然这考虑到了农户抵御风险能力较弱的特点，但这违背了利益与风险一致的原则，在合作社因为经营不善或者自然灾害无法实现盈利的情形下，所有风险都将由合作社来承担，所以农用地股份合作社的风险防范机制和分红机制也面临一些问题。

二、农用地股份合作公司

农用地股份合作公司在实践中较少，主要出现在成渝地区，四川省"汤营模式"则是农用地股份合作公司化改革的典型，本书将主要对这一模式进行介绍。

（一）"汤营模式"经营管理方式及特点

四川省邛崃市羊安镇汤营村在2005年通过土地整理净增耕地面积390多亩，在取得村民同意后，村委会在"依法、自愿、有偿"的原则下，将新增耕地的土地承包经营权入股成立汤营农业股份有限公司。具体来说，汤营村内部的村民通过自家土地承包经营权或者以现金入股，直接进入董事会成为董事会一员；在汤营村外部，当地政府投资成立的兴农农业发展公司投入了100万元作为风险资金参股。最终，汤营农业股份有限公司的股东由村集体、汤营村村民、兴农公司三方组成，汤营村（村集体和村民）和兴农公司各占一半的股份，兴农公司年底所得的公司经营收入50%的股份红利不拿走，留给村集体使用，等到村集体发展壮大后再回购兴农公司投入的股金作为村集体股。

在经营模式上，公司面向市场推进了规模化、产业化经营，实现西瓜规范化种植、大棚食用菌种植，建立起优质粮油基地，成立水果加工厂、食品公司等，与通威公司等食品加工企业建立长期合作关系，为公司在生产中的技术支持、产品销售等关键环节提供了便利。

在管理方式上，公司采取"村企合一"的模式。即由村委会统一经营土地，管理公司，减少了公司管理成本，有利于内部达成一致意见。公司内部管理严格依照章程规定，完善财务收支制度，成立了股东代表大会、董事会和监事会。公司定期举行股东代表大会，财务状况定期对外公开，主动接受全体股东监督，同时政府和财政部门也对公司进行监督，确保公司严格执行收支制度。

"汤营模式"的经营管理呈现出两大特点，第一，政府通过投资设立农业公司以资金入股的方式支持农业股份合作公司的发展壮大，提高了财政支农资金的使用效率，最后村集体将获得的收益以回购的方式将农业公司的股份转为村集体股份，进一步壮大了农村集体经济。另外股份合作公司直接经营，减少了原来村集体和农业龙头企业合作的交易成本，对于农户而言，也避免了单个农户与受让方谈判过程中处于弱势地位和信息获取极不对等劣势。第二，股民对公司管理层的信任度较高，具体由村民信任和认可度高的村干部和种植能手担任管理者，董事会严格执行章程规定，不以权谋利，带领全体农户共同致富，维护入股农户权益。同时，现金入股的村民成为公司董事会一员，提高了村民的话语权，拓宽了村民参与经营管理的途径，也克服了以往入股成员对于集体经济不关心的问题，还加强了对董事会高层的监督，体现出了汤营农业股份合作公司在制度安排上的先进性。

（二）"汤营模式"经营管理问题

"汤营模式"在经营管理实践中也面临一些问题：第一，企业按照现代商业公司经营模式运行，独立经营参与市场竞争，自负盈亏，如果企业经营出现问题，股东将会面临失地的风险。在农村社保体系尚未全面建立的情况下，土地仍然扮演着重要的社会保障的角色，如果农民失地又失钱的情况发生，可能会对农民的正常生活产生不利影响。第二，入股土地由公司经营后，存在"非粮化"经营倾向，因为公司是以增加收入为目的的，种植优质经济作物比种植较低收入的粮食作物有更高的利润，所以如果该种模式普遍推广后，可能引发粮食安全风险。

三、社区股份合作社

（一）社区股份合作社经营管理方式及特点

在经营方式上，社区股份合作社主要采用"出租经济"的模式，即利用社区内的集体建设用地修建厂房、公寓、商铺等进行对外出租，社区获得稳定的租金收入，经营方式较为单一。

在管理方式上，每个农村社区股份合作社都会根据实际情况制定章程，章程以条例形式规定了组织架构，一般都设置有董事会、监事会和社员代表大会。董事会和监事会由代表大会选举产生并对其负责，董事会为最高执行机构，主要承担合作社的日常管理工作；社员代表大会是最高权力机构，通常规定社员代表大会每届任期5年。

社区股份合作社的一个重要特征是保护集体资产和社区农民权益，社区股份合作社从成员权资格认定、股权结构设置、收益股红分配等都严格限制于社区内成员，社区内的股权也明确规定不能买卖、抵押和转让，具有高度的封闭性特征。

（二）社区股份合作社经营管理问题

社区股份合作社在经营管理中面临一些问题，第一，产权不明晰和股权封闭使合作社内部缺乏激励机制，不利于集体资产的经营管理，长期以来农村集体资产所有权主体缺位现象导致集体财产权难以完全落实。而且，"集体"的内涵和边界随着时间也在发生着变化，这也加大了集体资产确认的难度。第二，社区股份合作社保障了社区农民的高福利，股东不直接承担经营风险，但是也不利于激励经营者的生产积极性，不易调动起股东对于社区生产事务的参与与监督。第三，社区股权凝固造成社区资本规模狭小，融资渠道有限，影响资本的流动和产业规模的扩大与升级。近年来虽然也有部分地区发展成熟的社区股份合作社谋求多元化经营，整合集体资源，通过跨区域投资和自主经营等方式，主动参与市场竞争。然而这一改革对社区的资金实力、经营水平等要求较高，所以还很难推广开来。随着城镇化的推进，想要进行社区股份合作社改革的村集体还很有可能面临缺乏可供开发的建设用地资源问题，资产增值难度进一步加大。

四、社区股份合作公司

社区股份合作公司发源于深圳，实践中选择此模式进行改革的地区较少，本书以深圳为例，分析该地区社区股份合作公司的经营管理模式及特点。

（一）社区股份合作公司经营管理方式及特点

截止到2017年，深圳市共有1046家社区股份合作公司，资产总额达1588.9亿元。这些社区股份合作公司共有面积为384平方公里的集体土地，约占深圳辖区面积的19%，可以看出深圳市社区股份合作公司所拥有的土地资源数量相当可观。在城市快速发展的大背景下，大量外来务工人员涌入深圳，城市建设用地资源日益紧缺，高房价高租金的社会环境使得社区股份合作公司的土地财富实现了增值，所以在发展初期，深圳市大多数社区股份合作公司采取"出租经济"的经营方式，然而过度依赖出租经济维持公司运作的模式呈现出一定的落后性和不可持续性，倒逼一些社区股份合作公司也在积极探索转型升级的道路，催生了新的经营方式。如2013年，凤凰社区股份合作公司通过与辖区内的企业方格集团合作，将原定性质为商住用地的"凤凰综合市场车辆停车处"转变为新型产业用地，并以挂牌方式将土地使用权出让给方格公司，赚取了可观的收益。

在股份管理上，社区股份合作公司将股权划分为三种类型：合作股、集体股和募集股，其中，合作股的分配是以原村民的身份为基础，各公司按照村民的劳动年限、贡献程度等进行具体的股份设置，实践中各公司会制定各自的分配标准，合作股股份也成了原村民获得集体收益的主要依据。集体股主要用于维护社区公益事业发展、完善社区基础设施、加强社区基层党组织建设等。募集股设置的依据是《深圳经济特区股份合作公司条例》，其中明确规定公司可以设置募集股，目的是能够发挥为公司引进外来人才的作用。在管理机制上，公司内部管理体系都设立了董事会、监事会、集资委（即集体资产管理委员会）、股东代表大会、聘任经理等，最高权力机构是股东代表大会，采取"一人一票"的决策机制。

可以看出，社区股份合作公司的经营管理方式呈现两大特点：第一，社区股份合作公司主要通过"出租经济"获取经营收益，具体操作方式为社区股份合作公司将大量集体土地用于建设厂房和住房用以出租，并收取租金。第二，社区股份合作公司既承担"公司"的职能，又承担"社区"的职能，即在公司经营基本业务之外，还提供社会公共服务。如深圳市绝大多数的社区股份合作公司都会负责社区物业、治安、绿化环卫等业务，同时公司还要负责着居民的福利性事务，如居民的养老医疗保险等各种福利支出。

（二）社区股份合作公司经营管理问题

社区股份合作公司同样面临一系列经营管理问题：首先，在经营模式上，过度依赖"出租经济"获取收益的经营模式，导致这些公司存在经济结构单一、效益差、抗风险能力弱等问题，产业结构亟须转型升级。其次，在股权结构管理上，虽然社区股份合作公司股权管理体系中设置了集体股，但《深圳经济特区股份合作公司条例》中只规定村集体资产管理委员会是集体股股东，没有具体说明集体股如何运作，也没有给予集体股股东表决权和提案权，所以实践中很多公司不对集体股进行分红，造成了集体股虚置的现象。同时，虽然政策允许社区股份合作公司设置私募股，然而实践中几乎所有公司都不希望通过募集的形式增加其他股东，以避免稀释原有股东利益，所以募集股并未发挥出预期的作用和功能。最后，一些公司内部管理体制不健全，仅仅是将管理单位从原来的村变成了社区，村民变成了股民，然而社区股份合作公司的管理运作模式却还是按照以前的基层管理方式，原来村庄管理中存在的弊端仍然存在，制约了公司的再发展能力。

第五节　农村土地股份制的收益分配

收益分配指一定时期内的生产要素所带来的利益总额为客体，在组织内外各利益主体之间分配的过程[146]。在中国的农村土地股份合作经济组织中，土地既是生产要素，也是社会财富的体现，组织追求的目标是利益最大化，而协调各产权主体的利益，则是土地股份合作组织的一项重要工作内容。土地股份合作组织的收益分配应该结合股份制的按股分红与合作制的按劳分配原则，农民的土地收入由农民在农村土地股份合作经济组织的劳动工资报酬和农民土地承包经营权转化为相应股权份额比例所产生的二次分配收入组成[145]。

经营与收益分配方式的合理有效性直接关系到土地股份制改革的顺利实施。农村土地合作经济组织出现本就是农民为了追求更高的外部利润，提高土地收益，如果土地股份制形式不能使农民收入增加，分红无法增值，那么改革的效果将大打折扣。只有在组织经营效益好，收入分配公平合理的情况下，合作经济组织才能有稳定发展下去的物质和人员基础。因此，对于土地股份合作经济组织的收益分配方式的转型趋势还需要进一步的探讨。

一、农村土地股份合作经济组织的收益分配机制

对农村土地股份合作经济组织获取的收益进行分配前，首先应核定可用于分配的部分，从实践来看，无论是自主经营型还是内股外租型的股份合作经济组织，收益核定的方式都是先在净利润的基础上提取10%的公积金[147]，这部分基金将用于农村土地股份合作经济组织的扩大再生产[148]，余下的净利润是可分配的利润。实践中具体的收益分配方式的选择存在地区差异性[149]，从全国范围来看，目前农用地股份合作经济组织的收益分配形式主要包括三种：保底不分红、分红不保底、保底又分红。

（一）保底不分红

"保底不分红"的收益分配方式是指农村土地股份合作经济组织事先与入股农户签订协议，协定固定收益的金额，且此金额与组织的盈利情况无关，入股农户年底也无权分红[148]。实践中保底收益类似于租金的方式，通过对近三年纯收入的测算来确定土地入股的分配收入[149]，该分配模式的收益用公式表示如下：

收益固定数额 = 保底收益

这种模式下合作组织只需要每年向农民提供协议后固定数额的收益部分，用来保障农民的基本生活[150]，大大降低股份制度中农民承担的风险。但是这一分配制度也弱化了农民作为股东的收益权，一定程度上阻碍了农村土地股份合作的发展[150]，因为协议金额不与农村土地股份合作经济组织经营的实际盈利水平挂钩，只是双方在前期协议阶段的博弈结果。

（二）分红不保底

这种收益分配方式下，农户的收益只与农村土地股份合作经济组织的经营情况相关联，完全依据农户入股土地的多少来分红，不享有保底收益。这种收益分配方式有利于吸引更多的农户将土地承包经营权入股合作组织，实现土地规模经营[148]。"分红不保底"的分配模式的收益用公式表示如下：

收益 – 保底收益 = 收益分红

这种收益分配方式把土地收入和农村土地股份合作经济组织的经营联系起来，提高了农民的参股积极性，使农民更多分享到规模经营带来的效益[151]。但是农民也要承担更大的风险，如果农村土地股份合作经济组织经营不善，农民的收益很可能不及预期，甚至要承担其他经济损失[149]。

（三）保底且分红

这种收益分配方式结合了保底不分红、分红不保底各自的优点，即先确保保底收入，再按股分红，这样既降低了风险又增加了农民的入股积极性。目前中国农村土地股份合作经济组织普遍采用的分配方式就是"保底收益 + 分红"的模式[148]。这种收益分配的结算包括收益保底与盈利分红两个阶段，先协定一个保底收益，用以控制风险，再实施按股分红，分享增值收益[152]。"保底 + 分红"的收益分配模式用公式表示如下：

若收益 – 保底收益 ≤ 0时，利润分配 = 保底收益

若收益 – 保底收益 > 0时，利润分配 = 保底收益 + 分红

这种收益分配模式一方面保障了农户的基本生活需求，一方面降低了农民需要承担的风险，还增加了农户的实际收入，保护了农民的土地权益[149]。更重要的是，"保底 + 分红"的分配模式实现了"村集体增收、农民致富、供销发展"的多赢格局[148]。

对农户而言，在入股时多数都会要求有保底收益[153]，主要有两个原因：第一，信任感缺乏，表现为农民对国家政策、法律稳定性以及对外来资本的不信任，农户作为理性的判断者，不仅关注土地利益的最大化，更关注经营体制产生变化后，应如何最大程度减小风险[152]。第二，安全感缺失，体现为对经营损失不可预测、对农村土地股份合作经济组织内部决策不可操控和不完善的社会保障体系[152]。

二、农村土地股份合作经济组织收益分配制度存在的问题

目前收益分配制度中主要存在四大问题：第一，土地产权不完善影响股权稳定性，土地产权不稳定可能导致土地流转的不规范，造成农民土地使用权入股后权益丧失，农民被排除在收益分配制度之外。

第二，农用地股份合作未充分发挥土地利用效能，经济效益低下。土地股份合作运作方式主要包括规模种植获取规模效益和进行二、三产业开发经营获取建设用地的土地增值收益，与农业种植相比，进行二、三产业开发获取的增值收益往往更具吸引力，依靠纯农业种植的方式所取得的收益难以满足收益分配需求。

第三，内部治理和监管机制的缺失容易产生上级政府和乡村集体利用行政权威和自身特殊的身份地位而寻租的问题。这一方面侵害了农民股东的权益，另一方面也破坏了正常的收益分配机制。

第四，收益不完全按农村土地股份合作经济组织经营绩效分配，突出表现为普遍被采用的"保底＋分红"的分配方式，使得股东无论如何都能获得固定的收益，不必承担任何风险及亏损，这明显与现代股份制的"收益共享，风险共担"原则相背离。在很大程度上增加了农村土地股份合作经济组织对地方政府和财政补贴的依赖性，同时，收益分配的平均化倾向也使农村土地股份合作经济组织难以吸引到专业的经营管理人才[145]。

本章小结

本章从股权界定、股权结构、股权流动、股份合作经济组织的经营管理和收益分配五个方面构建了农村土地股份制的理论框架，详见图5-2。

现有农村土地股份合作经济组织中股东的类型主要有"社员"和"股东"，本书将其统称为"股东"。股东的入股要素一是完全以土地要素折价入股的股份制，二是以土地要素和其他要素综合入股的股份制，而不同的组织形式对于股东的界定标准有所不同。

股权结构主要包括股权量化与配置、股权的权利内容两方面。股权的量化方面，可以按数量、质量、价值等不同标准分别进行量化。目前土地股份合作经济组织在股权配置方面，通常都设有集体股和个人股，部分地方还设有机动股，各地应参考地方具体情况，因地制宜地对股权进行配置。本书从土地股权权利束和股权持有者的权利两个角度出发，分析土地股权的权利内容。土地股权权利束主要包括股份占有权、收益权、担保权、退出权、继承权等;股权持有者的权利主要包括资产收益权利、参与决策和选择管理者的权利以及监督权利三大部分。

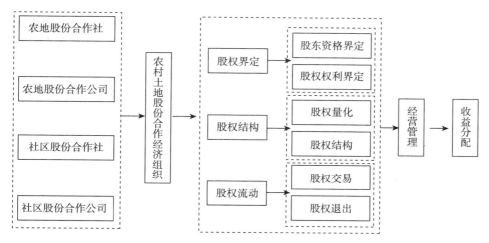

图 5-2 农村土地股份制理论框架

我国农村土地股份制的股权流动主要有股权交易和股权退出,当前我国股权交易主要处于半封闭状态,股权退出则只能在特定的情况下才能实现,现行的退出方法主要有合作经济组织回购和无偿收回两种方式,退股后若原土地无法退出经营,可通过异地置换的方式将土地返还农民,各地可以依照实际情况选择或创新。

本书对比了四种农村土地股份合作经济组织的经营模式和问题。农用地股份合作社的经营方式可分为内股外租、自主经营、"内股外租 + 自主经营"三种模式,这种经营方式存在资金少、成员少、经营水平低等问题。农用地股份合作公司在实践中较少,四川省"汤营模式"较为典型,公司采取"村企合一"的模式,交易成本较低,农民话语权较大,存在农民失地风险和粮食安全风险。社区股份合作社的经营模式主要是"出租经济",社区获得稳定的租金收入,但经营方式较为单一,社内部缺乏激励机制,不利于集体资产的经营管理。社区股份合作公司既承担"公司"的职能,又承担"社区"的职能,主要通过"出租经济"获取经营收益,存在收入单一、抗风险能力弱的问题,集体股虚置风险大,政企不分导致公司承担大量社区管理费用。

　　现有的农村土地股份制收益分配方式主要有保底不分红、分红不保底、保底且分红三种类型。股权稳定性低、治理机制、收益不完全按经营绩效分配等均会影响收益分配机制的顺畅。

第六章　中国农村土地股份制改革实践

第一节　北京市农村集体经济股份合作制改革

一、北京市农村集体经济股份合作制改革背景与历程

随着中国经济和社会步入快速发展期，工业化和城市化进程加速推进，首都郊区城市化步伐不断加快，城市边界范围急剧扩大，许多地方"撤乡并村"，甚至整建制"村改居"。20世纪90年代以后，城乡结合部地区农村集体经济组织实力迅速提高，社员收入也大大增加，已经转居的社员或已脱离集体生产经营的社员，纷纷要求回到集体经济组织工作，或者要求参与集体收益的分配。农村集体经济组织产权制度变革成了解决此类问题的方式和农民群众的自主选择。

北京市农村集体经济产权制度改革始于1993年，首先在丰台区南苑乡开展试点。近几年来，全市农村以"资产变股权、农民当股东"为基本方向，以发育社区股份合作制为主要形式，加大了推进这项改革的力度。改革进程大体分为三个阶段：

（一）探索试点阶段（1993—2002年）

本阶段全市的改革工作以试点为主，主要任务是探索经验，主要集中在丰台。丰台区的一些村队借鉴乡镇企业股份合作制改革的基本做法，拿出少量集体净资产，按照劳动贡献量化给改制时日的现有集体经济组织成员。最

初，集体资产量化给个人的比例不到集体净资产的30%，而且量化给个人的股份只有收益权没有所有权，不许继承和转让。后来，丰台区南苑乡的果园村在市、区领导的大力支持下，率先突破量化股权不能继承和转让的局限，参照征地撤制村队集体资产处置政策，将部分集体净资产的所有权，量化给改制时日的现有集体经济组织成员。个人股份可以继承，在集体经济组织内部可以有偿转让。从1993年开始试点到2002年底的10年间，全市共完成了24个村的改革。

（二）扩大试点阶段（2003—2007年）

为了进一步扩大试点范围，北京市首先在集体经济实力较强、农民群众有强烈要求的乡村部署改革。据测算，2003年全市198个乡镇、4038个村中，集体经济实力较强（人均拥有乡级或村级集体净资产5000元以上）、具备改革条件的有76个乡镇、1056个村，分别占总乡镇、村数的38.4%和26.2%。从2003年下半年开始，4个近郊区的乡村全面推行集体经济产权制度改革；10个远郊区县普遍开展试点，摸索总结经验，争取面上工作尽快推开。按照这个部署，全市14个郊区县已于当年年底前制定了具体的改革实施方案，部分区县启动了试点村的改革。

为了更好地指导郊区产权制度改革，使基层干部群众在实施操作过程中有一个较明确的参照标准，便于规范运作，市委、市政府制定了《乡村集体经济产权制度改革办法》，对改革的方式方法、操作程序、资产评估、量化标准、人员界定、原始股处置、劳龄计算、股权设置、示范章程，以及改革中的一些难点问题等提出了具体的指导性意见。2003年6月，市委、市政府出台了《关于进一步深化乡村集体经济体制改革，加强集体资产管理的通知》（京发〔2003〕13号），2004年经市委、市政府研究同意，以市委农工委和市农委的名义发布了《关于积极推进乡村集体经济产权制度改革的意见》（京农发〔2004〕28号），全市乡村集体经济产权制度改革进入了"近郊全面推开、远郊扩大试点"的阶段。特别是2007年9月，市委、市政府在丰台召开了全市乡村集体经济产权制度改革现场会。会后，各区县认真贯彻落实会议精神，普遍加大了工作力度，全面加快了农村集体经济产权制度改革。2003—2007年的5年间，共完成279个村的改革。

（三）加快推进阶段（2008年至今）

从2008年起，北京市农村集体经济产权制度改革全面提速。特别是2010年1月15日，北京市召开全市农村集体经济产权制度改革工作会，确定了改革的工作目标和任务，要求全面加大工作力度，加快工作进度，计划到2015年，基本完成全市农村集体经济产权改革。改革总的原则上全市拥有集体净资产的乡村都要进行改革，没有集体净资产的村，要做好集体经济组织成员身份界定、劳龄统计和清产核资等基础性工作。全市农村集体经济产权制度改革工作会议后，各区县高度重视，一些改革进度较慢的区县加大了改革力度。丰台区、怀柔区完成的改革单位数已达到90%以上，还有一部分区县计划在3年内全面完成改革工作。2014年全市基本完成农村集体经济产权改革工作，比原计划提前一年。

截止到2011年底，北京市已经完成了产权制度改革的3635个村级新型集体经济组织中，有620个村实现了股份分红，是上年的2.1倍。全市按股分红村的比例达到17.1%，比上年提高5.1个百分点。股份分红总金额20.6亿元，比上年增加5.9亿元，增长40.1%。2011年全市以按股分红方式享受了集体收益分配的农民58万余人，人均分红收入3525元。全市已有1695个村将生态公益林补偿金的个人部分发放到集体林权股东手中。据测算，农民从新型集体经济组织得到的股份分红和集体生态林公益补偿金收入占农民财产性收入的比重为45.5%，同比提高8.6个百分点。2013年，全市有1267个村集体经济组织实现股份分红，分红村数量比上年增加194个。在改制村中，有133万农民股东获得红利，比上年增加22万人。

二、北京市农村集体经济股份合作制的制度设计

（一）土地股份合作经济组织股东资格界定

北京市对享受量化配股人员的标准作了四条原则性规定，即改革前以农业户口身份居住在村的老村民；政策性安置迁入的移民户；曾以农业户口在本村参加集体劳动的转工转非人员；其他按照社章取得社员资格的人员，可享受量化股权配股。

（二）土地股份合作经济组织股权设置与处置

在股权设置方面，北京市农村集体经济组织改制的主要做法是：在清产核资（资产评估）、搞清家底，并界定集体经济组织成员身份的基础上，在处理历史遗留问题、适当留出社会保障资金的前提下，将集体净资产分为集体股和社员个人股。集体股仍为社员共同共有，社员个人股根据社员的土地承包权和对集体经济的贡献等落实到每个社员名下，属于社员个人所有。根据需要，还可以在向社员量化股份的同时招收社员个人现金股。集体股与社员个人股的比例、普通股与优先股的比例以及是否设置基本股、现金股，由农民群众自主确定。

在原始股的处置上，农村合作化初期社员投入的股金属于原入股人所有，原入股人死亡的，由其法定顺序继承人继承，原始入社股金原则上按 1 ∶ 15 的比例折算成改制之日现值，根据本人意愿，原始股现值可以转化为新合作经济组织的股份，也可以现金一次性兑现。

集体经济股份合作制改革后，新合作经济组织新增人口不再参与集体资产量化，但可以继承和接受本组织成员转让的股份，以及出资购买个人现金股。新合作经济组织成员所持个人股可以继承、转让和赠予他人，本组织成员有优先接受转让权。

（三）土地股份合作经济组织形式

北京市土地股份制改革大多采用社区合作经济组织形式，改革后的新合作经济组织，要制定本经济组织章程，并按照现代企业制度要求，建立股东大会或者股东代表大会，选举董事会、监视会等机构，实行民主管理、科学决策，完善各项管理制度，健全激励与约束相结合的运行机制。

（四）土地股份合作经济组织经营模式

1. 存量资产量化模式

"存量资产量化"方式的社区股份合作制改革，是改革的主要形式，目前全市采用存量资产量化的乡村占到已改制乡村总数的80%以上。主要是在妥善处理合作化初期的老股金和原集体经济组织成员留置资产的基础上，将属于现有集体经济组织成员的净资产划分为集体股和个人股。个人股一般包括按人口量化的基本股，以及按工龄量化的劳动贡献股。目前集体股份一般都控制在30%左右，个人股占70%左右。乡镇集体经济组织改革也采用这种形式。如实行乡镇一级核算的朝阳区大屯乡，把集体净资产直接股份量化或者兑现给每个集体经济组织成员；实行乡村两级核算的丰台区南苑乡，则把一部分资产量化到辖区内每个村集体经济组织，另一部分资产量化给乡办企业工作的集体经济组织成员。

从实践看，进行存量资产股份化改革应具备以下三个必备条件：一是村集体必须拥有一定数量的净资产；二是村集体要拥有可经营性资产，有稳定可持续的经营性收入；三是村集体要有一个坚强的领导班子和一套科学的管理方法。

2. 社员投资入股模式

在一些集体企业发展前景好，又急需资金扩大生产经营规模的村，采取以集体资产入股，并按照自愿的原则，发动全体社员现金投资入股并吸收社会资本组成股份合作制企业，发展壮大集体经济。如顺义区北郎中村，将集体历年积累的3500万元留作集体股，发动集体经济组织成员投资3500万元作为个人股，吸收外来企业和科技人员投资入股1200万元。最后以8200万元注册资本在区工商局登记成立北郎中农工贸集团。

三、北京市农村集体经济股份合作制改革实践

（一）门头沟区妙峰山集体经济股份制改革实践

门头沟区妙峰山镇位于北京市东北部，距离门城10公里，是联结门头沟深浅山区的纽带，永定河、109国道穿镇而过，具有得天独厚的资源和地理优势。辖区总面积110平方公里，全部为山区。下辖17个行政村，4172户，总人口10175人，其中农业人口8884人，农村劳动力5734人。全镇17个村集体经济组织产权制度改革已在2011年底前全部完成。妙峰山镇级产权制度改革已在2012年上半年全面完成，成为远郊山区第一个完成镇级产权制度改革的乡镇。

1. 股权设置

妙峰山镇股权设置包括镇级法人股和村级法人股，根据镇村总股数量化实际金额，镇级法人股与村级法人股同股同利，享受同等收益权和承担同等经营风险。

其确定资产评估基准日为2011年3月31日，由中环松德（北京）资产评估有限公司评估后，镇级总资产5075.23万元，净资产627.52万元。根据评估净资产结果进行量化，设置总股数69股，其中镇级法人股11股，村级法人股58股，每股9.09万元。总股本627.52万元，其中镇集体法人股本100.4万元，占16%；村法人股东股本527.12万元，占84%。

各村设股依据是以2011年底户籍人口数为准，每200人（含200人以下）为1股，200人—400人为2股，400—600人为3股，600—800人为4股，800—1000人为5股，1000—1200人为6股，1200—1400人为7股，1400—1600人为8股，1600—1800人为9股；陇驾庄村由于镇集体资产占用居多，特增加1股。

2. 股权流动

镇级法人股和村级法人股原则不允许转让、合并，如合并必须征得镇集体资产监督委员会同意。合作社经营的利润或资产遇征占土地时，除去相关费用，需要量化的资产按照比例量化到镇级法人股和村级法人股，镇级股及其收益主要用于镇级公益事业、处置遗留问题和可能需要补缴的费用，村级股按照产权制度改革的量化实施方案进一步量化。

（二）密云县溪翁庄镇集体经济股份制改革实践

农村集体经济产权制度改革的股权设置集体股、个人股，其中个人股设基本股、劳动贡献股和第二轮土地承办经营权股。

集体股占集体账内净资产总额的20%，用于改制后新型股份经济合作组织的一些社会性支出和改革中遗留问题的处置。

个人股方面，第一，基本股占集体账内净资产总额的40%，享受基本股的人员为改革基准日的以下人员：本村农业户籍人员（子女接班非转农，空挂户除外）；因国家征占地转非本村安置人员；现役士兵、二级士官以下人员；正在服刑人员。第二，第二轮土地承包经营权股占集体账内净资产总额的30%，以第二轮土地承包确地或确利人口为准。第三，劳动贡献股占集体账内净资产总额的10%，计算时点为1956年农业合作化起至改革基准日期或修建密云水库整建制建新村年度为准。劳动力标准以国家统计劳动力年限为依据，即男16—60周岁、女16—55周岁，按劳动力年限计算劳动工龄量化配股。

劳动工龄计算标准为：农转非人员的劳动工龄按其转非前所在村的劳动

力年限计算；因国家征占土地转非并由本村安置人员的劳动工龄按其劳动力年限计算；户口迁出本村人员的劳动工龄按其迁出前在本村的劳动力年限计算；改革基准日前死亡人员的劳动工龄按其死亡前的劳动力年限计算；服役军人的劳动工龄按其提干前或转为3级士官前的服役年限计算；在乡镇企事业单位工作的本村农业户口人员，劳动工龄按其在乡镇企事业单位的工作年限计算；户口因婚姻关系迁出本村后又迁回本村的人员，其户口迁出本村期间不计算劳动工龄；插队返城知青插队期间的劳动力年限不计算劳动工龄。

（三）昌平区兴寿镇木厂村集体林地股份制改革实践

木厂村地处北部浅山区，村域面积14700亩，包括集体林地面积14579亩和村庄面积121亩，全村总户数42户，总人口168人，其中农业户籍135人，非农业户籍33人。经济发展以林果业和民俗旅游为主。该村集体经济比较薄弱，几乎没有积累性资产和经营性收入，村集体账面资产仅有价值几十万的几间办公用房，没有可以用来量化给个人并取得收益的集体资产。木厂村根据自己集体经济积累少，但拥有较大规模的林场资源的特点，决定把推进集体产权制度改革与推进集体林权制度改革结合起来，把集体林权作为资源性资产纳入改革范围。

首先，按照集体林权制度改革的要求，将现有集体管理的林地确权到户、落实到人，明晰每个农民拥有的集体林权权益；然后将集体林地及地上林木等资源性资产作价后纳入集体资产范围，并在此基础上进行集体经济产权制度改革。2010年2月，木厂村基本完成了集体林权制度改革，并建立起村股份经济合作社，为京郊山区集体经济薄弱村推进集体经济产权制度改革提供了宝贵经验。

1. 股东资格

经木厂村集体经济组织成员代表讨论同意，确定2009年8月30日为改革基准日，人员配股资格界定和村集体可量化资产核算截止到基准日当日24时。全村能参与产权、林权制度改革的人员共有168人，其中户口在村的85人，不在村的83人；农业户籍135人，非农业户籍33人。

2. 清产核资和资产量化

根据区政府、区林业局提供的政策指导价，清产核资小组对村集体经济组织所有的各类资产进行了全面清理核实，按照改革工作方案完成了对林地勘界、补充完善承包合同和林权登记等主体改革任务。清产量化结果显示，木厂村共有14700亩土地，包括村庄用地121亩和集体林地14579亩。村庄用地指导价2万元/亩，集体林地指导价1万元/亩，林木价值按照种类不同200—1000元/亩。量化后总计形成资源性资产1.54亿元。加上积累性资产64.95万元，并依照相关政策法规要妥善处理"老股金"等历史遗留问题的要求，减去预留老股金8.25万元，全村集体资产1.5466亿元。

3. 股权设置

坚持公开、公正、公平的原则，将集体可量化资产全部配置到集体和成员个人，其中，30%量化为集体股，70%量化为个人股。其中，个人股又分为基本股、劳龄股和独生子女父母奖励股（父母双方各按0.5个基本股计算）三部分，全部个人股的70%量化为基本股和独生子女父母奖励股，30%量化为劳龄股。全村基本股总数为85个，独生子女父母奖励股为11个，总劳龄2611年。

股权配置后，共计基本股（含独生子女父母奖励股）789428元/股；劳龄股12439元/股。个人股金＝基本股（含独生子女父母奖励股）＋劳龄股。

（四）丰台区南苑乡集体经济股份制改革实践

丰台区南苑乡，位于南三环和四环之间，中轴路两侧，是距离北京市主城区最近的乡。从1995年开始，南苑乡下属行政村先后进行了集体经济产权制度改革。到2004年底，15个行政村已经有11个完成了产权制度改革。随着村级改革的逐步推进，乡级集体经济改革渐渐提上了日程。

1. 管理结构

2005年3月31日，开始部署乡级企事业单位清产核资工作，成立了3个清产核资小组，分别下到13家乡办企业进行指导，并确定清产核资基准日为2005年5月31日。在清产核资的基础上，聘请评估公司对13家乡办企业及乡农工商总公司的房屋、设备、库存商品等现场查看，按规定方法评估出资产总价值为2.42亿元，净资产1.59亿元。摸清家底后，南苑乡开始着手注册公司。

首先由世纪宝苑和才华长途客运站两家乡属企业注册成立了北京鑫苑大红门投资管理有限公司，负责承载13个乡属企业的职工和资产；其次，对乡农工商总公司改制，以南苑乡15个村集体经济组织和北京鑫苑大红门投资管理有限公司为股东，注册成立中苑盛世投资管理有限公司。公司依照《公司法》管理，理顺与乡政府的关系，实现政企分开。

2. 股权设置

在股权设置上，将占用15个村的土地作为村集体经济组织对乡集体经济组织的投资，平均每个村持有乡集体经济组织约2%的股份。对于占用土地的位置、时间、形式和占用性质等不进行分类。已经合法审批转为国家建设用地，并按征地协议进行土地补偿的土地不再作为村集体投资。各村所得土地收益列入收益分配，村集体经济组织成员按照所持村集体经济组织股份参与分配。中苑盛世投资管理公司股东构成见表6-1。

表 6-1　中苑盛世投资管理有限公司股东构成

股东	股权占比（%）
南苑乡15个村集体经济组织	30
北京鑫苑大红门投资管理有限公司	70
合计	100

3. 资产处置与量化

2006年，南苑乡集体经济组织产权制度改革进入第二阶段，对北京鑫苑大红门投资管理有限公司的资产进行处置、量化，即对乡办企事业单位的职工进行股权量化，对已脱离乡办企事业单位的人员进行资产处置。

由于乡办企事业单位创建于20世纪50年代末期，时间跨度大、人员多、情况复杂、涉及面广。为了查清原乡办企事业单位职工底数，特别是曾经在乡办企事业单位工作过，后因各种原因农转非、自动离职、自谋职业（买断工龄）等人员，2006年2月中旬到3月底开始展开摸底调查。最终经乡办企事业单位三榜定案，全乡参加资产量化和资产处置的人数为5820余人，总农龄达到95868年。

南苑乡在净资产中预留了2000万元处理历史遗留问题，其余资产用于成立中苑盛世投资管理有限公司，其注册资本总额为13968万元。其中，量化给15个村集体经济组织3897万元，量化给北京鑫苑大红门投资管理有限公司

10071万元。量化给各村的资产主要是南苑乡所属企事业单位历史上无偿占用的各村土地，共计448.5亩。每个村集体经济组织先平均量化200万元（共计3000万元），其余再按照乡属企事业单位占用土地面积，以2万元/亩的价格量化给各村（共计897万元）。

北京鑫苑大红门投资管理有限公司10071万元，40%作为集体股，60%对曾经劳动过的人员和在职职工进行资产处置和量化。按照丰台区人民政府批复精神，用于行政管理和社会服务职能的资产，不能进行资产处置和股权量化。核减非经营性资产价值后，北京鑫苑大红门投资管理有限公司实际可用于资产量化和处置的经营性资产总额为7701.9万元。预留5%资金作为解决资产量化和资产处置遗留问题的预留资金后，剩余资产除以总农龄后，得出农龄的年值为763.22元，再以年值乘以享有资产处置资格人员的农龄，得出应进行个人资产处置的金额为4931.105万元。由于南苑乡对已经离开乡企事业单位的转工转非人员和自谋职业人员按其农龄给予了劳动补偿，每一年年龄补发一个月工资。因此，在本次改制中，仍按其农龄确定处置资产，但只将超过原补偿部分补发本人。最终，实际处置资产金额为3675万元，占鑫苑大红门投资管理有限公司总资产的36.49%，剩余1256.105万元作为集体股。

进行资产处置后，北京鑫苑大红门投资管理有限公司开始对在职职工进行资产量化工作。在职职工共计1994人，量化资产2385.7万元，占鑫苑大红门投资管理有限公司总资产的23.69%，资产处置和资产量化资金共占总资本的60.18%。

表6-2　北京鑫苑大红门投资管理有限公司资产结构

资产类型	金额（万元）	占比（%）
非经营型资产	2369.1	23.52
经营型资产	7701.9	76.48
合计	10071	100

表 6-3　北京鑫苑大红门投资管理有限公司股权结构

类型	金额（万元）	占比（％）
集体股	4010.3	39.82
个人股	6060.7	60.18
合计	10071	100

表 6-4　北京鑫苑大红门投资管理有限公司集体股结构

类型	金额（万元）	占比（％）
非经营型资产	2369.1	59.08
预留金	385.095	9.60
资产处置结余	1265.105	31.55
合计	4010.3	100

表 6-5　北京鑫苑大红门投资管理有限公司个人股股权结构

类型	享受对象	金额（万元）	占比（％）
资产处置	曾经劳动过人员	3675	60.64
资产量化	在职职工	2385.7	39.36
合计		6060.7	100

（五）大兴区集体经济股份制改革实践

1. 改革历程

大兴区产权改革工作起始于2002年，推行的产权制度改革的形式主要有两种，一种是土地股份制，另一种是社区型股份制（存量资产量化型产权制度改革形式）。大致经历了三个发展阶段：

第一阶段，实行土地股份制。西红门镇学习了广东省南海市的经验，实行了土地股份制，旧宫镇全镇、黄村镇部分村效仿也推行了土地股份制。资产不进行量化，只是进行人员界定，大人小孩、贡献大小股份一律均等，土地股份制具有好操作、过渡平稳、群众易于接受的特点。但没有资产量化、资产评估，只有人员界定这一环节，操作步骤简略，股权设置单一，还不能实现真正意义上的资产清晰、权责明确。应当进一步深化改革，将集体账内存量经营性净资产，进行归属清晰的改革，按照集体经济组织成员的劳动贡献进行股份量化。主要做法：由村集体将全村集体土地进行价值评估再加上集体历年土地征占收入，以股份的形式平均量化给全体享有土地承包经营权的集体经济组织成员。村经济合作社改称为村股份经济合作社。以西红门镇一村为例，村集体将确权土地有偿收回，以每亩6万元作价入股。确权人数以2002年12月31日的户口大卡为准，挂靠户除外，人均确权土地面积1.4亩。

第二阶段，完善土地股份制，向社区型股份制过渡。2006年，全区的产权制度改革文件出台，提出了社区型股份制的完整做法。2007年，黄村镇狼垡二村，由土地股份制转型为存量资产量化型改制模式。将历史上转居未转工、外嫁女等原集体经济组织成员的历史贡献一次性买断、清退，分割35%作为集体股，剩余65%分配给个人持有，在现集体经济组织成员中设置了土地承包经营权股、基本股（人口股）、劳动贡献股3种个人股份，享有年底集体收益的分配。

第三阶段，开展社区型产权制度改革。2008年，大兴区在亦庄、黄村等镇整建制农转居村社，积极探索启动改制工作。主要方法：撤村不撤社，撤销村民自治组织，保留村经联社建制，以集体资产保值增值和不断增加集体经济组织成员收益为目的，开展社区型产权制度改革，保障农转居人员长远收益。主要做法：首先，进行产权界定，清产核资、资产评估、集体经济组织成员身份界定、核实人口和劳动工龄。其次，采取一次性现金兑现的办法，处置历史上已经转居转工、外嫁女等原集体经济组织成员留在集体的资产份额，然后将剩余净资产进行股份量化，划分为个人股和集体股两部分。最后，民主选举三会：股东代表大会、董事会、监事会，登记成立新型集体经济组织。

2. 资产清核

大兴区村集体资产的构成包括两部分，一部分是不能或者暂时不能以货币计量的、没有纳入账内核算的土地、林木等资源性资产；一部分是以货币进行价值计量纳入账内核算的资产。

土地是村集体最主要的资源性资产。1954年，农民群众在自愿的基础上，联合起来组建了初级农业生产合作社，入社农户将私有土地交给初级农业生产合作社统一耕种，土地折成股份参与集体年度收益分配。高级社取消了土地股份分红。从高级社到现在的村经济合作社，土地都是社员群众集体共同共有的资产。土地资产作为资源性资产，并未列入集体经济组织收益分配账内，无法计算土地资产在集体资产中的具体份额。产权改革清产核资、资产评估的范围仅限于经营性资产，未将土地列入。

村集体经济组织的账内资产，最初是由初级社时期农民群众入社时投入的入社股金和牲畜大车等生产资料形成的。经过五十年特别是改革开放三十年，村集体的资产规模迅速扩大，现有的村集体的账内资产主要由以下五部分组成：初级社时期的入社老股金所形成的资产；历年经营收益分配以后留下的资金积累所形成的资产；社员群众投工投劳以劳动积累形式所形成的资产；集体土地被征占以后集体获得的土地补偿费所形成的资产；国家对村集体的各种扶持资金所形成的资产。这些账内资产，也是村集体经济组织成员共同所有的资产。

根据2008年底统计，大兴区村级集体资产总计97.82亿元，其中：货币、短期投资、应收账款等流动资产62.94亿元，占总资产的64.3%；长期投资3.35亿元，占总资产的3.42%；固定资产28.60亿元，占总资产的29.34%；无形及其他资产2.92亿元，占总资产的2.99%，负债37.98亿元，所有者权益59.84亿元。

3. 股权量化

股份量化就是将集体净资产切完原始入社股金后，分配完原集体经济组织成员的劳龄贡献后，按照科学合理的原则量化为集体和个人的股份。股权的类型包括集体股和个人股。集体股是指新型集体经济组织共同共有的资产。将集体净资产按不高于30%的比例量化为村集体作为本村社员集体共同共有的资产，并转为社区股份合作社的股份，其股份分红用于村级事务管理费用支出和本村公益、福利性事业开支等。在新型集体经济组织经过较长时间正常运行，处理完遗留问题和需要补缴的费用，集体经济组织成员全部纳入城市社会保障体系且其他条件成熟时，可以取消集体股，其份额按照改制时的个人股比例进行量化。个人股有基本股、劳龄股、土地承包经营权股、新村建设股等。个人股可以继承并在本股份经济合作社内部个人股份之间进行转让。

（六）顺义区北郎中村个人投资入股改革实践

顺义区赵全营镇北郎中村，现有520户，1500人，村域面积6500亩。1992年以前，北郎中村是一个底子薄、项目少、经济落后的贫困村，全村集体资产不足200万元，欠银行贷款却有300万元。村集体经营的几个小企业一直在亏损与薄利之间徘徊，村集体经济陷入困境。1993年，北郎中村推行股份合作制改革，发动村民向村集体企业投资入股。从当年8月到年底，村集体企业全部按照严格的程序，通过个人投资入股的形式，对村集体企业逐一进行改制和扩建，顺利完成了股份合作制改造。

1. 股权设置

村集体以资产折价入股，村民以现金入股，全村股本总金额为392万元其中，个人股112万元，占28.6%，61户村民入股，占村民总户数的12%。1994年，改制企业全部盈利，全年实现利润204.93万元，集体分红114.5万元，个人分红45.43万元。此后，凡是村里新办企业、新上项目，都采取股份合作制，依靠吸纳股金的方式筹集资金，村民踊跃投资入股。通过股份合作制，北郎中村集体企业资产总量不断扩张，规模逐步扩大。

2. 管理结构

针对北郎中村新发展的集体企业知名度不高、科技含量不足、产品没有统一品牌的问题，北郎中村在股份合作制的基础上积极进行体制机制创新，1996年，组建北郎中农工贸集团，对原来的股份合作制企业实行集团化管理。同时，以股份制的形式与社会各界建立合作，吸收社会资金入股，并允许科技人员技术参股，先后与中国农业大学、中国林科院、国家花木协会以及上百名专家教授建立起不同形式的合作关系。采用股份合作制和股份制，北郎中村相继建立起了年产约1000万盆精品花卉的花木中心；年产约3万头优质种猪的种猪场；年屠宰、加工100万头商品猪的市级定点屠宰厂；年产5000吨的肉食制品厂；年加工30万吨的面粉厂；年加工1000万穗的彩色糯玉米食品厂；年配送1万吨各类食用农产品的配送中心，以及香油厂、薯脯厂等农产品生产加工企业，所有集体企业都统一使用"北郎中"商标。以北郎中农工贸集团为龙头，通过"股份合作制＋股份制"的形式，北郎中村打破了村庄的封闭性，有效整合了各方资金、技术、管理、市场等资源，推动了产业和产品结构的不断优化升级，加快了集体经济发展步伐。

通过改革，北郎中村集体经济实力不断增强，股本结构发生了很大变化。由最初只有村集体和村民持股，发展到村集体、村民、企业员工、社会法人、科研单位和科技人员参股的多元化股本结构。集团总股本由392万元发展到9700万元，其中村民股金4500万元，450户村民入股，占村民总户数的92%。村集体股金4000万元，吸收外来投资入股1200万元。

四、北京市农村集体经济股份合作制改革特征

综合来看，北京的农村集体经济的股份制改革显示出四个重要特征：

（一）强化农民与合作组织的联合

北京农村集体经济组织产权制度改革的制度设计在坚持合作制原则的基础上采取了股份制的形式。在股权结构设置上，以社员劳动贡献股为主导，体现了劳动者联合的根本属性；在股权量化配置上，兼顾各类集体经济组织成员的利益；在决策上实行民主管理，一人一票且股东资格不向社会开放，体现了合作经济非单纯资本联合的特征。特别是近年来，集体经济产权制度改革在资产量化范围上，突破了仅对集体经营性资产净值按一定标准折股量化的单一模式。土地承包经营权股份化和山场资源股份化的做法，凸显了集体经济组织作为农民群众以土地为主要纽带联合起来的合作经济组织的特点，强化了农民对集体土地经营收益的索取权。

（二）通过试点逐步推进

北京市乡村集体经济产权制度改革所走过的发展历程是一个不断解放思想的过程。经历一个由试点、示范到逐步推广的发展过程。同时改革政策由不完善到逐步完善、改革程序由不够规范到逐步规范、改革方法由单一存量资产量化到多种方法并存。1993年，丰台区东罗园村的产权制度改革试点，只将少部分集体净资产的收益分配权量化给现有集体经济组织成员。1995年在丰台区南苑乡果园村进行试点时，进一步解放思想，把量化给社员的股份变为所有权，可以继承和转让。乡村集体经济产权制度改革初期，股份量化

对象只限定于现有集体经济组织成员。2000—2002年，在丰台区草桥、成寿寺和石榴庄村试点时，进一步解放思想，乡村集体经济产权制度改革把转居转工人员和其他脱离集体经济组织的人员纳入进来，按照他们的投资和劳动贡献进行资产处置。改革初期，股份量化的标准只有劳动贡献。2004年以后，进一步细化，把农户土地承包经营权转化为集体经济组织成员的基本股，使享受改革成果的人员扩大为全体集体经济组织成员。改革初期，只是采取存量资产量化型股份合作制一种形式，2002年集体经济产权制度改革逐步扩展到远郊区县以后，进一步解放思想，又增加了土地股份合作型、农民投资入股型和资源加资本型等多种改革形式。随着改革的深入，各区县不断创新工作方法。如丰台区重点推进长辛店镇、王佐镇的村级新型集体经济组织由有限责任公司向股份合作制企业变更；平谷区建立集体经济组织成员的进退机制，保障集体经济组织成员的合法权益；昌平区本着精简高效的原则实行股份经济合作社领导班子与村两委领导班子交叉、同步任职。

（三）集体经济运转规范

目前，北京市农村集体经济产权改革的进度、集体经济运转的规范程度和经营效益都已走在全国前列。据统计，截止到2012年12月底，全市新完成改革单位179个，累计完成改革的单位达到3823个，其中村级3804个，乡镇级19个，村级完成改革的比例已经达到95.6%，有320万农民当上了农村新型集体经济组织的股东，成为"拥有集体资产的首都市民"。全市正在进行改革的单位有137个，其中：村级128个，乡镇级9个。总体进展是：处于改革起步阶段34个，清产核资和成员身份界定阶段86个，资产量化和登记注册阶段17个。城乡结合部50个重点村现已完成产权制度改革村44个，余下6个村中处于清产核资和成员身份界定阶段5个，资产量化和登记注册阶段1个。门头沟区9个镇级产权改革工作全部完成，成为全市第一个完成乡镇级集体经济产权制度改革工作的区县。通过镇级产权制度改革，明晰了镇级集体资产权属，各镇成立了"北京市门头沟区xx镇合作经济联合社"（简称镇联社），负责镇级集体资产的管理、运营等具体工作。

（四）注重资产经营管理

各区县积极创新资产经营方式，把集体资产经营起来。大兴区围绕"资源变资金、资金变资产、资产变效益"，开拓集体资产经营渠道，并探索出"一管、两留、四集中"的经营发展方式促进资产增效和农民增收；门头沟区对农村集体资产实行信托化管理，将符合条件的农村集体资产集中起来，委托给专业化、有实力的国有信托公司进行经营，定期返还经营收益，促进集体资产保值增值。

五、北京市农村集体经济股份合作制改革成效

农村集体经济产权制度改革是农村生产关系的历史性变革，北京农村集体经济股份制改制成效主要体现在四个方面，从根本上破除了不适应农村生产力发展要求的传统产权制度，对改造农村微观经济组织，推动农村市场经济发展和新农村建设，促进社会主义和谐社会的构建，起到了十分积极的作用，为进一步推动农村改革与发展创造了必要条件。

（一）明晰了土地产权关系

产权制度改革之前，失地农民因为土地征占问题上访，转居转工人员因为生活水平下降上访，原集体经济组织成员因为资产处置问题上访，农民群众因为集体财务和收益分配管理问题上访。进行产权制度改革以后，通过科学量化、合理设置、公平界定集体资产产权，把股权一次性配置给农民，实行"生不增，死不减"或"固化股权，出资购股，合理流动"的做法，将"外嫁女"、曾在社区劳动后转居人员、乡村办企业下岗职工股权分配问题一并考虑，不仅解决了以往每年按年龄、户籍变化来调整股权、股权无偿配给的弊端，而且使社区流入流出人口的经济利益也有了相应保障。实现了普通社员与干部一样凭借劳动贡献拥有股权，妇女与男子一样凭借劳动工龄拥有股权，儿童与成年人一样凭借土地承包经营权拥有股权，原集体经济组织成员凭借其投资和贡献得到集体资产份额。长期以来存在的党群矛盾、干群矛盾、转居人员与未转居人员的矛盾得到有效化解。乡村集体经济产权制度改革为维护首都社会稳定做出了重要贡献。

（二）强化了民主管理

集体经济产权由共同共有变为按份共有以后，普遍建立健全了法人治理结构，强化了内部监督约束机制，加强了对集体资产的管理。农民群众真正

拥有了国家宪法赋予的集体经济民主选举权、集体经济经营管理决策权和监督权。涉及农民群众切身利益的重大问题，不再由上级政府包办代替，也不再由少数干部说了算，而是必须依照新型集体经济组织的章程，由股东大会或者股东代表大会民主决策，使广大农民群众真正成为集体资产的管理主体和受益主体，有效避免了共同共有产权制度带来的产权不清、责任不明、资产流失等问题，提高了集体资产运营效益，促进了集体经济发展。根据北京市经管站2010年6月对782个运行1年以上的新型集体经济组织资产情况的调查，截至2009年底，782个新型集体经济组织总资产达到532.9亿元，比改制前增长103.5%；净资产227.1亿元，比改制前增长70.6%；营业收入107.8亿元，增长31%；净利润17.7亿元，增长108%。

（三）保护了农民土地权益

产权制度改革打消了农民群众不愿进行生产性投资的顾虑。为了发展经济，凡是已经进行产权制度改革的村，千方百计筹集发展资金，广开门路引进技术和人才，优化自然资源和经济资源配置，实现了投资主体的多元化和农民就业渠道、农民收入的多元化。从调查情况看，作为集体经济组织成员的股东普遍增加了收入，农民除来自集体经济组织的工资、福利之外，还得到作为股东的红利分配，其作为集体经济组织成员的财产权益从体制上得到了保证。产权改革还增强了农民参与重大事项的意识，新的法人治理结构增强了对外谈判能力，一些地方股份合作社的领导以法人身份代表全体股东与征地用地单位进行谈判，有力地保护了农民的合法权益。

例如，昌平区2011年底全区产权制度改革完成村达到303个，占全区312个村集体经济组织的97%，股东总数达35.4万人，量化资产总额370.6亿元。2011年昌平区改革村分红比例为91.7%，实现分红3.1亿元，其中，户分红最高10.87万元，个人分红最高3.45万元。东小口镇狮子营村创全区户累计分红最高和个人累计分红最高纪录，目前该村户累计分红最高达到82.47万元，个人累计分红最高达到25.65万元。该区南口镇花塔村，于2010年11月完成农村集体经济产权和林权制度改革，成立了股份经济合作社，共有150个农户，集体经济组织成员592人。2010年分红36.5万元，人均分红617.2元；2011年村股份经济合作社股份分红和集体生态林公益补偿金分配共计50.9万元，比上年增加 14.4 万元，增长 39.3%，股东人均分红 859.8 元，比上年增加 243.3 元，增长 39.3%。

再如，首先，2011 年，门头沟区农民人均财产性收入为 1162 元，同比增长 57%，对农民增收贡献率为 22.3%，增速居全市首位。财产性收入以土地收益为主，占财产性收入的 63.2%。其次是农民股权收益增加，人均转让土地经营权所得收入、人均集体分配的股息和红利同比分别增长 123.3%、102.5%；最后随着林权制度改革基本完成，农民以现金形式得到补偿，同时城市升级改造给农民带来金融性财产收入，金融资本收入和利息收入促进财产性收入将保持增长态势。

（四）促进了政经分离和农村社区城市化

产权制度改革是城市化的重要基础，是农民成为"带着资产进城的新市民"的重要保证。过去，北京市在集体土地被国家征用以后，一般采取在撤销行政村的同时撤销村集体经济组织的办法，农民转居转工以后多数成为自谋职业的"散兵游勇"和城市贫民。在推进乡村集体经济产权制度改革以后，对于那些有继续经营条件的村集体经济组织，实行了"撤村不撤社"的政策。丰台区卢沟桥精图村和南苑乡成寿寺等一些村，在新型集体经济组织稳定运行多年的基础上，将全体村民由农业户口转为非农业户口，2005 年完成了整建制撤村转居。撤销村民委员会建立社区居民委员会，原有村集体经济组织负担的各种社会管理事务转为街道办事处和社区居民委员会。整建制撤村转居后，就业、社会保障与城市接轨，社保由村集体经济组织与个人按照比例出资，采取补交、趸交等办法为在法定劳动年限内的股东办理了城镇社会统筹保险（养老、医疗等）；超过法定劳动年限的股东则继续由集体经济组织负责发放养老金。就业采取转居与转工相结合的方式，在区劳动就业部门登记备案，劳动就业管理部门负责对这些人进行就业培训。在保留集体资产按股份所有权和经营收益分配权（包括股金分红与各种福利）的基础上，采取集体安置就业与自谋职业相结合的方式实现充分就业。基础设施、公共服务、社会管理纳入了城市管理范畴，减轻了新型集体经济组织的负担，进一步增强了集体经济组织的市场竞争能力。

六、北京市农村集体经济股份合作制改革存在问题

（一）部分干部和村民存在认识偏差

有的村级干部对改革还存在误区，怕失权、怕麻烦、怕出现不稳定因素、怕股份分红有压力等。乡村干部，甚至部分县区干部对农村社区股份合作社缺乏正确认识，归纳起来主要有五个方面的担忧：一是担忧成立合作社后农民会直接参与社区管理，从而削弱自己的权力；二是担心合作社的成立将影响干部自身的经济利益；三是担忧合作社的股权量化不均而扩大干群矛盾；四是担忧按股分红会削弱集体资产的积累，从而影响社区基础设施的投入、公共服务的提供以及其他公益事业的建设；五是担忧成立合作社后区县、镇街的财政预算外收入受影响。部分基层干部对成立合作社持消极观望态度，有的甚至出现抵触情绪，表现在一些具备改革条件的村尚在观望等待，没有具体动作。部分股东（村民）只重眼前利益，忽视长远利益，目光集中在分配现有资产上，很少考虑集体经济长远发展和长远利益的获得，进而影响合作社的推进力度。

（二）改革进度区域差异较大

目前，北京市村级集体经济产权制度改革已经基本完成，但是总体上来看发展还不够平衡，其中顺义区村级改革全部完成；乡镇级集体经济产权制度改革除门头沟区9个镇全部完成以外，朝阳区、丰台区、海淀区各有5个、3个、2个乡镇完成了改革，其他区县乡镇级改革推进难度较大。目前，改革难度较大的村大部分集中在平原地区，这些村集体资产数额较大，占地转非、新老户纠纷、小城镇户籍等因素形成的问题、矛盾比较复杂和突出，全面完成改革任务面临较大困难，需要认真研究解决。

（三）集体经济组织法人地位不明确

根据《中华人民共和国民法通则》（以下简称《民法通则》）的规定，法人主要分为企业法人与非企业法人两大类。企业法人是从事商品生产经营活动，以获取利润、创造社会财富、扩大社会积累为目的的法人。非企业法人又分为机关法人、事业单位法人和社会团体法人。

改革后的股份合作经济组织在现实社会经济生活中，是农村集体土地、

集体财产所有者的代表，它不仅与组织内成员建立起了经济关系，同时也与社会其他市场主体有着事实上的经济联系，在客观上承担着法人的角色。但依照现行《民法通则》中界定的四类法人，很难将其归类。由于农村集体经济组织要承担大量的社区公共开支的职能，如果将其定位为股份制企业，按《公司法》的要求注册登记和纳税，则会导致改革后集体经济组织权利和义务不对称。北京市曾经采取变通的方法，由区县经管站进行登记注册。后因《中华人民共和国行政许可法》的实施，地方已不再具有此类行政审批的权限，北京有关管理部门已经停止了登记注册工作。因此，改革后的股份合作经济组织没有明确的法人地位，注册登记难是普遍问题。

（四）集体资产与行政管理主体存在冲突

乡镇的管理体制形成于改革之前，乡镇党委、政府只对口村里的党支部书记和村委会主任；改革前，乡级集体资产的产权代表是乡农工商总公司，村级集体资产的产权代表是村集体经济组织。改革后，集体资产经过量化，原来"模糊"的集体产权得以清晰界定，乡政府作为一级地方政府不再具备集体资产的管理主体资格，对改革后成立的"董事会"和"监事会"，镇政府很不适应。如果董事长不是原来村书记而是另选新人，镇里开会布置任务与董事长无关；如果由村支书兼董事长，村委会主任兼总经理，理财小组兼监事会，交叉任职的结果，可能导致回到集体资产掌握在少数人手中的老路上。再者，目前开展的改革试点，集体经济组织在行使其经济管理职能的情况下，还要承担大量社区管理事务、区域内功能性（水电设施、道路）的维护等费用等，增加了成本，降低了经营效益，影响了新型集体经济组织的健康发展。

（五）股份合作社管理不规范

股份合作社的管理不规范集中在两大方面：股权的管理和组织机构的管理。

1. 股权管理封闭性强

农村社区股份合作社是以行政村为单位的，主要是解决村内农民的社会和经济问题，这种特性就决定了它很难超越自身的地域限制以及受到村级经济发展实际情况的约束。在运作过程中，农村社区股份合作社的股权不能流动，也不能继承，容易造成股权的凝固，同时也不能很好地解决因为人口变动导致股权重新分配的问题，这就大大限制了合作社的进一步发展。

同时，在股权管理的实践中，还面临一系列问题：如何处理好按工龄量化和按户籍量化之间的比例关系；集体股与个人股所占的比例，集体股如何管理；如何处理好计划生育户与多子女户的量化比例；如何处理好股东分红与集体经济长远发展之间的关系等，都还需要进一步探索。另外，不少地方在改制中并没有把集体所有的土地评估在内，改制中如何处理好土地中的利益关系，更是需要研究的一个理论和实践问题。

2. 股份合作社管理水平低

个别村虽然完成了改革，但是不按章程办事，董事会、监事会形同虚设，村党支部和村委会依然代替董事会和股东大会进行决策，农民的知情权和参与权得不到保障，农民对集体资产的处置普遍感到担忧。收益分配过程中，个别地区还存在干部滥用职权导致集体收益流失，农民个人与集体之间利益矛盾冲突，引发群众上访等社会不安定因素。部分股份合作社财务管理不规范，监督机制没有发挥实际作用。

（六）集体资产经营高风险低效益

农村集体经济产权制度改革是农村经济体制改革的关键和核心，是解决农村管理中诸多问题的有效手段，但并不是一改就灵。无论是以乡为单位，还是以村为单位进行集体资产的经营，也无论是采取何种经营方式，如股份制、专业化公司、社区股份合作制、租赁等，在市场经济条件下都面临一定的经营风险，并非都能实现集体资产的保值增值。集体经济能不能办好，主客观条件和影响制约因素很多，不仅要有一个好的产权制度，而且要有一个好的经营战略和经营方针。要根据市场需求不断调整产业结构和产品结构，不断提高科技含量和管理水平，减少消耗、降低成本、提高经济效益，才能立于不败之地。因此，产权制度改革不是改革的全部内容，也不是改革的终点。

据统计，截至2010年底，北京市农村集体总资产达到3451.03亿元。农村集体资产包括农村土地、农村集体经济组织的股权及实物资产等，是农民增收致富的重要资源。但受经营管理水平限制，目前，农村集体资产巨大的社会与经济效益还没有发挥出来，大量荒山闲置，承包、出租效益普遍较低。

七、北京市农村集体经济股份合作制改革建议

总结北京市农村集体经济产权制度改革的探索，得出以下四点建议：

（一）调动改革积极性

北京市委、市政府为推进乡村集体经济产权制度改革，多次发出文件明确改革方向。针对郊区城镇化和城乡一体化加快推进的新形势，北京市按照"撤村不撤社、资产变股权、农民当股东"和"变共同共有为按份共有"的改革方向，积极引导基层推进改革。通过召开全市农村集体经济产权制度改革工作会，明确改革的工作目标和工作任务，要求全市拥有集体净资产的乡村都要进行改革，没有集体净资产的村，要做好集体经济组织成员身份界定、劳龄统计和清产核资等基础性工作，全面推进农村集体经济产权制度改革。为调动基层改革的积极性，各区县普遍建立考核与激励机制，调动了基层干部投身改革的积极性和主动性。昌平、大兴、门头沟、平谷等区县对完成产权制度改革的村给予5万元的资金奖励；房山区对完成产权制度改革的村，按大型村5万元、中小型村3万元给予资金扶持，推进了改革工作不断向前发展；海淀区对启动改革单位的工作经费进行补贴，并将各乡镇改制任务完成情况纳入区级督查范围，作为年度绩效考评的重要内容，并依据考核情况进行奖惩。为进一步宣传巩固改革成果，市和区县都加大了改革培训力度，重点进行改革政策、工作流程、实际问题解决方法等培训，加大对重要环节具体工作的指导力度。

（二）保护农民权益

广大农民群众既是集体资产的所有者主体，也是改革的主体和受益主体。只有把广大干部、群众的积极性充分调动起来，工作才会主动，改革才能成功。北京市在推进农村集体经济改革过程中，始终坚持党在农村的基本方针和政策，认真落实以家庭承包经营为基础、统分结合的双层经营体制，充分尊重农民群众的意愿，注重发扬基层民主，调动农民群众参与改革的积极性。把社员群众的积极性是否调动起来，农民群众是否满意，农民群众是否通过改革得到实惠作为集体经济产权制度改革是否成功的衡量标准。坚持凡是法律法规和政策有规定的坚决执行，法律法规和政策没有规定的，则遵循法律法规和政策精神，进行民主决策。把宣传教育和思想政治工作贯穿于产权制

度改革的全过程，采取多种方式反复听取群众的意见，并根据群众的意见对改革方案进行修改完善。

（三）坚持因地制宜、一村一策

在实际工作中，北京市各区县根据本区县的区位特点和各乡、村的资源禀赋优势，坚持因地制宜、分类指导、因村施改、一村一策的原则，采取灵活多样的改革方式，多种途径稳步推进改革。如丰台区在过去的农村集体经济组织产权制度改革中，受改制时政策和思想认识的局限，集体资产量化的比例较低，集体股占的比例较高，有些应该列入量化范围的人员也没有完全列入。因此在深化改革中，一方面，增大集体资产量化的比例，大幅提高个人股的量化比例，集体股的比例原则上不超过注册股本的30%。另一方面，扩大集体资产量化人员范围，将量化人员范围扩大到所有集体经济组织成员，使成员在乡村集体的劳动农龄在量化股权时均有体现。同时，按照北京市有关乡村集体经济组织产权制度改革的文件精神，加快对转居转工、户口迁移等原集体经济组织成员滞留的集体资产进行处置。昌平区在改革过程中，为了促进人口计划生育基本国策的落实，建立了利益导向机制，首创了独生子女父母奖励股；为了保持土地确权政策的连续性，在已确权确利村设置土地确权股；为了解决新老户矛盾突出问题，设置了户龄股。

（四）坚持公开、公平、公正的工作程序

产权制度改革是集体经济内部利益关系的重大调整。凡是成功进行产权制度改革的乡村，在改革过程中自始至终坚持了公开、公平、公正的工作程序。集体净资产的清查结果、资产评估结果、改制方案的确定，章程的制定、农龄的核实、股份量化方案的制定以及董事会、监事会干部人选的确定等重大事项，交给广大社员群众民主讨论；遇到问题时，坚持民主集中制和平等协商一致的原则，充分听取各方面人士的意见；对于历史遗留问题，则要坚持尊重历史、承认现实、面向未来的原则，实事求是地加以解决。

（五）妥善处理好"四个关系"

处理好生者与死者的关系。由于1972年以前没有户籍底册，许多已经去世的人的情况无从查证。如果单凭老人回忆或别人指证，难免会出现误差，造成意见不统一，引起矛盾。所以在进行产权改革时应只考虑活着的人，这样才能避免因去世人的情况说不清楚而引起的各种矛盾。

处理好新老户的关系。新老户矛盾是改革的重点和难点,是改革中不可回避的问题。尤其是在城乡结合部和国家级小城镇周边个别村的新老户问题比较突出,甚至引发了大规模集体上访。北京市平谷区出台了《关于集体经济产权制度改革身份界定中需要注意的几个政策问题》,要求各乡镇、村干部要准确把握政策,在集体经济组织成员身份认定上要遵循"淡化新老户,坚持按属地确认的原则",较好地解决了这一问题。

处理好求稳与怕乱的关系。一些集体经济较好,干群关系和谐的村,往往安于现状,害怕改革搞乱了良好局面。一些本来不够稳定的村,更是害怕改革引发更多的矛盾。实际上,改革就是从乱村开始的。农村不稳定的因素主要是管理不民主、决策不公和利益分配不均。而改革能够增强集体经济实力,实现农民的基本权益,增进农村稳定团结,提高基层组织威信。因此,通过改革能够更加有效地解决制约农村稳定的问题,有利于保持农村的稳定。

处理好发展与增收的关系。改革的目的是发展,发展的目标是农民增收。因此,要把发展、壮大新经济组织作为工作中的重中之重。不仅要动用农村现有的各种资源,更要考虑如何结合和利用城镇的资源,通过法律、政策以及市场的各种手段,切实做好城乡经济的统筹发展。在发展新经济组织的过程中,要始终坚持因地制宜、形式多样,但最终目的只有一个,就是为了使农民增加收入。

第二节　四川省农村集体经济股份合作制改革

一、四川省农村集体经济股份合作制改革背景与历程

2007年成都被国务院确定为"全国统筹城乡综合改革配套试验区",试点着重城乡统筹,探索"城市带动农村"的城乡均衡发展模式,其主要发展目标包括:农村生产力有大的提升,城乡之间经济活动遵循市场经济规则,城市输出社会功能以改造农村生活方式,即所谓"农业产业化、农村现代化"。

从自然条件看，成都市地区地块破碎度高、不具备大规模开展机械化农业生产的条件；随着城市化进程，大量青壮劳动力离开农业生产领域，农业劳动力缺乏；西部工业化和城市化程度不高，农村发展二、三产业受限，很长一段时间第一产业仍是主导产业。显然，由于社会经济发展情况、自然条件等因素不同，四川省农村土地股份制改革背景与沿海发达地区相比有明显差异。

2008年，成都市出台了集体建设用地使用权流转管理办法，2009年成都市发布了农村产权抵押融资总体方案，将土地承包经营权也纳入其中，2010年成都市开始全面推进农民专业合作经济组织的发展，除集体建设用地入股外，也允许以经营性资产、技术、专利等其他生产要素入股。截至2012年上半年，成都市共成立集体资产管理公司20家，土地股份合作社577家（只有2012年上半年新增的81家在工商注册登记）；成都市预计5年内土地入股面积达到40万亩以上。2014年，四川省被列为全国首批3个农村土地承包经营权确权登记颁证整体推进试点省之一，历经3年时间，截至2017年年底已经基本完成了确权登记工作。改革的具体措施有确权颁证、培育新型经营主体、社会化服务体系三大方面。

2016年中共四川省委办公厅、四川省人民政府办公厅关于贯彻《深化农村改革综合性实施方案》的意见中指出"引导农村土地经营权规范有序流转。坚持农村土地集体所有，推进农户承包权和土地经营权分离，实现所有权、承包权、经营权"三权分置"，鼓励承包农户依法采取转包、出租、互换、转让及入股等方式流转承包地，……，通过土地股份合作社、"大园区＋小业主"、农业BOT、新型经营主体和社会化服务组织带动等多种方式实现规模经营。大力推广"农业共营制"模式"。2017年9月30日，四川省印发了《关于完善农村土地所有权承包权经营权分置办法的实施意见》，稳步推进农村集体产权制度改革，在127个县（市、区）启动清产核资，在53个县开展股份合作制改革试点，加快了形成农村土地所有权承包权经营权"三权分置"格局的步伐。四川省在坚持集体所有的前提下，针对集体经济发育程度和集体资产的区位、性质，分别建立集体资产管理公司、土地股份合作社、经济合作社等多种新型集体经济组织模式，并及时总结各地试点，形成了"两股一改"（土地股权化、集体资产股份化、对集体资产进行股份制改造）的经验做法。

二、四川省农村集体经济股份合作制的制度设计

四川省土地股份合作组织大多是以农产品种植销售为主的农村土地股份制经济组织，而且主要以非粮经济作物为主，从事二、三产业是少数。土地股份合作组织具有社区性、封闭性，一般限制在村、组集体范围内，没有入股到乡、镇一级。

（一）入股模式

在入股模式上，有"农户＋企业"模式，有以专业合作社为基础的自主经营的股份合作改造模式，也有农户不参与经营活动仅收取保底利益的名为股份合作实为土地租赁的形式。在组织形式或运营模式上主要有以下四种：

1. 合作社将入股土地统一对外租赁或发包

这种类型多出现在政府推动的现代农业产业园区或工业园区项目中，政府在对外出租、经营决策方面占主导地位，农民的意愿往往要服从整体规划。在利益分配上往往以标准粮食作价给农民保底分红。

2. 农户自愿组建土地股份合作社从事农业生产

入股土地由合作社统一经营，农户有经营决策参与权，年终分配时土地资源股作为优先股，按收益或收益的一定比例优先分配。此种方式不引入外来投资，运营资金缺口主要来源于以土地承包经营权抵押的银行贷款，但承包经营权作价很低，从银行获得贷款有限。此种方式仅适用于小规模集中农业生产，且需要外围有完善的可以分散成本和风险的农业服务网络。

表6-6　两种模式的区别

统一租赁和发包的合作社模式	农户自主经营的合作社模式
合作期间不得退出	社员入社自愿，退社自由
企业经营 经营方向由龙头企业决定	社员经营 经营方向由社员共同决定
追求利润最大化， 一般选择非粮的经济作物	在微利的前提下坚持种植粮食作物
生产成本由企业投入，实为土地租赁，以租金形式支付保底红利	生产成本由社员投入，不存在租金成本
农民只有保底收益，实践中极少有龙头企业分红的情况	社员对盈利分配参与度高

3. 以集体资产入股

将宅基地和集体所有的建设用地在复垦整理后形成一个大产权证，将分散的农民个人资产变成集体资产，然后再量化股权到每个成员，对量化股权后的集体建设用地及银行贷款实行公司统一经营管理，实行的是《公司法》上的股份制。此种改造模式主要目的是以集体资产入股从事二、三产业。由于成渝地区起步晚加之受西部经济发展程度影响，核心资产主要还是农村集体建设用地使用权，并且该建设用地使用权的价值远较广东、苏南等工业化发达地区低，目前只有地方银行接受其为贷款抵押物，且还需要同时提供其他担保，如成都市郫县花牌村集体资产管理有限公司使用增减挂钩指标作抵押反担保。

4. 村（社区）股份经济合作社

以农村土地和集体经济组织为主要对象，实施集体土地股权化、集体资产股份化、集体经济股份制改造。一般以村（社区）为单位组建，将集体经营性净资产和土地产权折股量化到人，不设集体股，对量化股权后的集体资产和土地统一由合作社经营管理。集体建设用地通过土地整理转换成建设用地指标收益，一部分用于农民集中居住，一部分用于项目实施。农用地则统一出租，社员为业主提供劳务获得收益。股份经济合作社每年在纯收益中提取一定比例公积金和风险金后，按量化股份分配给社员。在投票权上，此种模式成都坚持一人一票，重庆则一人一票与附加表决权相结合，对附加表决权设立上限。

（二）收益分配

成都市根据土地管理形式发展的需要，积极探索了收益分配的模式和思路。一方面，使用集体建设用地发展工业。在符合规划的前提下，允许通过村集体经济组织将集体建设用地入股或出租的方式兴办工业，农民可以土地入股参与分红。另一方面，积极探索集体建设土地使用权流转办法。让集体土地向公司或经营大户集中，发展规模农业或生态观光农业。农民以宅基地或土地承包经营权入股，以"保底 + 分红"模式分享收益，并集中修建农民新型社区。这些措施保障了农民在推进城乡一体化进程中失地不失业、失地不失利、失地不失权。

在城乡统筹、以城带乡、以工补农原则指导下，创新耕地保护机制，通过多渠道筹集资金，加大对农村、农业和农民的投入，有效保护耕地特别是基本农田，提高耕地综合生产能力；建立耕地保护基金，通过为承担耕地保护责任的农户提供养老保险补贴等方式，完善耕地保护补偿机制，提高农民保护耕地的积极性和主动性，做到权、责、利对称；在保证耕地数量不减少、质量不降低的前提下，允许省域内异地补充耕地；鼓励多渠道筹集资金，多部门参与，集中开展土地整理；鼓励发展农业合作社和农业股份公司，促进耕地规模化经营。

三、四川省农村集体经济股份合作制改革实践

（一）崇州市集贤乡涌泉土地股份合作社改革实践

崇州市集贤涌泉土地股份合作社位于崇州市十万亩环线集贤乡山泉村。山泉村位于崇州市集贤乡西部，西邻桤泉镇，北接隆兴镇，距崇州市区5公里。全村辖区面积2.51平方公里，耕地2734.75亩，共有14个村民小组，655户，总人口2065人。合作社成立于2012年11月2日，最初入社农户25户，入社面积270亩。经合作社广大代表的宣传努力，合作社入社成员日益扩大。2018年入社农户258户，入社面积870亩。现在合作社路网、水网、田网格局已基本形成，拥有固定资产56万余元。

1. 股权设置

涌泉土地股份合作社在股权量化的标准制定上，为保证公平，以质定股，按照土地地理位置、土壤肥沃程度、原产量等的不同，以最好区域最好土地为标准来折算，如最好的一亩地100股，低一等级就是90股，低二等级的就是80股。分配的时候按股份分配，不按面积来分，最大程度地保障农户获得符合其土地质量的收益分红。

表 6-7　崇州市集贤涌泉土地股份合作社基本数据

时间	入社农户（户）	入社面积（亩）	保底收益（元/亩）	分红（元/亩）	社员总收入（元/亩）
2012	25	270			
2013	36	405	400	42	442
2014	230	868.3	500	110	610
2015	277	858.6	500	110	610
2016	311	812.391	500	120	620
2017	247	804	610	194	804
2018	258	870			

2. 管理机制

土地股份合作社内部管理机构设有理事会、监事会、社员代表大会，其中社员代表大会是合作社的最高权力机关。入社社员按10∶1的比例选举产生社员代表组成社员代表大会，由社员代表选举产生合作社理事会、理事长、监事会和监事长。理事会是合作社的日常管理机构和决策执行机构，负责生产经营决策、财物收支管理，负责统一组织生产、经营、管理，制定生产经营方案，向成员大会报告生产经营和财务收支执行情况，执行成员大会通过的决议，接受监事会的监督。监事会监督财务情况和执行情况，负责对理事会的经营、管理和财务收支执行情况进行监督。

合作社通过网络公开竞聘的方式选拔职业经理人，聘请的职业经理人负责入股土地的生产经营管理，向合作社提交生产计划，执行生产计划。职业经理人公开竞聘上岗，与合作社属于雇佣关系。职业经理人需要交给合作社经营成本的30%作为保证金，如果经营不善，则经理人所交的保证金首先支付入社农民的保底收益。但职业经理人选不一定是保底金额出得最高的，社员代表会对竞聘者的种植经验、能力、诚信等作出综合评价。职业经理人根据理事会生产决策提交详细的生产计划，包括成本预算、市场预算、价值预算，经理事会讨论通过后按照计划执行。理事会与职业经理人签订产量、费用、奖赔协议。

所有合作社规章制度均由社员代表大会讨论通过，并向全体社员公示。

职业经理人的所有生产经营活动向合作社成员及村民小组公开。合作社财务由专业财会人员管理，并接受全体社员监督。涌泉土地股份合作社在农业生产全过程中的收支明细都有清楚记录，并且公开透明。包括前期的农药、肥料种子购买发放有详细支出和发放记录，买回的实物不给现金，都是对公转账。账务需要"三只笔"签字，职业经理人签字，然后监事长、理事长签字，最后才能报账。生产过程中还要做安全支出记录，即化肥、种子等的使用情况，保证粮食生产绿色安全有效。后期理事长、监事长负责收割，收割后的粮食必须如数到库房，对应则有收割、烘干后的粮食产量记录，还会对运输车运输卖出的粮食重量、车牌记录，保证合作社粮食全部如实卖出，所得收益全部到账，一收一支，合作社都有精确的明细记录，防止入账漏洞。合作社的每笔开支理事长均能收到银行发送的消息，对合作社的财务收支能够实时掌握，合作社社员也全部都能查账。

3. 经营模式

近几年来，合作社先后开展机插秧、稻田立体综合种养、秸秆还田等创新模式，多方面增加合作社农户的收入。去年合作社经过股东代表大会决议会，一致同意建成以农民合作社为主要载体，让农民充分参与和受益，集循环农业、创意农业、农事体验于一体的田园综合体——澜庭叙。成都勇欣建筑工程有限公司积极入股与合作社共同打造标准化养殖鱼（虾蟹）池池体建设约26.3亩，高标准农田田型调整、地力培肥约110亩，田间道路约480米；农产品增值销售木结构餐饮大厅1套约320平方米，一室一厅一卫木屋6套，厨房一套约100平方米，石板路约240米，砼道路约420米，今年3月月底完成并投入使用。合作社用公积金投入16.5万元，加上入社股民投入60万，共计占股51%，每年以10%的利润分红给入社股民，在2018年分红将达到25元/亩；勇欣公司占股49%，加上合作社与勇欣公司向上级部门积极争取的项目资金，该项目总投入600万元，围绕改善农民生产生活条件，提高产业发展能力，重点补齐农村基础设施、公共服务、生态环境短板，着力提高一、三产业互动的速度，进一步使入社股民与公司创收。

4. 收益分配

入社社员保底收益从2013年的每亩400元到2017年开始每亩610元，分红从2013年的42元到2017年的194元。盈余分配方案由合作社按照法律法规和章程制定，经社员代表大会一致通过，公积金占10%，公益金占10%，社员占30%，经理人占50%。经理人前期投资生产成本的30%，现在职业经理人除去投资成本后每年的净收入可达到15万元以上。财政补助和社会捐赠形成的财产平均量化的份额，按比例进行分配。凡由于家庭贫困的入社股民，经本人提出申请困难求助的，提交合作社股东代表讨论，通过后方可用每年合作社提取的10%的公益金来支付一定比例的入社困难户求助金（一般每户是3000元），解决股民燃眉之急。

合作社通过购买保险，采用市场化运作抵御风险。主要有自然灾害险，用工保险，履约保险。若出现连续亏损，则有政府风险基金兜底。如发生自然灾害或者其他事件，导致不能保证保底和分红的实现，保险公司要赔偿合作社损失的60%。而在农业保险、商业保险公司赔偿后合作社仍然不能履约，合作社则可以使用履约保险。通过层层保险规避农业生产风险。合作社若出现连续几年损失，无法继续经营，也无法向保险公司继续购买保险，政府则会把经营权收集起来，通过市场化运作，让另外一家合作社来经营。

5. 配套制度

崇州市政府还为当地的土地股份合作社提供了健全的农业科技服务体系。政府通过和四川农业大学、四川省农科院搭建合作平台，2008年建立农业专家大院，在农业产业园区建中试熟化基地，1000亩地试验专家科研成果，适合当地的品种来年则在当地的合作社里大面积推广。另外，涌泉土地股份合作社不但经常组织农业技术现场培训会，鼓励群众积极参加，学习先进的科学技术，而且还主动跟其他合作社交流学习管理经营经验，得到群众的一致认可。

以前崇州市当地的农业专业化服务"小散烂"，信息不对称、质量不稳定，合作社不知道该找哪家服务社。因此崇州在2012年成立农业服务超市，把分散的农业服务资源整合在一个平台，涌泉合作社可以在超市中购买生产所需的物资、机械等，现在服务超市从原来的实体店变为电子平台，购买服务更加便利。

（二）崇州市五星土地股份合作社改革实践

崇州市五星土地股份合作社是2012年4月由白头镇五星村44户农民发起成立。农民自愿以确权颁证后的190.47亩土地承包地经营权折股入社、作价出资，组建土地股份合作社，并写入土地股份合作社《章程》，申请工商登记注册，主要从事粮食和高效作物种植经营。

1. 股权设置

目前，入社547户面积达到2005.8亩，并带动周边500余户种植户种植粮油。合作社尊重农民意愿，用土地承包经营权入股。按照"入社自愿、退社自由、利益共享、风险共担"原则，农户自愿以土地承包经营权折股入社、作价出资，即按入社土地0.01亩折成1股，每亩折资1千元作为社员出资，工商注册成立土地股份合作社。

2. 管理机制

五星土地股份合作社按照《土地股份合作社章程》选举产生理事会、监事会。理事会负责生产经营，决定五星"种什么、如何种"。监事会负责对理事会的经营、管理和财务收支执行情况进行监督。严格执行公开招聘职业经理人，同职业经理人签订产量指标、生产费用、奖赔合同。合作社树立和强化用制度管人、管事、管权的意识，推动民主管理制度、财务管理制度、日常经营管理制度等的建立健全和实施落实，提高合作社管理化管理水平。推动合作社经营管理工作公开，创新公开方法和形式，重点公开财政扶持项目资金使用、合作社工程项目建设、财务收支、成员交易额等情况，提高合作社公信力。

合作社按照农业公共品牌标准和质量标准生产，实行订单生产，实行"三统购"（种子、肥料、农药），"五统一"（机耕、机插、机防、机收、管理）服务，降低生产成本，每亩减少投入50元。建立健全覆盖生产作业各环节、全过程的操作流程和衡量标准，推行"环境有监测、操作有规程、生产有记录、产品有检验、包装有标识、质量可追溯"的全程标准化生产，用符合食品行业的规范化质量体系来控制产品质量。

3. 经营模式

烘储中心作资入股农业公司，扩大合作社经营规模。合作社成立以来，一直受人工、天气的影响限制，抢收、抢晒成了一大难题，加上粮食收储保管设施落后，晒干后的粮食无仓库存放就只能现场售卖，使得粮食价格无法上涨贱价销售。因此，合作社里204户股民一起出资100万，加上国家财政资金投入50万，合作社建设了粮食烘干、仓储中心，为本社员以及对外经营服务提出"四代一标服务"：代为粮食烘干、代为粮食仓储、代为粮食加工、代为粮食销售，一个标准化生产体系。收益提高后，合作社再以这份固定资产引入公司，再扩大经营规模和范围，延长产业链。公司相当于职业经理人，为合作社带来了技术、资金。合作社和公司相互协调，日常管理统一运作，各个部分共同经营。

目前合作社统一经营率达到100%。采取多种经营模式，分为粮食规模种植、种养循环、立体养殖、育秧中心、农机、粮食烘干加工中心6个经营小组。其粮食规模种植经营小组1个，主要种植小麦、油菜和水稻，其中包括稻蟹鱼共生立体种养基地1个，占地100亩；农机经营小组1个，对合作社的农机具进行单独管理和经营，现有农机具9台，包括3台拖拉机、3台插秧机和3台收割机，成立服务站，服务面积可达4000亩，增收6万余元。种养循环经营小组1个，占地12亩，养殖500头猪，现存栏210头，年出栏2230头；烘储经营小组1个，负责合作社对内对外烘干及仓储，现拥有日烘干200吨、储存2000吨的烘干仓储中心一个、日100吨精米加工中心一个。育秧中心占地1600平方米，辐射面积约3000亩，提供商品秧及技术服务。打造白头五星品牌，建设商标及电商平台，可将大米每斤增收3元/斤。粮食加工厂建成后，延伸了合作社产业链，改变了合作社作为农业生产产业链最低端而利润较低风险很高的现实问题，利于合作社作为经济实体的做强，壮大集体经济组织。

合作社是劳动联合基础上以产品销售和服务利用为中心的市场主体。综合运用订单合同、市场直销、"农超对接"、网络营销等渠道，着力拓展和形成多层次、宽领域、全方位的产品销售渠道。为进一步提高五星大米附加值，促进农民增收、合作社增效，合作社发展了电子商务，提高品牌知名度。网络推介销售的最大优势就是消费者足不出户就可以了解和购买五星品牌的优质大米；二是产品附加值得到提升。网络销售以件为计量单位，改变了传统的大包装销售方式，而且入选大米品种均经过严格把关，品相和口感均属一

级产品，包装和质量的升级，使五星大米附加值得到大幅提升；三是品牌知
名度得到提高。五星土地股份合作社与新华云农庄签订合作协议，双方通过
云农庄平台共同为消费者提供定制化农业生产、农事体验及相关配套服务。
新华云农庄负责平台运行、功能升级与维护，为合作项目提供信息展示、品
牌宣传、资源整合与标准方案等服务，带动合作项目的线上销售与客流持续
提升。合作社负责按照云农庄提供的标准操作流程进行合作项目内的线下操
作，为平台提供所需资料与信息反馈。

4. 收益分配

五星土地股份合作社的粮食种植部分的收益分配为保底加分红的形式，
2017年每年300斤大米（大米价格按照当年9月市场价格折算）保底加上规模
化补贴，二次分红则按合作社提取10%公积金，社员占20%，职业经理人占
70%的比例进行分配。粮食烘储加工中心的收益分配顺序为：社员保底收益、
农业公司股份分红、社员股利分红。合作社建立成员账户，财务管理规范，
财政补助量化为社员股份。如果有财政形成的补助或资产量化给社员，盈余
分配的顺序按章程提取公积金，返还交易量比例、按成员代表大会会议记录
利润分配比例分配，详见表6-8。

表 6-8 五星土地股份合作社粮食种植收益分红表

时间	保底收益	股利分红（元/亩）	社员总收入（元/亩）（大米按每斤3元折算）	扣除保底后利润分配比例（公积金：股利分红：职业经理人）
2012	100斤大米/亩	100	400	
2013	100斤大米/亩	273	573	3：3：4
2014	300斤大米/亩	62	962	1：2：7
2015	300斤大米/亩	113	1013	1：2：7
2016	300斤大米/亩	121	1021	1：2：7
2017	300斤大米/亩	126	1026	1：2：7

（三）资阳市雁江区鸡鸣山种植专业合作社改革实践

鸡鸣山种植专业合作社位于资阳市雁江区中和镇明月村，2015年10月
注册成立。合作社成员包括全村168户村民，其中贫困户94户。明月村在中
和镇西部，距中和镇城镇3公里，辖15个村民小组，总人口613户、2106人，

建档立卡贫困户86户、346人，耕地面积2601亩。明月村结合精准扶贫工作，按照雁江区委、区政府发展壮大集体经济和助推脱贫攻坚总体要求，紧紧围绕产村相融，因地制宜，充分挖掘区域优势和自然资源，带头探索实体带动、资源利用、股份合作等发展模式，整合村内土地、劳力、人才等资源，推动集体资产和土地股份化，多途径发展集体经济。

1.股权设置

在具体运行过程中形成的股权结构包括村集体经济组织占股55.42%，未来收益的70%归全体村民享有，30%用于村民委员会，充实公益支出；农户土地入股占25%；贫困户个体解贫资金入股6.95%；回乡创业农民入股现金占12.64%（见表6-9）。党支部在整合集体资金方面发挥了很大的作用，同时多元要素入股，稀释了土地股份比例且农民资金入股比例也较低，使得在发展初期合作组织中集体股份所占比例相对较高，突出地区占比高达一半，很明显有利于壮大集体经济实力，另外集体分红部分中大部分也都将分予集体组织成员，较大程度上避免了集体剥夺农民分红权益的问题。

表6-9　鸡鸣山种植专业合作社股权结构

入股方式	金额（万元）	占股	备注
农民土地折资入股	55.4	25%	每年每亩折资入股500元
村集体资金入股	122.8	55.42%	专项扶贫资金48.38万元，村集体发展资金60万元，待安排扶持周转金14.42万元。收益村集体和全体村民三七分
贫困户个体解贫资金入股	15.4	6.95%	94户贫困户每人500元解贫资金，其中每人400元量化入股
回乡创业农民现金入股	28	12.64%	8名村民现金入股
	221.6	100%	

2.管理机制

鸡鸣山种植专业合作社内部治理结构上同样也设置有理事会、监事会、社员代表大会。鸡鸣山合作社在管理上的一大特点是合作社的成立运行是在当地党支部的坚定领导下不断积极推进改革的，这与当地党支部心系群众，希望能够通过土地股份制改革带动全村脱贫致富的意愿强烈有很大的关系，同时农民的知识和眼界又很受局限，需要村领导干部的正确引导，另外村干部个人组织和协调能力较强也是重要因素。合作社为打好工作基础，非常重视规章建立机制，坚持用制度管人管事，制定了"零招待""全民知"等规章制度，完善了合作社议事规则和决策程序，推进合作社财务等重大事项公开，理顺了合作社事务运行机制。

3. 经营模式

鸡鸣山合作社采取"村集体经济组织＋农民（贫困户）土地劳务入股＋农业职业经理人"三位一体的农业股份经营模式。截止到2017年7月底，在明月村已完成中国晚红血橙种植面积800余亩，罗汉村已完成栽植面积600亩，合计1400余亩。2016年至今累计实现集体经济收入4.5万元。

鸡鸣山种植专业合作社通过整合项目和水利设施发展，解决当前农业产业规模发展面临的实际困难，加强自身"造血"功能。合作社从改善基础设施条件着手，让贫困村引得进业主，也留得住产业。以"农村公益事业一事一议财政奖补政策"为突破口，结合扶贫专项资金，通过整合通村通畅道路建设、农田水利建设、幸福美丽乡村、新村基础设施建设等项目资金1279.6万元，发动群众筹资筹劳75万元，全村农业基础设施不断完善。目前，全村已建成通社水泥路17.2公里，5米宽的生产便道20公里，建山腰蓄水池60口、山坪塘16口、屯水田埂45根、安全饮水打井300口，硬化便民路10公里，建渠道3公里，为调整产业结构、引进业主发展村域经济奠定了坚实基础。

按照"联动、综改、建新村"的发展思路，合作社带动中和镇明月村、雷庙村、罗汉村、凉风村、罗家村五个村，发展与规划3000亩"中国晚红血橙"农业科技示范园，从根本上突破了"一村一品"的传统观念，实现规模产业，向着产业规模化、规模产业园区化、园区产业景区化发展。因活用"农村公益事业一事一议财政奖补政策"，实现了生产实用道路的多村联片贯通，有效地促进了农村新型经营主体的发展与迅速壮大，增强了农业科学技术的传播路径，由过去向单个农户宣传科技转变为向合作社宣传科学技术，加速了农业科学技术转变为生产力，为产业脱贫寻找到了一条科技通道。

4. 收益分配

利益分配上合作社采取"保底收益＋按股分红"的方式。鸡鸣山合作社入股要素灵活多样，有利于带动贫困村全村致富。除了以农户土地承包经营权、财政扶持资金、农户资金入股外，作为贫困村，合作社还立足于带动全体村民共同富裕，规定可以将贫困户个体扶贫解困资金入股量化到户，探索实现贫困户脱贫长期增收渠道，保障可持续收益，有效减少易返贫贫困户返贫，巩固脱贫攻坚成果；农民劳务用工可以折资入股，在合作社劳动，在征得劳动者同意的前提下，一半劳务收入作为生活费用，一半作为股本金，最大限度地让老百姓的劳务收入转化为股本资源。

四、四川省农村集体经济股份合作制改革成效

（一）深化了农村土地产权制度改革

通过土地股份制改革，以市场化方式初步显化了确权颁证后土地产权的价值，提升了农民财产权意识和维权意识。股份合作社以土地产权向银行抵押贷款用以农业规模经营或土地整治，农户依参股份额获得收益，满足了部分地区在农业副业化或者兼业化情况下维持承包土地经营权获取一定利润率的需求；集体建设用地使用权通过使用方式改变逐步实现与国有建设用地"同地、同权、同价"，显化了集体土地财产价值，为改善农民居住条件与转变生产生活方式提供了资金支持。

（二）保障农民主体地位

合作社的组建成立都是当地农民自愿成立或者自愿加入为前提的，社员代表大会为最高权力机关。农民是经营和利益的主体，生产决策、经理人聘用、利益分配等全程参与决定，激发主体活力，调动农民积极性。崇州市产业园区在建设过程中，打破以往自上而下的政策执行模式，所有建设项目采取"自下而上"的主动申请方式，从原来要农民干变成农民主动干，尊重农民意愿。只要农民愿意建，就可以进行申报。让农民参与到项目建设中来，成为项目建设主体。真正实现思路从群众中来，过程由群众参与，效益由群众评价，成果由群众共享。通过这样的方式提升社员参与性，所产生的生产管理团队更具有威信和说服力，深得社员信任，为合作社的稳定运行打下坚实的基础。

（三）保障粮食安全

由于股份制形式对产业规模经营效益的要求较高，各地实践中极少有针对粮食生产设立股份制组织的情况。但成都市崇州市杨柳土地承包经营权股份合作社实践提供了一条以"职业经理人"为纽带的现代农业发展路径，实现了科学种田，生产成本每亩下降45—50元，贴牌生产的粮食售价明显提高，保证了粮食生产较高的盈利率，自主运营模式也使农民权益得到保护。同时，在加快农业产业规模化、标准化发展步伐，重新塑造农业就业人群，有效保护和利用耕地方面，为小规模集中粮食种植提供了良好的范例。

（四）凸显土地的生产要素功能

土地股份制改革通过股份化的形式将分散的土地产权集中起来，赋予农民虚拟股权以切断农民与实物土地的直接联系，将土地作为生产要素经营使农民获得货币化财产收益，淡化承包土地生产口粮维持基本生存的社会保障功能，为农村人口向城镇转移，加速城市化步伐，破除城乡二元结构，培养专业农业就业人群，提高农业生产效率的全球竞争力等提供有力支撑。

（五）吸引社会资本的投入

土地股份制组织的设立为农民从金融机构融资提供了便利，解决了农业生产资金来源少和投入不足的问题。为普通农户的土地承包经营权、林权、房屋产权和社会资金之间搭建了一座合作桥梁。另外，在土地综合整治、集中居民点建设过程中，股份制组织通过整合土地产权和集体资产，更利于土地财产估价和价值提升，从而吸引社会资本、获取银行贷款。2010年成都地区通过集体建设用地使用权和房屋所有权担保抵押贷款金额2.35亿元，撬动逾社会资金100亿元参与农村产业发展。崇州市通过资金统筹整合各部门涉农资金，打破部门壁垒，包括财政、发改、水务、交通等，集中打捆使用，全部用于农业产业园区建设。崇州市10万亩优质粮油产业园在2013年至2015年进行建设，通过整合中央资金1.3亿元，四川省资金1.5亿元，成都市资金6亿元，崇州市财政资金6亿元，撬动金融和社会资本投入28个亿，整个园区建设投入42个亿。整个崇州市从2013到2017年整合各级财政资金57个亿，其中撬动金融和社会资本509个亿，本地财政用了10%的资金，撬动了90%的上级财政资金以及社会资金和金融资本。

五、四川省农村集体经济股份合作制改革存在问题

（一）股权分配和调整缺乏总体改革设计指引

由于缺乏顶层设计，四川省各地股份制改造差异较大，对淡化集体股还是强化集体股还存在不同认识。如果设置了集体股，农村土地所有者主体虚位得到解决，但这部分股份利益如何监督管理？如果不设集体股，将现有集体资产全部量化分股到个人，应当以二轮土地承包时的人口为分配依据，还是土地确权颁证时的人口为依据？股权分配是一次性完成，还是根据集体成员数量变化来调整？关于土地股份的调整，目前尚无法律可以依循。另外，根据《公司法》，股份公司分配利润的条件是"同股同利""无盈不分"。然而，农业公司的大部分持股农民是以所持股份为生存根本。当公司盈利时，股东能够得到相应的分红；当公司没有盈利时，则持股农民的生存基础面临威胁。

成员退社时土地承包经营权难以处置。根据现行的法律土地承包经营权无法用于抵债，只能由担保公司、政府和银行为公司进行还贷，政府"兜底"面临风险。土地承包经营权入股后，如果公司经营管理不善导致破产，土地承包经营权作价入股势必也要用于偿还债务，农民面临失去土地风险；若发生股权转让，非农村集体成员获得土地承包经营权的可能性是存在的。

（二）农村集体土地价格评估缺乏可信的统一标准

从总体看，农村集体土地定级与估价尚不完善，农村集体土地资产难以有效量化，难以真实反映农村集体土地的股权价值。如四川省不同土地股份合作社承包的价格从500斤谷子/亩到1000斤大米/亩的标准都存在，许多地区参照的都是周边农用地出租给农业投资者经营时的价格。集体建设用地的评估更为混乱，成都地区距离主城区相似距离的两个地块，政府委托中介机构评估的价格每亩相差30万元。

土地评估价格的混乱直接影响到农村土地股份制公司总资产和注册资本的确定，向银行申请抵押贷款融资时也成为极大障碍。缺乏统一标准的评估价格还容易造成集体资产流失。

（三）政府支持和推动中对"度"把握不足

四川省以农业为主的土地股份制公司，大多由政府推动，并在融资过程

中发挥重要作用。即便是以非粮生产为主营业务的龙头企业，如果不依赖政府强大的优惠扶持政策，其利润也不足以支撑其继续投资发展下去。部分地方政府在融资过程中承诺兜底责任也会带来较大的金融风险。一些地方政府为建设农业示范区和示范点，进行大量财政投入和大规模补贴，有个别地区将70%的涉农项目资金全部投向了该区的一个现代农业园，其他大量的地区却很难获得项目资金投入。

以外来投资者为主导进行农业生产的土地股份制组织，往往遭遇经营失败的窘境。这些企业基本都是挂股份制组织之名，租用农村承包地，并雇佣当地劳动者进行生产（含土地所在村集体成员和非集体成员）。这些企业在投入之初，依靠当地政府优厚的扶持政策和项目补贴，保持一定的盈利率，但当这些扶持减弱或消失后，企业化运作在农作物种植业上的劣势就显现出来了。由于农民接受共享利益却不能接受共担风险，对于前期投资多回收期限长的一些种植业也依然要求保底利益，也影响了企业的利润。

农业生产的特点决定了其发展需要政府从利润分配、贷款、财政、税收、电力、用地等各方面给予扶持，但是这些扶持应当是可持续的量力而行，是经由国家再次分配手段将其他产业收益向农业的合理转移和倾斜，否则就会出现政府一旦撤销扶持政策企业就难以为继的局面，政府自身也陷入为部分市场主体无限兜底的风险中。成都多家土地股份合作社贷款均来自地方银行（如崇州市杨柳村农村土地股份合作社用土地承包经营权抵押从成都农商银行获得贷款16万元；崇州市群安村专业合作社以集体建设用地抵押向成都银行贷款3600万元），而且，由于农村土地承包经营权抵押在法律上没有得到认可，所以也未得到多数商业银行的认可。

（四）土地承包经营权入股与产业发展结合程度低

以承包经营权入股应支持以产业为基础，与农业产业化相结合。围绕地方优势特色产业，因地制宜发展农村土地股份合作。有的地方合作社只是为了顺应农村改革发展所需发展土地承包经营权入股，土地股份合作社只是空壳社，根本没有发展产业。农业规模化经营机械化生产使合作社生产效率提高，平均100亩土地只需要3—5个工人，转移大量农民外出务工，农村里的农民变得更少。应注意到现在农村缺少人气的问题。在国家乡村振兴战略的要求下，要促进农村农业农民全方面发展，通过发展民宿等农业旅游产业，探索多种模式增收渠道，让农村留住人，留住传统乡土文化。

另外一方面，以初级农产品或初加工农产品为主的农民专业合作社品牌建设无疑很难打造出知名品牌，从而产品的附加值很低，不能体现品牌价值。同时，农民专业合作社品牌建设意识欠缺，许多农民专业合作社没有自己的产品注册商标，没有自己的统一包装；更缺乏对认证认定无公害基地、无公害农产品、绿色食品、有机食品及地方名牌等方面的认识，造成市场竞争力不强。

（五）缺乏专业的经营管理人才

制约土地股份合作社效率的一个瓶颈因素是缺少懂管理、了解合作社知识的企业家农民。合作社的理事会成员大多数文化素质不高，主要以初中及以下学历为主，农技水平不高，且年龄偏大，适应市场经济的意识和能力不强。向外引进人才又受合作社自身经济实力的制约。人才的缺乏导致了合作社网络营销建设、文化建设等方面严重滞后。多数合作社还未意识到合作社文化建设的作用，或对合作社文化建设的内涵不甚了解，对合作社文化的价值认识不足，造成了合作社管理层次低，合作社成员的整体素质不高，缺乏合作所必备的市场观念、法制观念、诚信观念、组织观念等，这必将影响农民专业合作社的健康发展。

六、四川省农村集体经济股份合作制改革建议

（一）加强对农村土地股份制改革意义的认识

农村土地股份制改革是通过股份化的形式将原来与实物土地直接对应的权利变成脱离土地的虚拟权。这种改变必然会改变农民的生活方式和农业的生产经营方式，即农民种粮不计劳动成本的状况一去不复返，农业生产劳动职业化将成为我国农业生产的基本形式。农村户籍人口不等于农业从事者，农业将如同其他产业一样需要培养职业从业者，并使从业者经由农业专业技能获得报酬，而劳动者对于是否进入农业生产领域是自由的。农民借由承包土地获得口粮维持基本生存的土地保障功能逐渐淡化，并最终将承包土地使用权推向市场交易。这项改革将深刻影响城乡二元结构体制，应当持特别慎

重的态度，需要有科学的顶层设计，有系统的理论支撑，细致的改革方案来引导改革方向。另外，打破城乡界限将使农业经营冲破原来仅是农村集体内部关系的状态，面对城乡一体的市场主体参与竞争，必须遵循已经建立的调整市场经济的法律规则，群众首创的制度内生机制不能再作为本轮土地制度改革的经验模式。

（二）把握农村土地股份制改革推广速度

四川省开展土地股份制改革的大多数地区都存在当地农用地无农愿耕、种粮断代，农村劳动力向二、三产业的转移，兼业化和副业化现象突出等问题，大量农民离开土地从事非农产业客观上为农业规模经营创造了条件。农业规模化经营的运作模式推广受到地理环境条件、经济发展水平等多种因素的制约。一般土地流转给农业生产企业则会偏好种植经济作物，崇州市农业产业园区按政府的总体规划要求主要以粮油种植为主，收益相对种植经济作物较低，另外不同合作社的保底收益规定也不一样，但当地农民对于这些问题并没有较多在意，主要原因是农业收入占当地农户家庭收入比重极小，不到3%的比例。而对于务农人口多、人均土地面积大、农业收入占农户家庭收入比重高、周边土地流转费用更高地区而言，农民对于保底收益、运作模式、股权量化、退社机制、风险应对等有更高的要求。

因此，农村土地股份改革还应因地制宜、稳妥推进。条件不成熟的地区不宜过早推行土地股份制，以避免给农民权益带来损害。在短期内为达到一定改制数量而一拥而上的股份制组织，很多都是徒有其表，没有达到股份制改革的目的。农业规模化也不应当盲目追究面积，尤其在粮食生产上，在土地细碎化突出的地区，实现高附加值收益必须精耕细作，适度规模更有利于管理。

（三）将自主经营型的土地股份合作社作为种植业发展方向

土地股份合作制改革的主要目的应当是追求农业生产的规模经营效益。原来的农民专业合作社是农业生产经营内部合作，其优势在于经营特色突出、专业性强，农民内部可以产生较强的凝聚力。而土地股份合作制作为农村土地产权改革的新举措，将每个农民实物权利虚化为不与具体实物关联的股权，从而有利于土地整理、实现规模经营，并将农村土地、社会资本与农产品市场需要有效对接。股份制与农民专业合作社相结合的土地股份合作社可以将两种优势联合起来。

实践中，有外来投资者参股与农民专业合作社或农民集体合作形成的土地股份合作社，也有农民自主经营型的土地股份合作社。调研结果显示，自主经营型的土地股份合作社更适合于农作物种植业经营。外来投资者以盈利为第一目标，很难在较社会平均利润率低的农作物种植业获得预期利益，因此进入到该领域的外来资本目标可能在土地本身，也可能通过压缩农民可得利益、占用政府转移支付利益来维持自身盈利率。只有土地股权、劳务报酬、利益分红捆绑在一起的自主经营型土地股份合作制才能有效解决农业生产领域的这一特殊困境。

（四）规范农村土地股份制运作

1. 严格土地用途管制

农村土地股份制改革必须符合土地利用总体规划，遵循土地用途管制，股权化改革不应随意改变土地用途，保证农业的持续、稳定、健康发展。

2. 发展和完善各类组织形式

农村股份合作社是否是有限责任组织，自主经营、自负盈亏；土地承包经营权入股在退股或清算时如何处置等，都需要有统一的认识，应当对股份合作社与公司法人进行区分，制定不同规则。大多数土地股份合作社也没有制定章程，有关成员资格及入社、退社和除名条件，成员的权利和义务，组织机构及其产生办法、职权、任期、议事规则以及成员的出资方式、出资额及股权设置，财务管理和年终分配、亏损处理，合作社合并、分立、解散和清算的程序等，都应当由政府出台相关的范本，引导农村土地股份合作社规范管理，推动农村土地股份制改革的平稳健康推进。

3. 建立土地产权定价机制

建立农村土地产权价格市场，引入土地价格评估机制，通过市场竞争合理确定农村股改土地的市场价格。由政府指导和资本合作为基础，通过价格评估确定土地产权股份的划分和流转、收益分配问题。

4. 合理确定土地股权的利益分配

对于目前农村土地承包"增人不增地、减人不减地"带来的新增人口利益问题，部分地区实践中由合作社确定一个时间点，然后通过固化股权将现在利益全部分配到确定时间点在册的集体成员头上，再由成员通过继承自行在新增人口中平衡利益。也有一些地区保留集体股，新增人口可以通过集体股的再分配获得一定收益，去世的农村人口不再参加土地股权的分配。与公司制相比，股份合作社有更强的股东凝聚力，这显示出股份合作社在资合以外存在着较大的人合因素，更接近于对信赖关系要求较高的合伙制，而不是完全用资本联系的公司制。

（五）延长合作社产业链条

土地股份合作社开展农产品加工，既能满足人民生活和消费水平不断提高的需求，又能增加农产品的附加值。不管是进入国际市场还是发展国内市场，都需要加快农产品深加工业的发展步伐。合作社基础及软件设施完善发展前景广阔。因此，合作社应根据自身具备的条件和产品的特点，通过寻求与相关企业合作来逐步开展农副产品的精加工或深加工。

质量与品牌是发展现代农业的基本要求。合作社应以"做强、做大、培特、培优"为目标，积极探索将同类产业的各级合作社联合起来，组建以特色产业为依托的联合社，通过合作社的整合，增强综合实力和带动力。充分发挥农村地区的生态资源优势，选择具有地域特色和市场前景的品种作为开发重点，在"专业化"上做文章，以发展无公害、绿色、有机农产品为方向，打出"生态品牌"。

（六）重视专业人员培训

要促进土地股份合作社健康地发展，人才培训是关键。农业部门技术人员分层次对合作社农民进行专业技能培训，合作社成员和农户以合作意识培训为重点，让他们都知道什么是合作社？为什么要合作？怎样合作？合作社理事会与监事会的成员以经营管理业务知识培训为主，使他们懂得合作社应怎样联系农户来开展服务运作？怎样建立营销网络以开拓市场？怎样加强本社品牌建设和文化建设等？合作社财务人员以会计业务知识培训为主，认真学习合作社财务会计制度，在合作社中普遍建立健全正规化、规范化的财务账目，确保合作社日常工作的顺利开展。广泛开展合作社人员的培训工作，不定期邀请技术专家上门来有针对性地指导交流，提升合作社的发展层次。鼓励掌握先进技术的大学生加入合作社，要建成长久机制，除个人择业观的调整，更需要政府就业促进政策的关怀。大学生掌握着先进知识技术，作为先进生产力的代表，面对人满为患房价居高不下的大城市，可以出台多方面鼓励政策引导大学生走进农村，加入合作社，发挥他们的知识和技术优势，使合作社管理和运作机制更加规范，推动现代化农业发展。

第三节 江苏省农村集体经济股份合作制改革

一、江苏省农村集体经济股份合作制改革背景与历程

20世纪90年代中后期，随着城市化、工业化的快速推进，苏南等经济发达地区和城乡接合部的农村土地大量被征用，土地资产价值显化，村级集体资产构成发生变化，集体经济收入不断提高。伴随土地征收，大量农民逐步"农转非"为市民。按传统，集体财产所有者只限于现有村民，一旦"农转非"就失去了社员资格，失去分享集体财产的权利。由此，失地农民问题和矛盾日益突出。如何化解失地农民矛盾，解决村级集体资产收益分配问题，成为各级政府面临的一大难题。在此背景下，江苏省在城郊村撤村建区过程中，启动农村社区股份合作制改革试点，2001年8月，苏州市吴中区木渎镇金星村组建了江苏省第一家社区股份合作社，通过改革，将村级集体资产折股量化到人，收益按股分红，妥善解决了长期以来集体产权虚置的问题，集体资产收益分配中的矛盾也明显减少，因而受到群众普遍欢迎。

2005年，江苏省委1号文件明确要求积极稳妥推进农村"两大合作"（农村社区股份合作社、农民专业合作社、土地股份合作社），稳步推进村级集体经济股份合作制改革，明晰量化村级集体资产，提高资产性和经营性收入对农民收入的贡献份额。同年，省委办公厅、省政府办公厅出台了《关于积极推进农村社区股份合作制改革的意见》（苏办〔2005〕25号），对农村社区股份合作制改革的基本原则、改革的内容和程序进行了规范，推动了改革深入开展。此后，苏南及部分苏中经济较发达的地区在试点基础上逐步推广，苏北部分地区也开始了试点。

江苏省农村社区股份合作制改革的历程，大致可分为三大发展阶段：

（一）探索试点阶段（20世纪90年代—2002年）

20世纪90年代，随着我国社会主义市场经济体制的初步建立和江苏省农业、农村经济快速发展，城市化进程加快，村级集体资产不断增长，2000年底江苏省村级集体净资产总额达到534亿元，其中经营性净资产总额412亿元，但由于村级集体经济组织普遍存在产权模糊、功能退化、机制不活、监督不力、管理不到位等问题，引发诸多矛盾。为了切实解决这些问题，苏州、无锡、常州等地区借鉴广东、浙江两省的经验，对传统农村集体经济组织进行股份合作制改革。2001年苏州市吴中区金星村组建了江苏省第一家社区股份合作社，2002年苏州市委、市政府出台了《关于农村社区股份合作制改革的实施意见（试行）》（苏办发〔2002〕33号），提出了改革的指导思想、基本原则和主要操作办法，要求村级集体年可支配收入达到一定规模的村、位于城郊结合部和城市建成区内的村，尤其是将实行"撤村建居"的村，要作为改革重点，率先组织实施。各县市（区）先搞1—2个试点村，在积累经验的基础上，逐步扩大试点范围。至2002年底，全市建立社区股份合作社11家，为全省推进改革积累了初步经验。随后，南京、无锡、常州等地部分村（社区）也尝试开展改革试点。

（二）推动发展阶段（2005年至今）

为了进一步推进改革，2005年，江苏省委1号文件明确要求积极稳妥推进农村'三大合作'（农村社区股份合作社、农民专业合作社、土地股份合作社），稳步推进村级集体经济股份合作制改革，明晰量化村级集体资产，提高资产性和经营性收入对农民收入的贡献份额。同年，省委办公厅、省政府办公厅出台了《关于积极推进农村社区股份合作制改革的意见》（苏办〔2005〕25号），对农村社区股份合作制改革的基本原则、改革的内容和程序进行了规范，推动了改革深入开展。此后，苏南及部分苏中经济较发达的地区在试点基础上逐步推广，苏北部分地区也开始了试点。至2006年底，全省共成立社区股份合作社达到2200多家，包括村级1300多家，组级近1000家。其中，苏南起步早，发展迅速，合作社已达2140家，占全省总数的96.4%；苏中和苏北分别有46家和33家，占全省的2.1%和1.5%。

　　经过十多年的发展，全省农村社区股份合作制改革成效明显，各地也积累了丰富的实践经验，为进一步推进改革和发展创新奠定了基础。苏南地区，尤其是苏、锡、常三市，具备改革条件的地方已基本完成改革任务，工作重心逐渐从面上推广转移到点上规范；苏中地区，在试点的基础上，面上推开取得一定突破；苏北地区，如徐州、盐城等地有条件的地方正在积极组织试点，认真总结经验，为面上推开打好基础。特别是苏州、无锡等地区在股权流通、成立资产经营公司、并村联组改革等方面不断探索新的模式。如引导农民进行资本联合，组建物业（富民）股份合作组织，参与投资二、三产业的经营和开发，为扩大合作领域和促进农民增收开辟了新的途径。2012年8月，苏州高新区狮山街道在整合辖区内14个行政村的同类社区股份合作社基础上，成立了江苏首家农村社区股份合作联社，谋求社区资产抱团联合和规模化经营，提高资金营运水平，促进农民和集体资产的保值增值。据江苏省农委统计，截至2012年底，全省组建土地股份合作社已达5400家，入股土地面积350万亩，涉及农户140多万户。南京市2013年上半年，新增农用地股份合作社60家，累计达到724家，入股农户18万户，入股面积60万亩。全市土地流转面积累计达187.26万亩，占承包耕地面积的74%，新增农业适度规模经营面积近50万亩，累计达280万亩，适度规模经营比重达78%。南通市截至2014年6月底已建农村土地股份合作社1428家，其中在工商部门登记的达1249个，入股农户43.74万户，入股面积198.76万亩。

　　在参与改革的地区中，苏南地区的苏州、无锡两市农村社区股份合作社发展最快。苏州市自2001年在吴中区木渎镇金星村组建第一家社区股份合作社以来，截止到2014年10月，已累计成立社区股份合作社1243个，入社农户111.7万户，分别占苏州全市总村（社区）数、农户总数的90.6%和97%。苏州市下辖的常熟市至2012年12月底，已组建农用地股份合作社173家，其中工商登记125家，入社农户130443户，入股土地面积为22.39万亩，其中用于一产经营的面积为22.73万亩。无锡市第一家社区股份合作社成立于2002年，经过10年的强势推进，到2012年底，累计组建村级社区股份合作社482家，量化集体经营性资产82.9亿元，持股农民总数达137.6万人，占该市行政村总数和乡村人口总数的比重分别达56%和66.8%。目前，无锡市符合改制条件的行政村已全部完成改制任务。

二、江苏省农村集体经济股份合作制的制度设计

（一）股东界定

股东界定也即认定村民、社员、股民。每地具体规定各有区别，比如：

苏州市吴中区金星村以2001年6月30日为户籍截止日。户籍在本村年满18周岁以上及正常婚入3年以上的村民；历年由村经济合作社统一变更户籍后户口不在本村，但尚未安置就业的18周岁以上人员；承认合作社章程，取得基本股权的，以及取得分配股股权的现职村干部，均为本社社员。

南通市城东股份经济合作社规定，股东的界定原则必须同时具备4个条件：①农改居时在册；②农改居后劳力安置费在村组（不满16周岁儿童除外）；③非全民大集体性质、全民性质的合同制工人（含退休的、子女顶替后回组人员、离乡不离土的大集体全民性质合同制人员、不离土的乡机关、事业单位的工作人员）；④改制与村组有分配关系。到改制前尚与村、组有小分配关系的人员。

南通市三余镇镇北集体资产（土地）股份合作社规定，股东界定截止日期为2006年6月30日，条件为：①户籍仍在本村的农村土地二轮发包时（1997年8月31日）的分田人员；②父母一方享有农村土地二轮承包权，本人在农村土地二轮发包后出生户口在本村的人员；③农村土地二轮发包后因婚户口迁进人员；④农村土地二轮发包时的分田人员中户口迁入外村和迁入小城镇的人员；⑤入学、入伍前户口在本村，享有农村土地二轮承包权的在校大中专学生和现役义务兵；⑥享有农村土地二轮承包权的服刑、劳教期满释放回村人员；⑦其他经本组三分之二以上股东同意的人员。

木渎富民置业股份合作社将股东界定截止日期定为2005年9月30日，条件为：（1）原股份合作社股民原则上以现金入股。（2）未享受社区股份合作社的股份分红的以下五种对象：①原户口农村，90年代初卖出户口农转非的对象。②小城镇规划农转非，至今未安排工作的对象。③小城镇规划农转非，当时安排工作，但下岗未取得养老保障的对象。（包括农村户口、亦工亦农对象）④小城镇规划农转非，子女随父母农转非的对象。（包括2001年7月1日—

2005年9月30日之间出生的小孩）⑤2005年9月30日前婚入对象并户口迁入。
（3）符合入股对象至今还未现金入股的，愿意入股的时间点为每年的9月下旬，但分红依据应按照已入股分红的程序操作。

（二）管理机制

按照章程要求，充分发扬民主，选举产生社员代表大会、董事会、监事会，并建立"三会"制度。

先由各组全体股民海选出规定数量的股东代表成立股东代表大会，成立最高决策机构。再由股东代表大会选举产生董事会，董事会成员中有群众董事，成立领导机构。由股东代表大会选举产生监事会，监事会成员中有群众监事，成立监督机构。

在内部管理运作方面，大多数社区股份合作社在发展初期采取了"村社合一"模式，即合作社与村委会是两块牌子一套人马，合作社的理事会、监事会成员基本上是村领导班子成员，村委会既要承担社区公共管理事务，又要兼顾合作社资产经营与管理业务，社区管理与经营行为常常相互交叉。随着合作社的成熟和壮大，苏南一些地区开始试点"村社分离"的运营模式，即将村级行政事务管理与合作社经济发展职能相分离，使合作社成为一个真正独立的市场经济主体，按照"自主经营、自负盈亏、利益均沾、风险共担"的原则进行运作。无锡市2010年在滨湖区开展了"村社分离"改革试点，按照"机构、职责、财务、管理"四分开的要求，积极理顺村（社区）与合作社之间的关系，已经取得了一定的成效。

如苏州市吴中区木渎镇金星社区股份合作社，社员代表的产生，先由村党支部、村委会按社员比例的10%提议推荐42名代表人选，张榜公布一周内村民无异议的转为正式代表。董事会、监事会人员的确定，先由镇、村领导商议推荐，经社员代表大会选举产生，其中董事会5人，监事会3人。当选的董事会成员3位为现职村干部，2位为社员代表。当选的监事会成员，均为社员代表。最后，董事会、监事会进行民主选举，产生董事长、监事长。民主选举产生的董事会、监事会的结果报镇党委备案。

（三）清产核资

资产核实是实施社区股份合作制的首要工作，由各县市（区）、乡镇（街道）农经部门和村（社区）民主理财小组等组成专门的清产核资小组，对集体所有的各类资产进行全面清理核实，依法界定所有权归属关系。资产清查核实和产权界定的结果，由村民（社员）大会或村民代表大会予以确认，并报乡镇（街道）农经部门审核鉴证备案，办理产权登记手续。清产核资的范围，原则上为集体的经营性资产，包括村办企业转制回收资金、土地征用补偿资金、各业承包租赁金、投资收益、村级资金出借和经济担保等项目，集体公益性资产和资源性资产（含土地）一般只登记产权，暂不作评估量化，待转化成经营性资产后再进行折股量化。

资产核实工作也可以委托有资质的中介评估机构完成，如苏州市吴中区金星村2001年组建社区股份合作社时，专门聘请了苏州市永信会计师事务所对经镇村两级资产管理部门清产核资后的资产进行评估。确定2001年5月31日为村级集体资产评估基准日，认定村级集体净资产为4295.44万元。

（四）股权设置

股权设置的基本原则是村集体经济组织成员人人有股，按贡献大小适当体现差距。各村（社区）股权类型一般设置集体股和个人股两种，也有的村只设个人股，不设集体股。

集体股主要为村办公益事业筹集资金，保障村日常行政开支，苏州和无锡的试点村大多数设置了集体股，但没有统一规定集体股比例，各村根据实际情况而定。

个人股一般都是无偿分配的，具有很高的福利性，按户发给股权证。"个人股"又可以细分为人口基本股、土地股（资源股）、劳动贡献股（劳龄股）、干部岗位股等，有些村根据合作社的发展需要，在个人股中还增设了现金投入股。每一种股权的设置条件和标准在合作社章程中都进行了明确规定，因村（社）而异。

（五）经营模式

1. 按经营的方式划分

从经营方式上来看，农村土地股份合作主要有"内股外租""自主经营""内股外租＋自主经营"三种模式：

第一，"内股外租"（或称"租赁经营"）型，即以土地二轮承包为依据，农民将土地承包权按面积量化入股，以入股的土地承包经营权作为股份享有收益。原则上入股土地不作价，土地入社经合作社整合后，统一对外公开招租，所得租金收益按农户入股土地份额进行分配。

"内股外租"型主要是解决农户承包地比较分散，不便于耕种，通过内部股份合作进行适当整理，打破分户界址，形成土地连片后再由合作社统一对外出租给专业种田大户或者农民专业合作社、农业龙头企业、家庭农场等进行集中经营。这类模式多产生于特色高效农业有一定规模，"一村一品"产业明显的地方，也可称为"农户＋合作社＋种田大户"模式。合作社采用保底分红或加浮动分红形式对入股农民进行分配，保底分红略高于农民直接经营土地的纯收入水平，浮动分红视合作社当年经营效益而定。该模式对于刚刚起步的大多数土地股份合作社而言，收益稳定，风险较小，且操作简便，政策矛盾小，实施空间大，因此很受欢迎。目前，江苏省内股外租型的土地股份合作社数量占比约为75%。

如南京市西岗社区，面积15.06平方千米，境内山水及农业旅游资源丰富，其中耕地5200亩，水面3000余亩，山林资源10000余亩。辖34个自然村54个村民小组，1287户4644人（其中低收入纯农户160户398人）。由于地理位置偏远，受市区发展辐射小，集体经济相对比较薄弱。2007年11月，江苏金东城集团与江宁区横溪街道办事处签订了《南京七仙农业大观园项目合体协议》，并投资6000万元注册成立了南京七仙农业投资发展有限公司。项目充分利用丰富的山地面积和现有的茶园面积，改变传统茶叶品种老化收入低的现状，通过土地流转、产业结构调整，引导居民发展适度规模经营。成立土地股份合作社，最初流转农户经营土地423.54亩，涉及农户185户。2009年新吸纳社区农民及土地入社120户700亩；2010年增加200户1100亩入社。农户承包土地保底分红每年每亩500元，每隔八年上调一次。股民不承担风险，公司无论倒闭、亏损、债务与股民无关，"净身"退出，土地归还原主。

第二，"自主经营"型，即根据土地经营者对象不同，这类土地股份合作社又可分为本社社员分包经营和聘用职业经理人经营管理。本社社员分包经营的，主要是为了解决村、组、户土地收益分配和土地二轮承包遗留问题，对预留机动田、专业承包的经济田、通过土地整理复垦增加的和其他难以田块确定到户的土地，由集体经济组织按面积确权到户，在此基础上组建土地股份合作社，本社社员分包经营。

随着合作社的不断发展以及合作理念的不断深入，土地股份合作社的经营方式也在变化。不少合作社将承包地集合起来之后实行自主经营，并聘用职业经理人（种田能手等）专门负责入股土地的日常性农事种植活动，可称之为"农户＋合作社＋职业经理人"模式。目前，江苏省自主经营型土地股份合作社数量占比虽然只有10%，但增加速度较快。如常熟市支塘镇窑镇土地股份合作社将入股的1200亩农用地实行自主经营，合作社聘请职业经理人进行经营管理，每年支付给每人350元／亩的固定报酬，且为了提高效率，规定每人管理的面积不超过200亩。尽管这种"自主经营"形式使合作社可能面临较高的经营风险、市场风险等，但是它比较符合现代农业的发展方向，使合作社作为一个独立的经济主体直接参与农业产业优化调整和市场竞争，有利于推动合作社和入股农户的收入持续增长。

第三，"内股外租＋自主经营"型，即入股土地的一部分由合作社自主经营，另一部分出租给种田大户或农业企业等其他主体经营，所得经营收入和租金收入按农户入股土地份额进行分配。目前，江苏省"内股外租＋自主经营"型土地股份合作社数量占比约为15%。

2. 按合作基本要素划分

按合作经营的基本要素划分，主要有"土地股份合作型""土地股份＋专业合作型""土地股份＋资产股份型"三种基本模式：

第一，"土地股份合作"型，单纯以土地入股，土地一般不作价，合作社经营收入按入股土地份额（面积）进行分配。合作社采用保底分红或加浮动分红形式对入股农民进行分配，保底分红略高于农民直接经营土地的纯收入水平，浮动分红视合作社当年经营效益而定。

第二，"土地股份＋专业合作"型，主要是农民依托收益较高且相对稳定的农业项目组建专业合作社，农户承包地使用权入股，不承担经营风险，土地股份实行保底分红。这类合作社多产生于特色高效农业有一定规模，"一村一品"产业明显的地方。该模式既解决了当前无劳户或无经营能力户的承包土地出路，又解决了专业合作发展缺土地问题，实现了土地的集约化经营和农户间的优势互补；既维护了土地权利人的合法权益，增加了农民收入，又使高效农业规模化得以拓展，"一村一品"产业得以做大做优。实行土地股份合作和专业合作，对于承包农户来说，可获得三个层次的收益，即土地承包权收益、股份分红和优先就业收益，从而有利于更好落实土地承包政策、分享土地增值权益，从制度上保障农民的根本利益。

第三，"土地股份 + 资产股份"型，将农户承包土地与村集体经营性资产一起折股量化，即在对社区集体资产进行股份改革的同时，将全部土地承包经营权股份化到每个农户并组建合作社，对入股土地实行统一规划、开发和经营。这类合作社主要产生在城镇近郊及工业规划区的集体有一定经济实力的村（组）内，因这部分村组人均耕地面积少、劳动力非农化程度高、土地征占用比较频繁，将地权变股权后，可避免强调承包地块落实到户而导致土地过于零碎和频繁征用频繁调田等矛盾。股份量化后的土地，再以一定的资金投入建造物业，用于对外出租或经营，从而更好地开发利用土地资源，增加合作社和股东的收益，这类合作社经营收益按股份进行分配，土地股份一般实行保底分红。

此外，从股权量化标准来看，在土地被大量征用的地区，入股土地资产作价多以政府规定的征地补偿费为标准确定；在土地被少量征用的地区，以政府规定的征地补偿费和当地土地纯收益为标准，采用加权平均法计算；而在土地没有被征用的地区，则以各类土地的农业年纯收入为标准进行评估。从内部治理结构模式来看，主要采取"政社合一"和"政社分离"两种模式，且前者在全省中占大多数。

3. 按是否包含农户承包土地入股划分

按照这种划分方式，社区股份合作制可分为两大类型：一种是不含承包土地入股的股份合作；一种是将承包土地与社区集体资产统一入股的股份合作。

第一，不含承包土地入股的股份合作，目前江苏省社区股份合作多数是对承包土地以外的集体经营性资产进行折股量化，而承包土地不作价入股。按照股份合作的资产类型和处置方式不同，可分为存量折股型、增量扩股型、资产保护型和征地费用量化型四种模式。

存量折股型模式是将原村级（社区）集体存量经营性净资产，按一定的标准折股量化给村民（社员），村民按所得的股份享有收益分配。一般列入折股量化范围的主要是集体经营性资产，不包括集体公益性资产和资源性资产。江苏省大多数村（社区）采取这一模式，数量约占全省社区股份合作社总数的三分之二。在存量折股型社区股份合作制改革形式上，因经济发展速度、集体资产价值、农民对资产及收益的期望值等存在的差异，近郊与远郊农村做法也有差异。近郊农村（主要指城中村、城郊村及开发区）绝大多数的农民因征地动迁进入城市，改革比较彻底，在社区股份合作制改革时将集体全部资产（包括经营性资产和非经营性资产）统一折股量化到户，只设个人股，股权管理上实行固化股权，做到"生不增、死不减"，股权可以继承，但不允许转让和退股。远郊农村（指城市规划区外的农村）考虑农村公益事业建设和农民生产、生活实际，注重集体和兼顾农民，改革起点相对较低，一般只量化集体经营性净资产，且普遍设个人股和集体股两种，少数还设干部岗位股，股权管理上实行动态管理，3—5年按人员变动调整股权，不得继承。

增量扩股型模式的主要做法是在量化集体存量资产的同时，吸纳村民（社员）现金入股，扩大股本总额，使村民获得更多的投资收益。增量扩股与投资物业的富民合作社有相似之处，不同的是前者依附于社区股份合作社，通过原有的经济和组织基础，扩大经营和投资规模，做大做强社区股份合作社。该模式主要在经济较为发达地区采用，但数量不多。

资产保护型的主要做法是在有一定净资产和净收益，但当年收支相抵后基本无结余甚至收不抵支的村也进行社员资格和股权确定，但暂不量化股值和分红，待条件成熟后再行分配。随着村级经济收入的快速增长，一些符合条件的村也逐步向存量折股型转化。该模式可以有效防止在并村或撤村建居过程中平调村级资产的现象，维护了社区组织成员的权益。主要产生于村级资产少、村级收入较低、尚不能进行股金分红的村（社区），在全省数量很少。如张家港市2005年从保护集体资产出发，在明晰产权关系、界定组织成员和实现民主管理等方面进行了率先探索，采取了资产保护型的社区股份合作方式。

第二，将承包土地与社区集体资产统一入股的股份合作，目前全省仅有苏州、无锡、南通等地区的少数村庄存在这种形式。主要做法是，在集体经营性资产折股量化的同时，引导农户以承包地入股，设立土地资源股，入股土地由合作社统一经营或发包，年终分配时土地资源股作为优先股，进行优先分配，结余部分再按资产股进行分配。例如，苏州相城区黄桥街道在2004年进行社区股份合作制改革时，通过签订流转合同将农户承包土地全部纳入合作社经营。合作社经营性净资产按改革时在册人员量化，设立个人资产股；承包土地按1998年确权人员设立资源股，合作社获得的收益优先分配土地资源股，每股资源股的分配由街道根据当年粮食价格和种田效益确定，分配后的结余收益再按资产股分配。南通通州湾新区三余镇镇北集体资产（土地）股份合作社章程中规定，对于取得的集体经营收益，以每年每亩850元和1000元对土地股保底，然后再按基础股、人口股分红。

三、江苏省农村集体经济股份合作制改革实践

（一）南通市崇川区城东村社区股份经济合作社改革实践

南通市崇川区城东村位于主城区东侧，辖10个村民小组，随着近年以来的征地拆迁，耕地仅剩2亩，90%以上村民实行了"农转非"，是典型的"城中村"。社区拥有业态齐全、功能配套、质态优良的各类经营性资产，逾5万平方米。2001年实行集体资产股份制改革成立城东股份经济合作社，截至2001年7月底总资产为4857.56万元，参股净资产为4857.56万元，其中组级净资产1881.58万元；全村可参股人员为329人。

1. 股权设置

城东村股份合作社股份设置的种类有公共股（集体股）和个人股两大类。其中，个人股分为人头股和农龄股两种。

集体股主要为村办公益事业筹集资金，保障村日常行政开支。

个人股的享有者必须同时具备四个基本条件：农改居时在册人员；农改居后其安置费在村组（不满16周岁儿童除外）；非大集体、全民性质的合同制工人（含退休的、子女顶替后回组人员、离乡不离土的大集体全民性质合同制人员、不离土的乡机关、事业单位的工作人员）；到改制前尚与村、组有小分配关系的人员。

个人股中享有人头股在符合个人股设置基本条件前提下满足：长期务农

人员（农改居后享有全额分配额的人员）；小分配享有部分分配额人员；村办企业人员；乡办企业人员；农改居时不满16周岁儿童（父母有一方在全民大集体企业的儿童享有一半）。人头股在股东去世后可以全额继承，也可按80%一次性买断，农龄股自然消失。

个人股中农龄股的设置规定为：原则上除儿童和乡镇企业人员以外享有人头股的人员均有农龄股。具体以1956年合作化为起始时间，以2000年12月31日为终止时间。农龄上限为40年。

此外，城东村还对村干部的股份设置给予了优惠规定，以激发其股份制改造的积极性，具体规定为：根据干部的岗位、职责、贡献大小，对农龄股进行一定比例的量化，视作贡献股。即，主要干部（书记、主任）增加0.4的系数，副职（副书记、副经理）增加0.25的系数，一般干部增加0.1的系数；异村的村干部不得同时享有两个村（含两个村）以上的股份，调离时可根据公司章程的规定，由公司一次性买断人头股，归为公共股，农龄股自然消失；村干部离任后继续享有人头股的继承权和按股分红的权利。

2. 管理机制

为了规范集体资产的科学管理和依法管理，社区建立了资产管理工作机构，实行季度例会分析租金收缴进度，分片包干考核制度，社区监督委员会成员参与资产管理，实行合同订立、租赁登记、收缴房租、现场管理"四分开"，按季度公开房租收缴的情况。通过长期坚持科学的资产管理机制，有效地规避了不廉行为，保证了资产的安全和收益最大化，健全资产管理工作台账，同时对村组所有房屋资产均办理了土地使用证和房屋产权证，从法律上保护了集体资产的合法性，为维护集体利益提供了法律依据。

3. 改革绩效

推行股份合作制改革以来，城东村社区股份合作社发展良好，2000年，农民人均纯收入为8432元，名列全区第一，农民人均纯收入来自集体三产收入占比达60%以上，资产经营成为村级发展主渠道；2012年底账面净资产达到8243.34万元，比2001年的4857.56万元增长69.7%；2012年实现资产经营性收入1197.21万元，比2001年的388.03万元增长208.54%；2012年40年以上农龄股东人均货币性收入达到16788元，比2001年的4500元增长273.07%，

2012年按股分红1080元/股，比2002年的300元/股增长了260%。城东村社区股份合作社发展良好得益于其多样化的经营手段，逐步壮大了集体资产总量。

首先，在改革开放后的计划经济时代，社区没有处置村组集体仓储用房、养殖场所，而是收归村组集体所有，稍加改造后进行出租，在增加集体收入的同时，保留了集体资产。

其次，在历次征地拆迁过程中，社区及时与和兴房屋开发公司、水电置业公司、狼山开发公司等单位进行协商，将土地、房屋补偿款，折算成商业用房和住宅套房进行安置，有效地提升了资产价值和规模总量，累计置换面积2.5万平方米，如今在濠南路两侧、莲花苑和兴花苑均有社区的优质资产。

再次，发展飞地经济，利用政策和市场优势，积极置换市口好、商业价值高的资产，如新景大厦四层，拓展面积2300平方米。

最后，用足政策，盘活集体资金，积极搭建新的发展平台，社区近20年来先后自筹自建了位于商业繁华地段的濠南路生鲜超市、濠南路社区服务中心、工农路地段的丽景大厦、人民路地段的北阁少儿活动中心、北阁饭店及濠北路一条街等，新增资产面积近2.4万平方米。

（二）南通市三余镇镇北村股份经济合作社

南通三余镇镇北村集体资产（土地）股份合作社分别设置了人口股、基础股、土地股、集体股四种类型股权。

人口股按符合以下条件的人员设置（不含大中专毕业生和原在全民大集体单位工作后户口与子女对调的退休人员）：2006年6月30日户口仍在本村的农村土地二轮发包时的分田人口，每人1股；农村土地二轮发包后因婚户口迁进人员，每人1股；农村土地二轮发包后出生落户在本村至2006年6月30日户口仍在本村的人员，每人1股；户口迁出的在读大中专学生和现役义务兵，每人1股；享有本村土地承包经营权的服刑、劳教刑满释放回村人员，每人1股。股东迁出、死亡的，在股权调整前其人口股收益由其家庭内其他人员领取，股权调整时其人口股自然消失。死亡绝户的及户口迁出人员死亡的其人口股自然消灭。

基础股按农村土地二轮发包时的分田人口设置（不含户口迁入设区市的人员和原在全民大集体单位工作后户口与子女对调的退休人员），每人1股

（其中户口在本村的镇事业单位人员，每人0.5股）。入学、入伍前户口在本村享有农村土地二轮承包权的在校大中专学生和现役义务兵保留基础股。股东死亡后，在农村土地二轮承包期内其基础股可由其家庭其他成员继承，死亡绝户的及户口迁出人员死亡的其基础股自然消灭。

土地股原则上按农户土地承包面积设置，每亩为1股。其中土地股又有两种形式：一种是入股的土地已被征用、租用的，这种土地股拥有分红权；另一种是入股的土地未被征用、租用仍由农户耕种的，这种土地股没有分红权。农村二轮承包全家迁入设区市的人员，其承包土地由集体收回，不再享有土地股。部分人员迁入设区市的，其土地股在二轮承包期内由家庭其他成员享有，死亡绝户的其土地股自然消失，以户为单位发放股权证书。每组集体经营性净资产总额扣除集体股本金后，除以该组基础股、人口股的总股数为该组每股股本金。土地股在二轮承包期内可由家庭成员继承。

集体股主要用于本社、组生产、公益事业建设，按照以下条件设置：被征用土地面积超过该地块农户二轮承包面积的土地征地补偿费的30%；出租土地面积超过该地块农户二轮承包面积的土地租金的30%；出租土地租金超过1200元/亩/年部分的30%。

（三）苏州市吴中区木渎镇天平村股份经济合作社改革实践

苏州市吴中区木渎镇天平村2013年11月由原新华村、天灵村、天平村合并而成，所辖面积5平方千米。本村常住人口5345人，总户数1423户，外来人口近3万。2006年抓住上级党委、政府鼓励组建农民投资性股份合作社、开发物业富民项目政策机遇，成立了天灵物业股份合作社，整合各类优质资源，做大做强集体经济。

1. 股权设置

天平村天灵物业股份合作社总股份由集体股、个人分配股两部分构成，其中，个人分配股设定有基本股、现职村干部岗位股、享受股三类。由天平村天灵股份合作社以实物资产投入入股（集体股），股东以现金投资入股（个人股），每股为现金1000元，每个股民为10股，资金困难户可投部分股份，但最低不能少于6000元，缺额的4000元，可申请委托集体从银行贷款。合作社设置总股份18000股，股本金总额1800万元。其中：天灵股份合作社入股

20%，即3600股，股本金为360万元（按镇经管办对原厂房（含土地）拆除部分以清产核资额为准）；个人现金股80%，即14400股，股本金为1440万元。个人投不足的部分，由天灵股份合作社入股。此外，股东一经现金入股，不得退股取现，仅在下列情况下，经股东申请董事会批准可以股份内部转让、继承，受让人最终持有股份数不得超过基本数的三倍：股东（含直系亲属）当年度因病就医费用净额较大的，经社员申请；股东家庭突遇重大变故，经股东申请；股东死亡的。

出资完毕，合作社对持股者签发股权证书，采取记名形式，作为股份持有者的资产证明和分红依据，分红时，先从本社当年可分配收益中提取60%—70%公积金（发展基金）和公益金，其余的30%—40%按股分红。无承包田的农民，按吴中区政府、木渎镇政府规定标准发放粮差补贴；有承包田的农民，因开发需要，征用土地无承包田后，年终按上述标准发放粮差补贴。

2. 改革绩效

2014年，全村有工业厂房20.6万平方米，运营中的三产用房18.3万平方米，村级总资产9.45亿元。2012年，全村实现村级收入6517万元，村民人均纯收入25283元，全村共入股1.86亿元，入股村民4600人，入股率86%。物业股份合作社总投资5.33亿元，建设三产用房27.1万平方米，其中在建9.8万平方米。其中，新华片区立足金山路商圈，大力发展商贸服务业，规划建设了3.7万平方米的奥玛尔国际时代广场，年租金近1000万元和9.8万平方米的新华商业广场，年租金超过2000万元，分别引入了大型卖场和天虹商场。天灵片区利用香港街商业圈优势，规划建设了3.8万平方米的香港街商业广场，年租金900万元，以及5.6万平方米的芭提雅休闲娱乐广场，年租金1000万元，引入金一品酒店、新岛咖啡等娱乐餐饮进驻；天平片区依托灵天线山地风景资源，规划建设了1.96万平方米的范家场商业广场，年租金500万元，以及5.6万平方米的"姑苏印象"文化村，预计年租金750万元，发展休闲度假和文化产业。可见，平村股份经济合作社改革充分发挥了本村发展第三产业的优势，建设综合集宿楼和店面房进行出租，增加了社员的投资性收入，促进了物业股份合作社的发展壮大。

（四）常熟市虞山镇新厍村股份经济合作社改革实践

常熟市虞山镇新厍村全村区域面积1.7平方千米，下辖8个村民小组，305户1395人。村收益主要来源于资产发包、出租、转让的增值部分和其他相关经营性收入。自2005年初组建村股份经济合作社以来，依托区域内汽车市场、汽配市场、家具广场、梦兰物流园等大型专业市场优势，在发展物业经济的同时，建成全市规模最大的铝型材批发零售市场，并不断拓展市场规模，做强做优做大特色产业。同时，为营造发展空间，培育发展后劲，在高也坊扩建综合用房，在富春江路建造社区配套用房，在虞山镇高新园开发广达集宿区。

1. 股权设置

常熟市虞山镇新厍村的股权设置包括集体股和个人分配股，所有股权均归集体，个人取得的股权只享有分配权。总股本截止日为2010年2月28日，经虞山镇经济服务中心评估的社区经济合作社集体资产净值为基准，净资产总值为3758万元，其中公益性资产380万元，总股1785股，每股1.89万元。

其中，集体股535股，计1012万元，占总股本的30%，持股者为合作社；个人分配股1250股，计2366万元，占总股本的70%，持股者为合作社社员，按户发给股权证。个人分配股的设置依据以本社2010年2月28日的在册人口为依据，确定个人分配股。个人享受的分配股最多不超过1股。16周岁以上（含16周岁）的社员享受1股，16周岁以下的社员享受0.5股。同时，所有股权不得继承、转让、买卖、抵押，不得退股提现。

此外，新厍村股份经济合作社还规定了一些特殊人员的股权享受标准，如截止日以后出生及正常迁入的人员，次年起享受股权；户口随迁的在校大中专学生可以享受股权，毕业后户口未迁回的，次年取消股权；现役军人按同等条件享受股权（提干或转为二级以上士官的除外）；国家机关、事业单位的在编人员及离退休人员享受0.5股；截止日以后户口外迁的人员，次年取消股权；截止日以后因故死亡的人员，次年取消股权；截止日以后嫁出的人员，次年取消股权；户口因婚姻关系迁入，截止日以后离异的人员，次年取消股权；服刑和劳教人员，在服刑和劳教期间不享受股权；户口在册的挂靠人员（含买房迁入人员，结婚嫁出人员及其配偶、子女，离婚后户口未迁出的人员，嫁出后离异、户口回迁的人员），不享受股权。

2. 收益分配

股权收益分配方面，在当年的可分配收益中，提取公积金（发展基金）公益金，其余的按股分红。股红分配严格遵循股权平等、同股同利的原则，每年一次。在每年年终结算后兑现，凭股权证领取。股权证书限做领取红利的凭证，不做其他使用。为了发展需要，经社员代表大会讨论通过，可适当调整当年提留和分红的比例。遇到不可抗拒的自然灾害和不可预料的自然、市场变故而造成减收或亏损，经社员代表大会讨论通过，可以减发或停发当年红利，但第二年不再补发。

3. 改革绩效

截至2012年，全村总资产达到1.02亿元，村级集体经济收入超过3000万元，实现可支配收入1796万元。先后获得江苏省新农村建设先进集体、苏州市农村社区股份合作示范社、苏州市百强村等荣誉称号。截至2014年累计建成标准厂房9万平方米，社区综合用房3.5万平方米，职工集宿楼1万平方米，"房东经济"初具规模，已见成效。此外，还借助周边大市场区位优势，以招商引资为抓手大力发展三产，为餐饮、休闲提供配套服务，既增强了区域人气，又改变了以二产经济为主的传统格局，为村级经济可持续发展奠定了坚实的基础。

四、江苏省农村集体经济股份合作制改革特点

目前，江苏省农用地股份合作社发展呈现合作模式多元、合作要素多种、经营方式多样、经营领域扩张的特点。

（一）合作模式多元

目前，以"农用地合作＋专业合作"和"专业合作＋农用地合作"等为主的"双合作"形式已经开始成为农用地股份合作社发展的一大亮点，它解决了农用地股份合作在发展过程中受其他要素限制的问题，形成了不同类型合作之间相互补充、互惠互利、共赢发展的新局面，保证了农民的持续增收能力。比较常见的一种模式是"农用地合作＋专业合作"，即农民以自己的承包地经营权作价入股成立农用地股份合作社，土地集中起来后再统一交给专业合作社经营，农用地股份合作社参与专业合作社的二次分配。这种模式下

的农用地股份合作社和专业合作社利益共享、风险共担，形成了紧密的利益联结机制。如苏州吴江市同里科技农业示范园内全部土地都实行了农用地股份合作，1174户农民以土地承包权入股组建了农用地股份合作社，一期3000亩土地分别由当地9位农民和7位农民组成的两个粮油专业合作社承包经营。

（二）合作要素多种

单一的农用地股份合作中，土地一般不作价，入股土地由合作社统一整合后实行对外发包或租赁，所得收入按入股土地份额进行分配。当前农用地股份合作已经不仅仅局限于土地要素的合作，更多的是以农民土地入股，将资金、技术等要素进行整合，统一参股，合作社经营收益按照股份进行分配。这样通过利益关系将农民联结起来，形成风险共担、利益共享的紧密型利益联结机制。如常熟市新港镇李袁村土地股份合作社的总股本为407.5万元，其中土地作价股本216.5万元，每亩土地作价1万元，集体现金入股91万元，经营者技术等折价70万元，收益按股份分配。

（三）经营方式多样

"内股外租"型的经营方式在农用地股份合作社发展的初始阶段比较普遍，随着合作社的不断发展以及合作理念的不断深入，农用地股份合作社的经营方式也在变化。不少农用地股份合作社将承包地集合起来之后开始实行自主经营，合作社成员直接参与到合作社经营过程中，形成更为紧密的利益联结机制，这不仅符合现代农业的发展方向，提高了农业劳动生产率和效益，而且使农民收入持续增加有了保障。目前，全省内股外租型的农用地股份合作社占75%左右，自主经营型和二者结合型的农用地股份合作社分别占10%和15%左右，进行自主经营的农用地股份合作社数量不断增加。

（四）经营领域扩张

随着各家土地股份合作社的逐步发展，其合作范围不断拓展，内容日趋丰富，经营领域开始从第一产业向二、三产业延伸，服务范围逐渐涵盖技术咨询、生产指导、农资供应、农机服务、产品销售及农产品加工、运输、贮藏等各个环节，有相当一部分合作社自办加工企业或与龙头企业建立稳定的合作关系，大大提升了产品品质和市场竞争力。如南通海门市常乐镇培育村建立了"统一建设基础设施、统一供应优质种苗、统一采购生产资料、统一组织技术培训、统一开展病虫害防治、统一品牌商标、统一组织产品销售"的"七统一"服务机制，大大增强了土地股份合作社对农户的吸引力。

五、江苏省农村集体经济股份合作制改革成效

农村土地股份合作制是新形势下巩固家庭承包经营制度、完善农村土地流转方式、改革土地使用和经营制度、促进农业规模经营、实现农业增效和农民增收的一大创新之举。江苏省通过十多年的不断探索追求，取得了以下成效：

（一）激活了土地流转机制

集体经济股份合作制改革有助于缓解土地确权矛盾，落实农户股权收益。土地二轮承包以来，有些地方尤其是城郊及开发区周边农村，人多地少，土地变动频繁，用地情况复杂，难以按照政策规定开展确权发证工作。同时，有些地方在确权时没有将以往"两田制"（农户分种口粮田、集体统种责任田）时形成的集体发包的规模经营土地确权给农户。如对特种经济作物实施按能承包，有的将承包地成块出租，办成家庭农场甚至改成了浅水养殖的鱼塘等，造成部分土地承包权并未真正明确到户也难以重新归户，影响到农村土地承包法律政策的贯彻落实。随着国家惠农政策的落实、粮价上涨、种田效益明显增强，个别地方农民纷纷要求"重新分田"。组建土地股份合作社后，通过确权不确地，将那些矛盾集中、难以细分或细分后不利出租经营的土地、水面、滩涂等，采用"动账不动田"的办法，明确各农户的股份面积，落实其股权收益。这种以股权代替承包权的改革，不仅能有效地解决土地难确权等矛盾，而且能有效地保障农民对土地的收益权，为少数地方二轮承包中地块没有落实到户的地方，提供了一条解决历史遗留问题的现实途径，也为较发达地区农村进一步完善土地承包政策、落实《中华人民共和国农村土地承包法》（以下简称《土地承包法》）探索了新路。

同时，农村土地股份合作制还帮助理顺各利益相关主体关系，规范集体资产的管理。社区股份合作制改革后按照市场经济运作，引入了风险机制，形成了股东大会、理事会、监事会以及业务主管部门多方指导监督的管理体制，协调理顺了集体与成员间、各成员间的关系。较好地解决了长期以来的

农村集体资产管理产权主体缺位、权能结构错位的问题。各项管理制度的建立健全充分调动每个社员的参与性，改变了以往"人人都有份、人人都不管"的做法。相比改革前，改革后的投资决策要更加慎重，发展项目的成功率更高。如南通市城东村，为了规范集体资产的科学管理和依法管理，社区建立了资产管理工作机构，实行季度例会分析租金收缴进度，分片包干考核制度，社区监督委员会成员参与资产管理，实行合同订立、租赁登记、收缴房租、现场管理"四分开"，按季度公开房租收缴的情况。通过长期坚持科学的资产管理机制，有效地规避了不廉行为，保证了资产的安全和收益最大化，健全资产管理工作台账，同时对村组所有房屋资产均办理了土地使用证和房屋产权证，从法律上保护了集体资产的合法性，为维护集体利益提供了法律依据。

在此基础上，农用地股份合作社的成立，激活了土地流转机制，提高了农业经营的规模效益。以往农民承包土地流转形式是以委托集体经营为主，除此就是农户间的转让、转包、代耕等流转形式。由于委托集体经营的流转土地，集体在转发包过程中难免产生暗箱操作或克扣、截留农民土地流转费等问题，而农户间的转包、转让等流转难以实现土地的规模经营和提高农业的规模效益。因而，这些流转形式都存在一定程度的缺陷，影响了土地的有序、合理流转和集约化经营，特别是与农民增收的关联度不高。而土地入股组建土地股份合作社，坚持了"民有、民管、民受益"的办社宗旨，实现了各投资主体的利益共享，使入股农民真正享有了对经营实体的管理权、决策权和分配权，从而激发了农民土地入股、合作经营的积极性，有效激活了土地流转机制。近年来，在其他土地流转形式的流转面积逐年缩减情况下，土地入股的流转面积呈加速增长态势。许多农民都有土地入股的愿望，有些原来采取委托集体流转土地的农户，也希望能尽快建立土地股份合作社，实行股份化经营和分配。如南京市截至2013年6月底，全市组建农用地股份合作社达724家，入股农户18万户，入股面积60万亩，占承包耕地面积的23.72%。扬州市宝应县泾河镇19个村，农业人口4.39万人，纯农业户1.23万户，耕地面积5.7万亩，其中二轮承包延时农民家庭承包经营土地4.86万亩。据统计，截至2012年12月底，全镇累计流转土地面积14932亩，占农民家庭承包面积的30.72%，涉及8520户农户，占纯农户的69.26%。共流转土地面积

14932亩，其中以村土地股份合作社为载体，入股面积占四成以上，流转农户覆盖面近60%，见表6-10。

表6-10　扬州市宝应县泾河镇土地流转方式

土地流转方式	面积（亩）	占流转总面积（%）	农户（户数）	占流转户（%）
转包	4739	31.73	1354	15.89
租赁	3606	24.15	2052	24.08
入股	6050	40.52	4809	56.44
转让	537	3.63	305	3.59
合计	14932	100	8520	100

（二）拓展了农民增收渠道

土地入股，合作经营，实现了土地资源的优化配置，提高了土地经济效益，为农民增收和直接得益创造了有利条件。农村社区股份合作制改革前，农民收入主要来源于其家庭经营收入和外出打工收入，结构单一，增收潜力小；改革后，农民以土地权利参与城市化、工业化，拓展了农民增收渠道。农户通过土地承包经营权入股，一方面摆脱了土地对农村劳动力的束缚，使其放手从事二、三产业，增加农民工资性收入。另一方面匡农户以土地实物形态入股，保底收入和分红使其获得财产性收入，实现了"土地变股权，农民当股东，有地不种地，收益靠分红"的目的。

首先，股份制经营提高了农户承包土地的股金收入。如南京市2012年底，合作社保底分红3.6亿元，二次分红5000多万元，平均每亩土地收益近600元。苏州市156个土地股份合作社用于股金分红5694万元，亩均年分配613元，其中每亩保底分配在600元以上的合作社占53.2%，在1200元以上的占9%，平均收益均比委托经营、转包等其他流转形式获得的亩均收入高出1至2倍。扬州江都区渌洋湖农林综合开发土地股份专业合作社，按照合作社章程，在利润分红上采取保底分红的分配办法，即每股每年保底分红600斤粳稻、50斤小麦；二次分配视合作社实际效益而定，2005年、2006年、2007年二次分红分别为100元、145元、170元；男60周岁、女55周岁以上的老人每年发给生活补助费300元。常熟市233家社区股份合作社中有173家实行了股红分配，用于股权分红总额为16609万元，其中股金分红为9447万元，福利分配为7162万元，最高的新库社区股份合作社的股金分红每股达到1800元。2012年底，无锡市村级社区股份合作社经营性净资产达180.19亿元，当年实现可分配收入7.58亿元，社均158.5万元，该市70%的合作社实现按股分红，改制至今累计发放个人股红利9.54亿元，最高的江阴市夏港镇长江村人均分红达1.87万元。即使在经济相对落后的苏中、苏北地区，社区股份合作制改革也带来了农民收入的大幅度增长。如南通市海安县城东镇泰宁村组建社区股份合作社以后，大力发展二、三产业，先后引进各类工商企业48家，兴办三产项目118个，转移农业剩余劳动力2000多人，当年年底该村资产经营收入达730万元，分配给股民400多万元，每股分红1000多元，加上农民务工、房屋出租等各项收入，村民人均可支配收入达8416元。2012年底，该村股民分红600多万元，每股分红上升到1500元，村民人均可支配收入提高到21700元。

其次，土地入股搞规模化经营，提高了农民的打工收入。多数土地股份合作社发展设施农业，实行企业化经营，需要大量务农劳动力，这为当地剩余劳动力及中老年农民就业创造了条件。扬州江都区邵伯镇渌洋湖村的村民以土地入股后，60岁以下的劳动力全部得到消化就业，在合作社工作的，每人每年保底工资不低于6000元；一部分农村劳动力脱离土地后，转移到二、三产业，这些劳动力除获取保底分红700元的收入外，又取得上班工资，最多的达到16000元，最少的也有8000元，群众称之为"双进账"；全社劳动力1460人全部就业，实现了人人有班上、个个有事做，人尽其用，共同致富。扬州市宝应县氾水镇新荡村，2012年农民参与原泰基公司务工报酬达130万元，按流转面积计算，亩平达756元，如果再加上土地流转费750元，亩均纯收入达1500元，比一家一户种植高500元以上，农民还不承担任何风险。张家港市永联土地股份合作社从事苗木种植，农户除入股土地每亩获得保底分红900元和浮动分红300元外，还吸纳了本社近100个中老年农民在合作社打工，劳均年收入达4000—5000元，有效促进了农民增收。

（三）推进了农业规模经营

随着现代农业发展和新农村建设的推进，农村经济发展中出现了许多新情况、新问题，土地经营中的矛盾日益显现：经营规模狭小，有碍耕作管理、技术推广和社会化服务的实施，经济效益难以提高；许多实际从事种植业的农民因缺乏信息、技术不善经营，效率低下，而部分会经营、懂技术、能开发的种田能手却缺少用武之地；土地在农民家庭经营中的地位发生了根本变化，农村中青年劳动力多数不再依赖土地，或远离家乡外出打工、经商置业，或就近服务于第二、三产业，加上人、劳变动等因素，土地利用率、生产率低的现象时有出现。解决这些问题，需要运用市场手段来配置土地资源，在保障农户土地承包权益和农民自愿的前提下，通过经济利益的杠杆，将农村土地适度集中成块，形成高效农业的规模化。而通过建立农用地股份合作社，把一家一户分散经营的土地集中起来，由合作社统一经营或对外发包，为农业企业或专业种养大户提供了大面积的发展用地，有效地缓和了高效农业规模化发展的土地制约瓶颈，推动了农业产业结构调整，土地向能手集中，分散经营向集约规模经营的发展，推动高效农业的规模化发展。

目前，江苏省农业适度规模经营面积4250万亩，占总耕地面积的61%（其中约有10%的土地由股份合作社经营管理），高效设施农业面积占比13.9%，农业科技进步贡献率62.3%，农业综合机械化水平达76%，全省的现代农业发展水平位居全国前列。南通海门市培育村2001年开始采用日本引进的草莓种植技术引种草莓，通过"土地股份+专业合作"的形式，大力推进土地规模经营。目前，草莓种植大棚面积达到2800亩，并开始向邻村辐射扩展。2012年，平均亩产值达1.3万元，部分田块达到1.5万元。通过职业技术培训培养草莓种植专业户520多户，造就了一批拥有草莓生产技能的新型职业农民。

扬州市宝应县曹甸镇25372亩入股土地，由208户经营，最大经营户面积997亩，平均面积达122亩，都实现了规模化经营。扬州宝应县柳堡镇仁里荡土地股份合作社吸收入股土地7300多亩，分别建立了1000亩无公害稻米、1600亩无公害荷藕、4700亩无公害水产品三个高效农业生产基地，形成了"合作社+基地+农户"的生产模式，土地规模效益显著提高，全年每亩收入均在2000元以上。江都市全市高效农业面积达56.92万亩（其中花木茶果面积19.9万亩、蔬菜面积19.4万亩、特粮特经6.73万亩、种草养鹅3.05万亩、高效渔业面积7.84万亩），高效农业规模化比重达51.5%；在22.9万亩的规模经营面积中，高效农业面积18.5万亩，高效农业比重达81%。该市吴桥镇通过组建镇级宝盛园土地股份专业合作社，吸纳农户732户以土地承包经营权入股，经营高效蔬菜产业，入股土地面积5052亩，亩产值1.1万元，亩效益6000元。小纪镇蒲塘土地股份合作社依托福建超大现代农业集团，流转土地2400余亩建立蔬菜生产基地。在全市已组建的合作社中，高效规模农业面积在千亩以上的已达20个，已有7.6万农户加入了农村"三大合作"组织，占总农户的31%，专业合作组织和土地股份合作组织经营面积达19余万亩，全市农村走出了一条以专业合作和土地股份合作为主，进一步发展适度规模经营的新路。

扬州市宝应县曹甸镇由于成立的土地股份合作社覆盖全镇23个农业行政村（居），极大地推动了农村劳动力转向非农产业，据统计全镇已有2.92万个（占劳动力总数的80.5%）的农村劳动力洗脚离田，从事二、三产业。针对从事农业的劳动力出现了妇女、老人、智障者现象，从而呼之欲出加快培育了农业社会化服务主体。为加快推进农业社会化服务进程，该镇先后成立了32家涵盖商品化供育秧、机械化插秧、植保、耕种、收割及粮食、蔬菜、水产、畜禽生产经营的专业合作社。其中，惠农机插秧合作社和绿草香农资合作社服务范围不仅覆盖到全镇农户的86%和70%，而且还辐射到周边乡镇和邻近外县区。

（四）促进了基层民主建设

组建农用地股份合作社，既是整合资源，转换机制的过程，也是农民自我教育，自我完善，自我约束的过程。通过民主讨论，使村干部和广大群众的民众意识进一步增强；通过建立各项规章制度，形成了按章办事，多重监督的约束机制，真正保证了农民事前参与决策，事中参与管理，事后参与监督的民主权利。同时，通过订立组织章程，规范议事规则，建立监督机制，明确成员应有的权利和义务，能够增强农民的民主意识，集体意识，市场意识和权利义务意识，促进农民素质和农村基层民主建设的提高。

如南通海门市培育村土地股份合作社把各项管理制度充分体现和落实在整个经营服务活动中，每年召开社员（股东）代表大会1次、社务管理委员会2次、组织财务审计1次、社务财务公开2次。合作社的对外招租活动，理事会、监事会和部分社员代表全程参与，使得社务活动更加透明、公开，推动了农村民主管理建设进程。

六、江苏省农村集体经济股份合作制改革存在问题

从当前推进的总体情况看，江苏省农用地股份合作社发展速度比较快、运作比较规范，但在调查中也发现少数地方的土地股份合作是为了应付考核搭的"架子"，找不到切入点与结合点，规模偏小，经营效果不够明显，相应的管理制度和方法仍然滞后，并没有能充分发挥农用地股份合作社应有的作用。主要的问题有：

（一）合作社内部管理混乱

农户作为合作社中最重要的一个参与主体，参与的程度如何、如何参与，是土地股份合作制改革的关键。个别合作社是"空壳"组织或仅仅搞一点生产服务，农民没有真正参与进去，更谈不上带动其他农民，其成立合作组织的目的只是获取政策的扶持。农民合作意识较差，农民参与度较低，大多不关心合作社具体的经营情况，有利就合，无利就散，存在"重得益、轻参与"现象。

社区股份合作社在组织结构和功能方面存在政经不分。在组织结构上，目前江苏省绝大多数社区股份合作社的管理结构与村党组织和村民委员会基本是合一的，人员交叉兼职。社区股份合作社的董事会、监事会成员一般都是社区班子成员，董事长由社区书记担任，没有管理经验，不循章办事，重要事情不通过表决，负责人一人说了算。部分基层干部尤其是村组干部对股份合作制改革缺乏正确认识，怕影响到自己的权力、利益或触及矛盾，一些干部怕难、怕烦、怕引发矛盾，因而畏缩不前、动力不足，对推进进一步深化改革和发展持消极观望态度。合作社的"三会"制度作用微乎其微，股东代表大会流于形式，理事会和监事会形同虚设。合作社的内部日常管理缺乏明确分工，有的成员账户建立的面不广、内容记载不全、产权不明晰，有的甚至没有建账。

（二）农民入股积极性低

一是担心土地政策会改变。广大农民土地承包以来，已经尝到了甜头，而且国家对农业的各项惠农政策在不断加大，农民在土地经营中的实惠越来越多，效益越来越好，所以政府倡导土地流转，把土地集中起来，进行高效

产业规模化经营，部分农民对此认识不足，认为党的土地政策会不会要改变，是不是又要走合作化、人民公社的老路。

二是担心失去土地承包权。因基层组织对《农村土地承包法》等法规宣传不到位，解释不清楚，一些群众对土地承包经营权流转的概念不清，对相关政策法规不甚了解，部分农民错误认为，"土地流转是一种形式，实际上是被集体收回了土地承包权"，担心流转后会失去土地，特别是一些年纪较大的农民，恋土情节重，宁愿粗放经营，也不愿意将土地流转出去。

三是担心土地租金不到位。土地流转后的规模经营，确实能够提高土地经营效益，通过调查，一部分农民已经享受到了土地流转后所带来的收益，但是，少部分农民还是很担忧，怕时间长了经营者或合作组织说话不算数，土地租金分配不到位，农民会吃亏，甚至害怕土地租金被村组集体截留挪用。

（三）集体资产萎缩

第一，随着城市化进程的快速推进，村组集体资产受到严重冲击，很多集体资产被拆和待拆，农村集体资产中可供发展的资源越来越少，集体经济的经营基础受到动摇。加上整体经济环境不景气等因素的影响，社区股份合作社的经营效益下滑严重。如南通市崇川区，2002年5个涉农街道（除观音山街道），经营性资产面积170.6万平方米，到2012年5个街道的资产面积减少到147.2万平方米，降幅14%，2013年实施旧城改造等拆迁后，预计资产面积还将大幅下降，仅剩84万平方米左右，为最高年的一半。由于大部分集体资产都是多年前在集体土地上建设的经营用房，在当时条件下没有办理权证，按照现行拆迁政策属于无证资产，拆迁补偿标准严重偏低，每平方米仅为400元，只够支付承租户的搬迁损失，造成村组集体资产因拆迁大幅缩水，收益大幅下降。

第二，合作社资产经营方式单一，资产增值难度不断加大。原先集体资产的增值主要来源于土地的综合开发和利用，而目前，凡进行农村社区股份制改革的社区都缺乏可供开发的土地资源，社区土地大部分被征用，有的甚至全部被征用。收入主要来源于银行利息和前期投资街道工业园的收益，资产增值的难度加大。调研发现无论苏南、苏中、苏北地区，绝大多数社区股份合作社为了避免经营风险，基本沿袭原有村级集体经济的发展模式，依赖

"坐地生财"的"房东经济"。合作社的资产运营主要是将原村域（社区）范围内的集体建设用地进行综合开发，建造工业厂房、商铺、市场、公寓等物业后对外出租，获取稳定的租金收入。尽管近年来苏州、无锡地区一些发展较为成熟的社区股份合作社开始由"出租经济"向多元化经营转变，除原有的出租物业外，通过整合集体资源创办农民集团，进行跨区域投资和自主经营，直接参与市场竞争，实现了合作社的跨越式发展，但是这种多元化的资产经营模式需要具备一定的条件，在经济尚不发达的苏中、苏北地区，还难以全面推广，社区股份合作社的后续发展整体乏力。

第三，大部分农用地股份合作社仅仅是把农户手中的土地集中起来，停留在对内股权对外租赁，社员的收益仅仅是流转收入，自主经营占比较少。从事自主经营的农用地股份合作社存在实际出资额少、成员少、资产少、自主经营能力弱、出资额结构不合理等问题。自主经营也主要集中在种植业和养殖业等初级农产品生产的阶段，合作社在农产品深加工领域的作用还远远没有发挥出来，发展后劲不足，带领社员增收致富的能力不强。一些合作社在选择高效农业项目时还存在一定的盲目性，对高效农业品种、市场需求等缺乏充分的前期市场调研和分析，一哄而上面临产品雷同、销售困难等多重风险，进而影响到入股农户的分红收益。

如张家港市实施"新型土地股改"村的规模经营面积中，传统粮油棉占63.8%，瓜果蔬菜等经济作物占22.9%，花卉苗木占10.3%，水产养殖占3%。扬州宝应县土地流转用途中粮油种植仍然高居榜首，占土地流转面积总数（39.45万亩）的61.62%；水产养殖次之，面积为9.73万亩，占总数的24.66%；第三是蔬菜园艺，面积为4.87万亩，占总数的12.34%；畜禽养殖、工商企业、林业等流转用地较少。

扬州市宝应县曹甸镇土地规模经营中，粮油种植191户，面积21888亩，分别占经营总户的91.8%，占入股土地总面积的86.40%；蔬菜种植9户，面积1475亩，分别占经营总户的4.4%，占入股土地总面积的5.7%；水产养殖4户，面积1068亩，分别占经营总户的1.9%，占入股土地总面积的4.2%；林果种植4户，面积941亩，分别占经营总户的1.9%，占入股土地总面积的3.7%，见表6-11。

表6-11 扬州市宝应县曹甸镇土地规模经营项目

经营项目	经营户数（户）	占经营总户（%）	土地面积（亩）	占土地规模经营面积（%）
粮油种植	191	91.8	21888	86.40
蔬菜种植	9	4.4	1475	5.7
水产养殖	4	1.9	1068	4.2
林果种植	4	1.9	941	3.7
	208	100	25372	100

第四，部分地区还存在重流转轻经营的现象，在政府强势的推动下，为了完成上级相关工作任务，绝大部分村成立了"村级经济合作社""农用地股份合作社"和部分专业合作社，由于村组集体经济实力的不足、村组干部人员素质的欠缺等因素的制约，很大一部分的合作组织处于睡眠状态，未能发挥应有的作用。有的地区采取"筑巢引凤"的办法，先将土地从农户手中流转过来，再进行农业招商，因招商未果或经营者未及时落户等原因已流转土地长期闲置。

第五，实践中因大多数入股农户承担风险的能力有限，江苏省绝大多数土地股份合作社对农民有保底分红和浮动分红的承诺，这种做法实际上是由合作社承担了全部风险。农业是弱质产业，农用地经营本身存在现实的自然风险、技术风险和市场风险，虽然通过农业产业化经营，与单家独户经营相比，增强了风险抗御能力，但现实风险是不可能消除的，在经营不善而出现亏损、资不抵债，或因为自然风险无法实现经营收入等情形下，集体收入将大幅减少。

（四）相关配套建设不足

一是贷款融资困难。从事农业规模经营前期投入较大，需要有足够的资金作支撑，而农业生产周期较长，比较效益低，回报见效慢，缺乏有效的抵押物，很难从金融机构获得融资。经工商登记的土地股份合作社，农民所持有的股权证也只能作为集体经济组织内部的分配凭证，在申请贷款融资等方面面临制度约束。多数地区尚未开展对土地承包经营权等农村产权的抵押贷款，现有的农村商业贷款品种少，渠道狭窄，一些合作社只能通过村干部个人信用贷款或承受小额贷款公司的"高息"贷款等途径来解决迫切性的资金需求。

二是缺少税收扶持政策。《江苏省农民专业合作社条例》已明确社区股份合作社可以在工商部门注册登记取得法人资格，苏州、无锡等地区由于改革起步早，地方政府及相关部门根据实践发展需要出台了一系列地方性政策文件，配套政策措施比较完善；但多数地区由于改革起步晚，除了一些国家性和省级的政策法规以外，尚未出台可操作性的细则或办法。由于缺少相应的税收优惠政策，工商登记后税负要大幅度增加，社区股份合作社工商登记率普遍较低，如南通市仅登记率为5.5%。当前，农村社区股份合作社的资产形式主要是房产，在工商登记后要面临着高额的房产税。如南通市崇川区社区股份合作社工商登记前按5%的综合税率纳税，工商登记后仅房产税的税率就达17.7%，还有其他的增值税和所得税。

三是资产登记政策缺失。由于以前基层对农村集体资产进行登记取得权证的意识不强，有相当部分的集体资产暂未取得国家承认的权属证明，组建社区股份合作社后对这部分资产进行确权、登记和发证要补缴相关税费，合作社难以承担。

四是资产移交缺乏操作办法。根据《江苏省农民专业合作社条例》和江苏省国税、地税、农委三部门《关于明确农民专业合作组织有关税收政策的通知》，对集体经济组织向社区股份合作社移交财产，按国家有关规定免收相关规费。但由于相关部门没有出台实施细则，规定形同虚设。据了解，如没有免费办理权属变更登记的优惠，仅各种契税、印花税等就需缴纳资产总额13%的费用。目前，部分社区股份合作社均采取以拖待变的办法，但容易引发纠纷隐患。

五是基础设施建设困难。一方面由于流转期限短，又担心农户毁约，缺乏可靠的收益预期，经营主体不愿加大投入改善农业基础设施。另一方面随着合作社发展规模的不断扩大，对办公与培训场所、收储运输服务场所、生产基地等建设用地的需求也日益增大，合作社的晒场、库房、农产品加工等设施农用地指标缺乏土地指标，落地困难。

七、江苏省农村集体经济股份合作制改革建议

推进农村社区股份合作制改革，是新形势下深化农村改革的一项重要措施。要从统筹城乡经济社会发展，加快实现"两个率先"目标的战略高度，充分认识推进农村社区股份合作制改革的重要意义，切实统一思想，加大工作力度，科学制定方案，强化引导扶持，积极稳妥地推进改革，并不断完善提高。

（一）稳妥推进社区股份合作制改革

江苏省农村社区股份合作制主要集中产生于经济较为发达的苏南地区和苏中、苏北的城乡结合部。这些地区工业化和城镇化程度较高、第二三产业比较发达、农村人口大量转移，也正是这些因素成为土地股份合作制得以成功实施的不可缺少的外部条件。实施农村社区股份合作制改革地区应具备的基本条件是：村集体经济组织拥有一定数量的集体经营性资产或具备现有非经营性资产转化为经营性资产的潜力，村集体有较高或较稳定的经营性收入；大多数农民群众有改革的要求和愿望；村级领导班子团结有力，有较强的改革意识。改革可以以村为单位进行，也可以由具备条件的一个村民小组或几个村民小组联合开展。要坚持"依法、自愿、有偿、规范、有序"的原则，循序渐进地推进。

土地股份制改革在江苏省有很大的推进空间，也有许多有利条件，关键是要找准方向，把握重点。根据当前实际，江苏省拟分两步推进：第一步是对已经流转的农民确权土地和已经由集体经营的未确权土地进行股份制改造；第二步再引导农民将确权的承包地入股进行股份化经营。改革的重点是对已经具备入股条件的土地进行股份制改造。从以下四个方面求突破：（1）土地承包权尚未确权到户且土地已经集体统一经营、发包或转为集体非农建设的，通过土地量化入股形式和组建土地股份合作社明确农户应得的土地股份。（2）地少人多的城郊村，土地（包括已变为集体非农建设用地）难以用实物形态确权到户，通过建立土地股份合作社或同社区集体资产股份制改革相结合，设立土地资源股来明确农民享有的土地股份和收益权。（3）对委托集体经营发包等办法流转的土地，在一个村组已形成一定规模的，要积极工作、创造

条件转为土地入股，建立土地股份合作社，激活土地流转机制。（4）对通过租赁等流转形式而形成的各类农业生产基地，探索农民土地租赁为作价入股，组建股份合作组织，参与企业化经营，分享企业发展效益。重点选择现代农业试点镇、新农村建设示范村推进土地股份制改革，逐步形成改革氛围，加大财政支持力度，加快现代农业发展。

（二）适时开展"政经分离"试点工作

建议学习苏州市和无锡市的经验，正确处理村（居）民委员会和社区股份合作社之间的关系，在部分地区适时开展"政经分离"试点，逐步打破双重角色。将村党组织和村委会的社会管理职能与合作社的经济职能相分离，管理班子完全脱钩，使政社分开，权责明晰。村（居）民委员会负责社区公共建设、托幼养老、社区治安、卫生保健等社会事务；社区股份合作组织则按照"自主经营、自负盈亏、风险共担"的原则规范运作，有条件的合作社还可引入职业经理人，专门负责经济发展、资产经营等工作，各负其责，各尽其职。各级财政切实负担起各种本应由财政承担的项目，而不是负担转嫁给村（居）和社区股份合作社。

江苏省要求各地在组建合作社过程中要重点把握好清产核资、股权设置、股份量化、制定章程、建立组织等几个环节，在制定社区股份制改革方案时，每个村要经过村"两委"讨论，召开党员会和村民代表大会等形式，自上而下、自下而上地反复讨论，广泛采纳民意，充分尊重农民群众的意愿，规范组建。江苏省要求新组建的土地股份合作社不论采取何种形式，必须坚持两条基本原则：一是所有的土地股份合作社必须实行保底分红，每亩地每年基本分红不得低于当地农用地流转的市场价格，有盈余才实行二次分配，不能确保保底分红的，不得组织农民以土地入股；二是土地股份合作社万一破产，农民入股的农用地不得作为资产结算，而必须归回原农户，由此充分保障了入股土地的产权稳定，维护了入股农户的切身利益。并自2011年起，江苏省对入股土地股份合作或新流转的土地标的，由以人民币币值作价改为以水稻实物量定标的，规避了市场价格的风险，确保农民不吃价格亏。

南京市政府2013年出台《关于引导农村土地承包经营权有序流转的意见》（宁政发〔2013〕103号）提出：（1）实行农村土地承包经营权流转指导价制

度。根据各地经济发展水平、土地常年收益、基础设施配套、地理位置等不同情况，坚持因地制宜，分类指导，合理确定全市及各区农村土地承包经营权流转指导价格，保障农民流转土地的收益。原则上2013年—2014年，对全市规模流转农民承包土地并从事农业生产经营的耕地，流转价格不低于600元/亩。各区据此制定区级指导价，并根据水田、旱地、养殖水面等不同土地类型或辖区内不同区域的具体实际，制定分类指导价或片区指导价。（2）完善农村土地承包经营权流转由市场形成价格的机制。发挥市场调节在土地承包经营权流转中的基础性作用，采用协商、竞标等方式，综合考虑稻谷实物折价、农用地单位收益、农用地分级估价、土地供求情况等因素，合理确定流转价格。（3）建立农村土地承包经营权流转价格递增机制。原则上流转期限超过3年的，应确定农村土地承包经营权流转价格递增幅度。各区可指导流转双方按综合物价指数变动情况或约定3年递增10%的比例，测算并确定合同期内农村土地承包经营权流转价格递增幅度。

（三）完善相关配套政策支持

江苏省各级地方政府及相关部门高度重视社区股份合作制改革，把它作为全省"三农"工作的重点之一进行部署，先后颁布了一系列政策性文件或法规条例，如出台了《江苏省农村集体资产管理办法》（1999年）、《关于积极推进农村社区股份合作制改革的意见》（2005年）、《江苏省农民专业合作社条例》（2010年）、《关于农村社区股份合作社登记的指导意见》（2010年）等，明确改革的基本原则和内容、程序，积极引导改革顺利进行。农业、财政、工商、税收、国土等相关部门也相应出台了一系列扶持和优惠政策，积极引导和推动社区股份合作社的组建与运行。如2011年，江苏省国税、地税和农委三部门联合发布的《关于明确农民专业合作组织有关税收政策的通知》（苏农社〔2011〕5号）中规定：农民个人实际出资（入股）的农民合作组织，其建造的"打工楼"出租收入，按照苏政办发〔2006〕136号文件规定的综合税率5%征收相关税收；对集体经济组织向社区股份合作社移交资产，按国家有关规定免收相关税费。

按照现有政策，股份合作社可以通过工商注册以公司名义取得法人地位，但在注册后面临的税收问题，建议借鉴苏州市农村股份合作经济的发展经验，从扶持村集体经济的发展的角度，出台相关配套政策，如采取先征后全额返还的办法，对社区股份合作社缴纳的地方税收、新增增值税地方留成部分以等额奖励的形式给予返还；对社区股份合作社自用房产、土地的房产税和城镇土地使用税通过申请困难性减免给予免除；降低集体经济组织资产登记、移交费用等，引导和扶持合作社发展。

苏州市出台了90多个涉及社区股份合作社税收优惠、规费减免、生态补偿、资源配置、集体留用地、项目扶持和金融支持等方面的政策文件，为推进社区股份合作制改革营造了良好的制度环境。如苏州市规定凡是农民持股达到80%以上的农村合作经济组织，减免相关费用，并给予资金扶持。缴纳的地方税收、新增增值税地方留成部分，五年内由财政给予等额奖励。2011年，为了推动股份合作经济转型升级、提质增效，苏州市提出将城乡一体化过程中形成的优质资源优先配置给股份合作社，村庄整理、宅基地置换节约的土地指标，优先留给股份合作社；对股份合作经济缴纳的地方税收、新增增值税地方留成部分给予等额奖励。

江苏省自2008年起，设立了农村土地规模流转补贴资金，明确对连片土地流转达到一定面积或农用地股份合作300亩以上的给予流出方每亩一次性100元的补贴。2009年，江苏省政府出台了《关于加快发展农民专业合作组织的通知》（苏政发〔2009〕13号），从财政扶持、税费减免、用地用电、金融信贷等八个方面给予合作社政策扶持。2009年—2012年补贴资金累计达2.9亿元，有效扶持了农用地股份合作社的进一步发展。2011年，省级农民合作组织专项资金首次将农用地股份合作社纳入扶持范围，扶持资金达847万元。同时，各地也安排了专门的扶持资金。无锡市2009年—2012年市级财政专项用于土地流转的补助资金累计1000万元，有2.02万户农户、近5万亩土地得到了市级财政的一次性流转补助。昆山市委、市政府出台《关于加快农村土地流转促进农业规模经营的实施意见（试行）》，对土地流转流出农户每年每亩补贴300—400元。张家港市从2010年起对种粮大户每亩补助40元，对整村推进土地规模经营的每村奖补2万元。海安县每年安排300万元用于对土地流转和规模经营的奖补。

（四）因地制宜推动改革

由于各村情况差异较大，包括资产情况、人员构成等都有明显不同。在实行改革过程中，江苏省坚持从各地集体资产状况等实际出发，区别情况，分类指导，通过不同途径，坚持一村一策，不搞一刀切，不追求一种模式，有针对性地采取多种形式开展村级集体资产股份合作制改革。

如常熟市在全市范围内规定了三种组建方式：一是界定人员，股份量化，年底实行分红的方式；二是界定人员，股份量化，年底不进行分红的方式；三是界定人员，只设集体股，不进行分红的方式（只适用于城镇建设区内、开发区内或规划区内的村集体资产不稳定的情况），保证了改革的顺利进行。目前，在发展较快的苏南地区，已产生"社区股份合作＋土地股份合作""社区股份合作＋物业（富民）合作"等多种形式，苏州吴中区一些镇（街道）近年来又在村级股份合作基础上开始探索"集团型"发展模式；而苏北地区一些相对落后的村庄则可能只有社区股份合作单一形式。在管理模式方面，大多数社区股份合作社在发展初期采取了比较单一的"村社合一"模式；而在无锡、苏州地区已有少数村庄开始探索"村社分离"的经营模式，努力使合作社向现代股份制企业方向转变。

（五）落实土地承包经营权登记

全面开展农村土地承包经营权确权、登记、颁证，把保持农户土地承包经营权长久不变落到实处。根据《物权法》《土地承包法》和农业部《中华人民共和国农村土地承包经营权证管理办法》等相关法规政策，从土地二轮承包以来农村土地承包现状出发，区别不同情况，采取确地、确权、确利相结合的办法，全面开展农村土地承包经营权确权、登记、颁证工作。实施步骤为：一是调查摸底。逐户摸清全区所有农户自土地二轮承包以来的承包现状及变化过程，掌握第一手资料。二是试点先行。为确保试验工作规范、有序进行，在明确目的、要求、原则、步骤的同时，根据全省土地承包现状，2013年在试点的基础上全面推开农村土地承包经营权依法登记工作。在整个推进过程中，坚持过细工作，把承包地块、面积、合同和基本农田落实到户，把土地承包经营权证书发放到户，建立健全土地承包经营权登记簿。制定《农民家庭承包经营土地面积变动情况核实表》等一系列规范文本，确保确权、登记、颁证工作规范进行。

如扬州宝应县截至2013年底，全县有土地承包的250个村中，共有240个村、2861个组、16.72万户开展了土地承包经营权登记试点工作，已经有2767个组完成了绘制四至图（示意图），2352个组完成了数据电脑录入工作。其中，有136个村、1710个组基本完成了登记发证工作，共补签承包合同13.37万份，补发证书10.8万本，已经基本完成土地承包经营权登记发证工作的村数占应开展登记发证总村数的54.4%。

第四节　浙江省农村集体经济股份合作制改革

一、浙江省农村集体经济股份合作制改革背景与历程

地处长三角的浙江正处于高速城市化和工业化阶段，城乡二元结构和体制正在逐渐打破，全省经济社会保持良好发展态势。2007年，全省实现生产总值18638亿元，人均GDP达37128元；财政总收入3239.89亿元，其中地方财政收入完成1649.50亿元；城镇居民人均可支配收入20574元，农村居民人均纯收入8265元。随着浙江省经济社会快速发展，农民就业渠道、居住区域、生活方式和利益心态日益多样化，由村级集体资产经营管理不善而引发的矛盾也逐渐增多，直接影响了农村社会稳定。推行农村社区股份合作制改革是实现统筹城乡发展的重大举措，也是创新集体经济管理体制与运行机制的现实需要。

农村社区股份合作制改革是推进农民市民化、加快农业产业化进程的需要。随着农村城市化、工业化进程的加快，全省各地中心城镇周围的不少村面临的是撤村建居，就如何管好用好原村经济合作社的集体资产，切实维护农民利益问题已越来越迫切。同时随着城郊农村失地农民的增多、农民就业多元化、居住分散化的新情况的出现，如何有效解决在撤村建居和户籍制度改革过程中将集体资产归利于民问题，如何妥善解决"农嫁女"等特殊群体的权益保护问题也越来越紧迫。与此同时，随着城市化进程的加快，土地资

源越来越稀缺，农民深刻体会到了土地的保障功能，不愿流转土地，与现代农业建设要求的规模化、集约化、科技化不相适应。通过实施农村社区股份合作制改革，明晰集体经济成员在集体资产中的产权和权益，有利于消除农民对自身利益的后顾之忧，促进农民的非农化转移，完成从农民到城市居民的历史性转变，从而加快农村城市化、农业产业化进程。

农村社区股份合作制改革也是创新农村集体资产经营管理机制、建设社会主义新农村的需要。由于体制机制原因，一些地方集体资产管理较薄弱，加上集体资产与农户利益没有直接挂钩，村民对集体经济运行质量关切度不高。一些地方资产运营不善，民主选举、民主管理、民主决策和民主监督等职能难以到位，集体资产被贪污、挪用、拖欠、损坏、挥霍浪费等现象也时有发生，影响了农村集体资产的增值保值。通过实施农村社区股份合作制改革，可加强村集体经济组织建设，加快基层民主政治建设，拓宽农民增收渠道，推进农村公共事业的建设。

浙江省开展农村社区股份合作制并不是单一的一项改革内容，而是与征地制度改革等有机结合，催生出了长远安置方式，促使村集体合理处置和经营巨额的土地补偿费，增加村民凝聚力，发展壮大集体经济，加快实现农民市民化转变。比如，宁波实行了"三改一化"（即以撤村改居、股份合作制改革、旧村改造为主要内容的农村城市化）、绍兴推行了"三有一化"（即使被征地农民有保障、有股权、有技能和村庄社区化）。

浙江省农村社区股份合作制改革大致经历了三个阶段。

（一）模仿与试点阶段（90年代初到中后期）

这个阶段处于模仿和摸索试点，杭州、宁波和台州几个地区参考广东南海模式，以推进土地规模经营为核心，采用股份合作制形式，大胆试点，积极探索推进土地流转的多种途径。

（二）自发与推进阶段（90年代末至2005年）

这个阶段处于自发和稳步推进阶段，从加强集体资产管理入手，围绕明晰集体资产产权，杭州、宁波、绍兴、慈溪等地在量化资产、股权配置、收益分配等方面进行了广泛的尝试和探索，拓展了集体资产保值增值新机制，创新了农村集体所有制经济的有效实现形式，有力地推进了城市化，促进了农民市民化。

（三）深化改革阶段（2005年至今）

2005年5月，浙江省委省政府出台了《关于全省农村经济合作社股份合作制改革的意见》，并于2006年将进一步深化土地管理制度、社区股份合作制改革作为新农村建设目标之一。2008年6月，浙江省农业厅和浙江省工商行政管理局联合下发了《浙江省村经济合作社示范章程（试行）》。上述规定对改革的指导思想、基本原则、操作规范进一步提出了明确要求，标志着浙江省农村社区（土地）股份合作制改革进入了规范操作和加快发展阶段。至2006年，全省完成农村社区股份合作制改革的村达736个，量化集体资产总额227.01亿元，享受股份的人口约达93.62万人，社员按股分红收益总额超过7亿元，社员人均增收约900元，为深化农村经济体制改革、推动农村经济社会的全面、协调、可持续发展做出了积极贡献。

二、浙江省农村集体经济股份合作制改革的制度设计

（一）股东界定

2005年，《关于全省农村经济合作社股份合作制改革的意见》（浙委办〔2005〕39号）提出，在界定成员时，所有户籍关系在本村的村集体经济组织成员及其子女（包括户籍在本村的农嫁女）均可享受量化股份，改革时要充分考虑到户籍已不在本村的现役义务兵、士官及复员回村军官，在读大中专学生等的利益。浙江省各地各村在实践中折股到人的做法不尽相同，但基本的线索是：首先确定"股东"资格，即规定一个期限，在此期间凡农业户口在本村、劳动服务在本村、行政管理在本村，对本村的经济、社会承担责任和义务的村民，才拥有股东资格；然后，由村民大会民主讨论决定，着重公平，兼顾贡献，把股份基本是无偿地分到每个成员头上。

在股份的分配中，公平无疑具有优先的地位，不仅人人有份，而且对曾经为社区集体积累做过贡献、现在已经离开社区的人的权利也予以某种追认。为了鼓励参军、上学，对于在部队服兵役和在校大中专学生均保留股东资格。这些做法满足了社区成员的产权需求，平衡了各方利益。这是社区型股份合作制能够推开和维持的重要原因。同时，效率的机制被适度地引入，比如，

农龄配股，就是考虑到"多劳多配"。

（二）清产核资

清资对象可以分为三大类：一是资源性资产，指集体所有的山地、水域等；二是经营性资产，指现金、各种存款、应收及预付款、经营性用房、厂房等；三是公益性资产，指道路、桥梁、办公用房等。根据对试验区股改村的个案调查，在农村工业化和城市化的过程中，农村集体的两大块财产——非农产业和土地，都经历了产权改革的洗礼，各地的做法有一定差异性。比如，杭州余杭区提出资产量化"三合一"股权化改革，提倡村级资源性资产、经营性资产、公益性资产、组级资源性资产全额量化入股。折股量化分成四种类型：第一类，仅将土地入股，成立土地股份合作制；第二类，将村级经营性资产、资源性资产及组级资源性资产全额折股量化到人；第三类，将村级经营性资产和资源性资产折股量化，而不包括组级资源性资产；第四类，仅将村级经营性资产折股量化，此类型占绝对比例。各种类型的村（社区）构成情况见下图。另据对杭州和宁波的调查，在折股量化阶段均以经营性净资产为主。

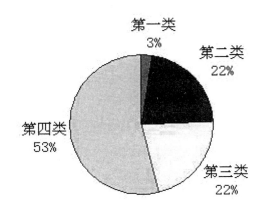

图6-1　杭州市余杭区农村社区股份制折股量化类型结构

（三）股权量化

我国宪法、民法通则、土地管理法和农业法都有关于农村集体土地所有权的规定。这些法律，将农村集体土地所有权规定为三级制的"农民集体所有"，即"乡（镇）农民集体所有""村农民集体所有"和"村内两个以上的集体经济组织中的农民集体所有"。据课题组实地调查的股改村情况来看，集体土地所有权以村民小组这一级拥有为主，尤其是农用地所有权。

前文已述，在浙江省，股份制改革中大部分村没有将集体所有土地资源折股量化。为什么集体土地没有大规模地参与股份化？一个重要的原因就是集体土地所有权组级所有。在村集体内部组与组之间的土地资源禀赋具有差异性，加之有些村的征地补偿款一直以来就是按组分配，这就形成了土地资源要在全村量化分配的根本性障碍。

因此，即使农用地参与折股量化的村也是按照组级资源量化，即各个村民小组按照各组拥有的土地资源进行组内折股量化，收益分配也是在组内。例如，课题组走访的余杭区股改村将农用地以每亩折100股，以组为单位量化到人、明晰到户，农用地折股后，仍由农户承包经营，生产所得收入仍归农户所有，当土地被征用后，土地补偿费在给予被征地户以口粮补贴和新增人口分配补贴后，按照股权在全组内部分配。

（四）股权设置

清产核资之后的股权设置是社区股份合作制产权制度安排的核心，改革的目的就是要改变过去笼统模糊的"集体所有"，把评估后的集体财产明确界定给社员，转变为具体的差别性的个人按份所有。

据调查，浙江省股权设置以个人股为主，设置集体股的仅为少数。集体股是集体共同拥有的股权。理论上，集体股的持股人应当是所有者即社区全体成员，但实践中只能是由股份合作经济组织"代表"持股，为股份制改革早期采用，设立的初衷主要是避免化公为私之嫌，减少政治风险。社员量化股界定了社员个人在集体财产中的产权，但一般规定社员对所持股份只有分配权，即每年按股分红，不得抽资退股，不得转让买卖，不得作抵押。

社员量化股的设置呈现多元结构特点。大多数股份合作社的社员量化股采用劳动贡献股（农龄股）与人口福利股（人口股）形式，劳动贡献股是以劳动年限为主量化给本村集体经济组织成员，人口福利股按照一定原则量化给本村集体经济组织成员及其子女。有些土地股份合作社以承包田亩数或承包权量化股份，也有股份合作社设置了机动股和家庭股，机动股主要是为了人口变化等情况进行适当调整需要而设置，家庭股主要是考虑股权量化中农户家庭人口的现状差异性，平衡发展中因固化股权带来的矛盾。另外还有个别股份合作社设置了现金股。现金股是股份合作经济组织根据企业发展的需要在本村或向社会集资组成的股份。然而，社区型股份合作社的现金股主要是在本社区内筹集，之所以如此，现实中筹集资金并不是唯一动机，有些地方现金股实际上成为分配集体收益的一个工具。如余杭区南星村在2005年股份制改革中设置了现金股，按固定年息8%向村内农户集资283万元，2008年再次集资600多万元，该股权无风险无增值，保本收息。以课题组实地走访的杭州市江干区、宁波鄞州区和杭州市余杭区的股改村为例，个别村仅设置了人口股一种股权，大部分村均设置了人口股和农龄股两种股权，部分村在人口股和农龄股之外又各自设置了现金股和家庭股。

（五）管理机制

农村社区股份合作社存在于传统的乡村体系内，大多采取的是党、社、企合一的领导体制，普遍是"几块牌子，一套人马"。据对浙江省股改试验区的调查，一般情况，村书记就是董事长。而很多社区股份合作社又是撤村建居的村，社区与股份合作社无论是经济关系还是管理关系都交织在一起。

浙江所有股份合作社都建立了董事会、监事会和股东代表大会制度，董事会根据合作社章程从事经营管理活动，股东代表大会定期讨论和决定重大事项，如合作社章程的通过和修改、董事会的选举和任免、审批经济预算和发展规划。大多数股份合作社还设立了监事会。监事会行使下列权利：监督本社章程的执行情况；监督股东代表大会决议的执行情况；对董事进行监督，提出建议和批评意见；每季审查本社财务，并向股东公布；选举和更换监事会主任；提议召开临时股东代表大会。

（六）收益分配

浙江省股改村从分配结构看，一般提取资产经营净收益的一定比例用作公共积累和公益基金，其他基金的设置由股东代表大会决定，其余收益用作社员分配。一些股份合作社采用定额方式分配红利，大多数股份合作社采用保底分红加浮动分红的分配方式分配红利。另外一个显著特点是把股份分红与股东履行社会义务的责任结合起来。各地普遍制定了惩罚规定，持股人员若违反国家法律和有关政策规定，如不计划生育，犯罪判刑入狱，逃避兵役，不遵守社区管理，都要依据章程的有关规定进行扣罚。如上述提及的藕池村规定，违法犯罪的股东在劳教劳改期间停止股金分红，归正回村后恢复。

三、浙江省农村集体经济股份合作制改革实践

（一）宁波市藕池村股份经济合作社改革

藕池村位于宁波市鄞州区古林镇，地处宁波市城郊，村域面积1平方千米，南临杭甬高速，北距市客运中心站不到2公里，宁波机场公路穿村而过，市公交503路终点站设在村中心，交通便捷，地理位置十分优越。2007年全村村民463户，常住人口1208人，外来流动人口860人，尚有耕地面积328亩。建有村级工业区一个，已实现农村经济总收入129962万元，工业总产值121255万元，村级集体净资产5374万元，村集体可支配资金达1432万元，村民人均纯收入15820元，系省、市、区"农业农村现代化示范村"和"全面建设小康社会示范村"。

2006年初，鄞州区藕池村完成了农村经济合作社股份制改造，成立了藕池股份经济合作社。改制中，经清查核实以2005年11月30日为时间点，经营性净资产为3974万元作为股份经济合作社折股量化的股金。

1. 股权设置

股份仅设人口福利股一种，全部股金以社员分配股分配给全村社员，股权配置人员的界定截止日期为2005年12月31日。凡符合配股条件的人员，不分男女老幼，可全额（人均享受10股）或按比例享受本股份合作社的股权。

可享受股份的人员包括：户籍在行政村的社员及其子女；现役义务兵；本村在校的大中专院校学生。不可以享受股份的人员有：村"五保人员"不设股份由股份经济合作社承担福利经费；一次性经济补助、口粮补助的人员不享受股权；已在其他村享受股权的人员不予享受。

2. 股权流动

藕池村股份合作社股权采用"生不增，死不减，迁入不增，迁出不减"的办法，今后凡有人口变动，不再作股权调整。分配给股东的股权，只作为股东从集体分红的依据，不能退股提现和抵押，经股份合作社同意，股权可以继承、转让和赠予，但必须符合规定。

股权继承必须符合下列各款，方可继承：股权继承必须到本股份合作社

办理过户手续，并应缴纳5‰手续费；股权继承必须在股东去世后办理；股份合作社在办理过户手续时，必须凭股东本人书面遗嘱，以及继承人的合法有效证书；在没有书面遗嘱的情况下，股权的继承按照《中华人民共和国继承法》的规定办理相关手续。

股权转让和赠予凡符合以下各款者，方可转让或赠予：股东要求把本人的股权转让或赠予给其他股东，事先必须提出申请，并经董事会审核同意；股东转让或赠予股权时，必须在本股份合作社范围内进行，接受对象为本股份合作社内具有股东资格的人员；凡是转让或赠予的股权，原持股的股东和接受转让的股东，必须在本股份合作社办理过户手续，并缴纳5‰手续费。

3. 管理机制

股东代表大会原则上每年召开两次，必要时经董事会提议，可临时召开。股东代表必须是年满18周岁及以上的股东。股东代表大会实行一人一票制，决议须有三分之二以上股东代表到会，并经半数以上到会股东代表同意通过。董事会由股东代表大会选举产生，共由3人组成，设董事长1名，董事2名，董事长由董事会推选产生（报上级审批同意），为本社的法人代表，董事会实行集体领导下的董事长负责制，每届任期3年，可连选连任。股份合作社设监事会，监事会成员可以列席董事会会议；对董事会及其管理人员行使监督职能；每月一次审核本股份合作社当月收支发票和其他经济事项。

4. 收益分配

股金分红资金来源于本股份合作社当年度计股资产经营活动所获得的净收益。分红前应充分兼顾集体和个体的各方利益，从股份合作社当年度经营活动所获得的净收益中先提取30%作为股份合作社管理费和福利公益费。剩余部分按下列顺序进行分配：首先，提取15%股份合作社公积金，用于股份合作社扩大再生产；然后，再提取15%风险金，用于抵御股份合作社的各种风险；最后，按分配股份额结算分红，具体的决算和红利分配方案要经股东代表会讨论通过，并报上级主管部门审核同意后方可分配。

（二）嘉兴市南星村社区股份合作制改革

南星村地处星桥工业功能区块，全村农户数507户，人口达到1924人，2007年工业总产值2.3亿元，农业总产值970万元，村民人均纯收入约1.2万元。南星村是余杭区星桥街道第一个农村社区股份合作制改革试点村。股权按资产的性质设经营性资产股，公益性资产暂不列入折股量化范围。其中经营性资产股再分设人口股和农龄股，人口股、农龄股占经营性资产股的比例约为1∶1，另外还设有优先股。

1. 股权设置

南星村经营性资产股权分设人口股、农龄股和优先股。凡是该村2005年6月30日在册的农业人口，均有资格取得人口股；凡是该村1983年1月1日—2005年6月30日在册的农业人口，均有资格取得农龄股。同时，符合下列情况者也有资格取得股权：本村现在读的全日制大、中专学生；本村现役的义务兵；本村正在服刑和劳动教养人员；在本村因土地征用而就地转非的人员；在本村的农业户口离婚者及其子女；其他符合国家法律、法规、政策的人员；其他经社员代表会议三分之二以上同意的人员，其原户籍必须是本村农业户口。同时，每户农户可自愿购买1万元股份经济合作社的优先股，优先股不承担风险，也不享受资产增值。股份经济合作社将按年息8%给予分红。优先股可在本社范围内转让。转让时，必须经股份经济合作社董事会批准，并办理相关手续。

此外，对一些特殊人员，南星村也规定了股权取得的资格：原为本村农业户口，迁入小城镇落户，目前仍享有土地承包经营权相关权益的，享受人口股，迁入小城镇落户之日后不享受农龄股；户口一直在村的嫁居人员及其子女，其人口股20%给予量化，农龄股按户口在册的实际时间计算；因乔司编组站征地而就地农转非人员其人口股按50%给予量化，不享有农龄股。

2. 股权流动

经营性资产股权实行"增人不增股、减人不减股"，该股权可继承、抵押，也可在本社范围内转让，但不得抽回。抵押、转让时，必须经股份经济合作社董事会批准，并办理相关手续。

3. 管理机制

股东代表大会由全体股东代表组成，根据有关文件规定，选举产生股东代表58名。股东代表任期每届3年。股东代表大会实行一人一票制，可采取举手表决的方式表决，也可采取无记名投票的方式表决，具体采取何种方式由董事会决定。股东代表大会对召开临时股东代表大会作出的决议，须经到会股东代表半数以上通过；对形成的其他决议，须经到会股东代表三分之二以上同意方能生效。监事会成员由5人组成，首届监事会成员由股东代表大会等额选举的方式选举产生。监事会设监事长1人，由监事会选举产生。该社监事会每届任期3年，监事任期届满，可以连选连任。董事、财务负责人不得兼任监事。董事会、监事会成员的直系亲属不能被聘用为本社的财务管理人员。

4. 收益分配

经营性资产股权（人口股和农龄股）是集体经营收益分配的依据。原则上，在收益分配前提取一定比例的公积金和公益金后，按农户享有的经营性资产股权进行分配，但该村目前尚处于负债经营、负债发展时期，因此，调查时收益未作分配。

（三）杭州市汤家村经营性资产股份制改革

余杭区汤家村地处杭州市东郊20公里，位于监平副城西大门，紧邻广厦天都城，交通便捷，地理位置独特。地域面积2.745平方千米，农户560户，13个村民小组，人口2063人。至2007年底，全村实现工农业总产值9998.80万元，村民人均收入12088元，村级可支配收入213.73万元，社会稳定，群众安居乐业。

1. 股权设置

2005年经过清产核资，全村经营性净资产为8046630.02元，股权按资产的性质设经营性资产股，公益性资产暂不列入折股量化范围。其中经营性资产股再分设人口股和农龄股，人口股、农龄股占经营性资产股的比例约为1∶1。

凡是该村2005年11月30日24时之前在册的农业人口，均有资格取得经营性资产股权，即1983年1月1日—2005年11月30日24时之前在册的农业人口。同时，符合下列情况者也有资格取得经营性资产股权：本村现在读的全日制大、中专学生；本村现役的义务兵；本村正在服刑和劳动教养人员；在本村因土地征用而就地农转非的人员；在本村的农业户口离婚者及其子女；其他符合国家法律、法规、政策的人员；其他经社员代表会议三分之二以上同意的人员。

此外，对一些特殊人员，汤家村也规定了股权取得的资格：原为本村农业户口，迁入小城镇落户，目前仍享有土地承包经营权相关权益的，享受人口股，迁入小城镇落户之日后不享受农龄股；户口一直在本村的农嫁居人员及其子女，其人口股按20％给予股权，农龄股按户口在册的实际时间计算；因乔司编组站、杭州水泥厂征地而就地农转非在册人员其人口股按50％给予量化，在签订农转非合同之日后不享有农龄股。

2. 股权流动

经营性资产股权实行"增人不增股、减人不减股"，可继承、抵押，也可在本社范围内转让。股权继承、抵押或转让时，须经本股份经济合作社董事会批准，并办理相关手续。能否退股提现，由董事会提出方案，股东代表大会讨论决定。根据需要，经股东代表会议通过，按自愿原则，本社可以扩股，扩股的股权也可在本社范围内抵押、转让。

3. 管理机制

股东代表大会是本社的最高权力机构，行使下列职权：审议批准修改本社章程；选举、罢免董事会、监事会成员；决定董事会、监事会成员的报酬方式、标准及资产经营责任；审议批准董事会、监事会的工作报告、年度财务预决算方案；决定本社发展规划、资产经营计划和集体资产经营方案，决定投资决策方案；审议批准本社收益分配方案和弥补亏损方案；审议批准股东转让出资方案；对本社增加或减少注册资本作出决议；对本社解散和清算事项作出决议；决定其他重大事项。

股东代表大会每年至少召开一次会议，在每年的3月召开。经三分之一以上股东代表、五分之一以上年满16周岁以上的股东或监事会提议，应当召开临时股东代表大会。股东代表大会应有不少于三分之二以上股东代表出席方能召开。股东代表因事不能参加，可以委托他人参加，受委托者应提交书面委托书。监事会由5人组成，首届监事会成员由股东代表大会等额选举的方式选举产生。

监事会设监事长1人，由监事会选举产生。监事会每届任期3年，监事任期届满，可以连选连任。董事、财务负责人不得兼任监事。董事会、监事会成员的直系亲属不能被聘用为本社的财务管理人员。监事会对股东代表大会负责，行使下列职权：监督本社章程的执行情况；监督股东代表大会决议的执行情况；对董事进行监督，提出建议和批评意见；每季审查本社财务，并向股东公布；选举和更换监事会主任；提议召开临时股东代表大会。

4. 收益分配

该村目前处于发展时期，收益分配具体方案由该社董事会拟订方案，最终报股东代表大会批准后实施。提取的合作社公积金主要用于弥补本社的亏损、扩大本社的生产经营规模或者转增本社资本。提取的公益金和福利费主要用于本社股东的集体福利。调查时，该村还没有进行过股东的红利分配。

四、浙江省农村集体经济股份合作制改革成效

（一）明晰了产权主体

农村社区股份合作制改革过程中，通过清产核资和股权量化，让农民群众知道了集体经济发展的成果，明确了集体资产为全体股东共有。土地资源进入量化的，集体土地资产的主体更为明确，而土地资源没有进入量化的，今后遇到土地被征用等由集体经济组织所得的土地补偿费与集体资产置换增值，及时足额追加到总股本中。农村社区股份合作制改革过程中，股东资格的设定是考虑和平衡各类群体对土地利益诉求的结果。据实地调查访谈，股东资格标准设置实际上是一个社员资格的确定问题。过去计划经济时代，社员和村民的身份基本合一，因此长期以来实行以户籍来界定社员资格。但随着城市化推进，户籍制度和农村社区股份化改革，社员和村民的身份发生了变化，如户籍在村的村民不一定是社员，是社员的但又不一定是村民。由于没有社员资格界定的规范表述，社员资格的界定情况比较复杂，比如，征地安置方式和征地补偿标准历史变迁带来的各类被征地人员界定问题；农嫁女、大中专学生、退伍军人等特殊人群界定问题；新增人员利益分配问题。股东资格认定过程，实际上就是解决土地分配的历史遗留问题和难点问题，在征求广大群众意见的基础上，通过股东代表大会将土地利益的分配机制确定下来，实现了公开公平的分配原则，减少了分配过程中社员内部的摩擦和村干部的暗箱操作，提高了征地补偿款和土地经营收益的分配效率。

（二）保障了农民土地权益

将村级集体资产按人口、农龄等测算，明晰到户、量化到人，并实行了

"增人不增股、减人不减股"，社员转化为股东后，按固化的股权，享受集体资产的收益分配权和一定的股权处置权；较好地解决了因外出务工经商、进城落户后，收益分配权会被剥夺，以及"撤村建居"集体资产会被侵占、瓜分、流失等种种担忧；较好地解决了因人口"生老进出"四项变动集体资产享有的问题。让农民放心、放手、放胆持股进城，离土离乡，谋求新的发展。同时，手中有了不变的股份，农民群众就不会怕农转非而失去土地权利，极大调动了农户参与社会养老保险的积极性，有效促进了农村劳动力和其他生产要素的合理流动，推进了农村城市化和农民市民化进程。

（三）提高了公众参与能力

股份制改革使村民变成了股东，通过股东大会等形式，保证了农民事前参与决策、事中参与管理、事后参与监督的民主权利，增加了农民的土地法律法规知识，使农民对于土地经营、土地征用、土地管理更有发言权。

五、浙江省农村集体经济股份合作制改革存在问题

（一）缺乏农村土地入股的定价机制

在对杭州、宁波、慈溪、余杭、义乌等地的实地调查后发现，在进行股份合作制时，大部分村没有将土地资源列入资产量化的范围，而进行量化的村庄对农用地资源采用的是面积量化方式，土地资源的价值没有得到体现。

究其原因，农村土地市场的极度不完善导致农村土地价格定价机制的缺乏。以我国土地制度现状来说，不允许农村土地所有权交易，农村土地所有权交易仅以国家征收形式体现，农村土地使用权真正意义上的交易也不存在，农民的农用地承包经营权和宅基地都是依据社区成员权分配的，农用地承包经营权可以流转但不可以交易，宅基地几乎不能流动，农村非农集体建设用地不能直接上市也不能抵押。课题组在对股改村村干部的访谈中问道"为什么土地不进行折股量化"时，大部分村干部表示"很难定，不知道多少价格"，并表示以后看情况再调整。农村集体土地缺乏市场定价机制，在股份化过程中难以确定真正的资产价值，这也是全省各地对土地资源量化入股持谨慎态度的重要原因之一。

（二）经营管理激励不足

进行社区股份制改革的村大部分位于城郊结合部，厂房、办公楼出租、农用地流转、集体建设用地联合经营成为村集体经济收入的主要来源，即土地是村集体获取利益的最重要资产。而这些城郊村往往已经完成或者即将开展撤村建居工作，新型城镇社区、原有村组织和社区股份经济合作社之间的职能必然在一定时期内混合交织在一起，原有的村班子几乎同时承担了改革后的股份制经营事务和社区管理事务，村书记一般都是董事长的当然人选，依旧对土地管理经营事务决定产生绝对重要的影响。同时，股份化后，承担起土地经营管理任务的村干部也普遍感到工作压力比以前要大，普通股东只希望看到经营的结果，分享经营红利，并不十分关心如何去经营。访谈中，有村干部用一句话概括了体会，就是"出点子的人少，找问题的人多"。农村社区股份合作制产生的剩余索取权普遍分享带来的激励机制，对于身为领导阶层的股东和身为普通社员的股东产生的激励效果并不相同，所以在村集体土地长远经营发展中需要进一步完善激励机制。

六、浙江省农村集体经济股份合作制改革建议

（一）因地制宜地开展土地产权股量化改革

土地产权折股量化不能急于求成，应因地制宜逐步开展。一方面，随着城市化进程和行政区划调整，市场化条件逐渐完善成熟，农村土地以外的集体资产产权主体缺位问题急需解决，农民的合法权益亟待有效保护；另一方面，土地的三级所有和历史问题也使得土地股本量化得到村民认同的障碍很大；更重要的，土地作为农村一个特殊生产要素，从生产关系、粮食安全及市场和自然风险抵御等方面看，在面上推行股份化的时机还不成熟，只能在条件适合的村进行试点。

理顺社区股份合作社与其他社区组织的关系及职能，完善治理结构，建立有利于土地长远经营管理的激励机制，应创造条件，逐步调整股份合作社与党支部、村委会关系，真正让股东发挥作用。实行公众选举制度，让更多懂经营、会管理的农民参与到合作社的管理中来，规定应有二分之一以上的管理者为农民股东。同时，理顺公共事业支出与收益的关系，实行专项、定

额管理，增加乡村公共事业财政转移支付力度，使社区股份合作社的企业职能与社区职能分离，为合作社发展创造条件。

（二）妥善处理征地与股份制改革的关系

在股份制改革过程中，充分考虑到征地历史问题，实行建设用地征用开发一体化监管，妥善解决征地历史遗留问题。在界定股东资格时保护特殊群体的利益，对涉及征地的项目开发从审批、实施、建设进度实行一体化监管，没有按照协议完成征地安置的项目建设单位要承担违约责任，并在其进行其他审批时进行控制。

第五节　山东省农村集体经济股份合作制改革

一、山东省农村集体经济股份合作制改革背景与制度设计

从山东省调研总体情况来看，农村土地股份制尚未大范围开展，特征也并不明显。如山东枣庄农村土地合作社具有股份制的特征，但并未完全按照股份制企业模式运转，且主要由农业部门主导，以土地承包权作价入股，成立农村合作经济组织，以实现土地规模经营为目标展开。

（一）股权设置

从企业或合作社股份构成来看，土地所占比重较大，但不是唯一的资本。作为入股的土地绝大部分是农用地和未利用地，也有少量的集体建设用地。

股权设置方面，在以土地承包经营权（或使用权）入股为主的地方，往往只设置个人股；在存在建设用地流转的地方，集体股与个人股设置并存。对土地承包经营权（或使用权）的量化一般采用收益法，即按土地的农业收益进行量化。

（二）管理机制

在对股权具体的管理上，各地土地股份制的组织形式有别，但主要可概括为以下三种形式：

第一，将村集体土地与村集体经营性资产一起折股量化，明确每个社员

的股份，经营收益按股分红。它的主要特点是在村集体经营性资产折股量化的基础上，将农户承包的土地也折股量化，设置土地承包经营权股。

第二，将农户土地承包经营权股权化。它的主要特点是，将原农村集体经济组织发包给农户的承包地经营权作股，组建新的股份合作组织，对入股土地实行统一规划、开发和经营。

第三，农户以土地承包经营权参股。它的主要特点是农户以承包地折价入股。土地流转从农户互相间的流转逐步发展到向有实力的专业户、公司企业、专业合作组织等农业投资主体流转。

（三）收益分配

在土地股份制改革中，收益分配因地而异：

山东省济宁市汶上县农业部门为解决土地承包经营权抵押融资问题，以承包经营权为基础，为农民发放《土地产权使用证》，将农民承包地入股，由土地合作社统一经营管理。其具体做法是：县供销社、村党支部村委会和村民签订土地托管服务协议；基层供销社、村党支部村委会和村民签订土地托管服务协议；托管服务队负责大田作物全程田间管理具体作业。县社确保亩产达到正常年份前三年亩产的平均值，平均值由县社、基层社、村委会、村民代表共同商定，土地收益采用"保底＋分红"的方式进行分配，其中，保底又分为浮动保底（如以农产品市场价为参考）与固定收益保底两种形式。如果合作社亏损，差额由供销社土地托管服务队按市场价补贴，超了归农户所有，收获后由供销社、村党支部村委会和村民代表共同按农户地亩数分配实物或按当期市场价格分配现金。

枣庄市山亭区土地合作社的分红形式亦具有典型性：农户以土地入股，签订协议约定每亩年度保底收益，合作社每年可分配盈余，再以不低于80%的比例二次分配给入股社员，保证农民收入不减少，权益不受损。

（四）制度配套

山东省在推进土地合作及股份制中，比较重视配套制度建设，如完善权利救济制度、司法保障机制、土地融资机制、财政补贴机制等。如在区县级设立农村土地仲裁机构，乡镇成立农村土地承包经营权纠纷调解庭，合作组织内部设立矛盾纠纷调处委员会，及时化解矛盾纠纷；枣庄市法院出台了《关于为农村土地使用产权改革提供司法保障和服务的意见》，明确规定金融机构以《农村土地产权使用证》为抵押标志，为土地合作社提供贷款，法院予以支持保障，有的地方人民银行还联合财政局出台了文件予以保障。

二、山东省农村集体经济股份合作制改革实践

山东农村土地股份制改革经历了从农民自发组织发起，到形成一定规模后由政府有关部门按照尊重群众意愿和"民办、民管、民受益"的原则逐步规范的过程。如山东济宁市汶上县白石镇寨子社区将农民承包土地经营权折价入股，由合作社统一经营，保底红利为每亩每年700元，浮动红利每亩每年600元左右，切实增加了农民收入。该县杨村现有2000亩左右土地，其中95%的土地已入股，由合作社统一经营管理，农民收入提高2倍。

山东滕州市益农蔬菜产销专业合作社，已建成无公害马铃薯生产基地3000亩、绿萝卜生产基地2000亩、毛豆生产基地1000亩，注册了"意浓思"蔬菜商标，成功地与家乐福等5家大型超市签订了长期购销合同，形成了独具优势的"市场＋合作社＋农户＋基地"的现代农业运作模式。

三、山东省农村集体经济股份合作制改革特点

（一）重点针对农用地

山东农村集体经济股份合作制改革首要目的是实现农业规模经营。出于慎重保护农民土地的考虑，改革的重点地区是远离城市的传统农业地区，改革的终极目标是实现农用地规模经营，而不是实现建设用地的流转。其具体方式是通过组织农村土地合作社，将农户分散经营的土地集中到合作社，实现农用地规模经营，以此为契机促进现代化农业的发展。

（二）政策支持力度大

主要是市县农业部门根据当地实际情况，在推进农村土地合作制时涉及股份制的内容，出台了一些政策，进行了一定的探索。如山东枣庄市出台了《关于加快推进农村土地使用产权制度改革试点的意见》《枣庄市人民政府办公室关于支持土地流转合作社参加政策性农业保险的意见》《枣庄市市级试点农民土地专业合作社贷款贴息管理办法（试行）》，莱芜市出台了《莱芜市集

体存量建设用地使用权流转管理暂行规定》，这些文件为规范推进农村土地合作制和股份制改革提供了政策支持。

（三）自下而上的改革路径

山东农村土地股份制改革经历了从农民自发组织发起，到形成一定规模后由政府有关部门按照尊重群众意愿和"民办、民管、民受益"的原则逐步规范的过程，是一种由农民自发组织的自下而上的改革路径。如山东济宁市汶上县白石镇寨子社区将农民承包土地经营权折价入股，由合作社统一经营，保底红利为每亩每年700元，浮动红利每亩每年600元左右，切实增加了农民收入。该县杨村现有2000亩左右土地，其中95%的土地已入股，由合作社统一经营管理，农民收入提高2倍。

四、山东省农村集体经济股份合作制改革成效

（一）盘活了农村土地资产

制约三农发展的根本问题是土地问题，土地经营的关键问题是规模问题，土地规模经营的关键问题是资金瓶颈问题。国家对农业基础设施建设投入多、用于农业生产的少，而利用担保、抵押等融资的渠道少、门槛高、手续烦琐，很难保证农业和农村经济发展需要。推行土地股份制改革，赋予农村土地使用权折价、作股的功能，在更多渠道、更宽领域获取金融资金支持，促进资金从城市向农村回流，解决农业规模经营、现代化发展的资金瓶颈，弥补了国家、集体、个人农业生产投入不足，改善了农业生产条件。从合作社目前发展情况来看，改革有效解决了农业规模经营发展的资金瓶颈难题。2008年以来，枣庄市100家市级试点合作社，累计贷款1.4亿元，3年多来没有出现一笔不良贷款，有效缓解了农业规模经营的资金问题。

（二）提高了土地资源利用效率

通过土地股份制改革，由土地合作社把一家一户的土地集中起来，实现了规模经营，促进农业结构调整，增加了土地种植面积，提高土地资源利用效率，有力地推动了农业机械化建设，增强了农户抵御市场风险的能力。特别是合作社和农业龙头企业形成稳固的产业链，有效地加快了现代农业的发展步伐，大大激发了农村和农业的活力。

（三）促进了农民增收

近年来，农村劳动力输出逐渐增多，一些农户无心无力种田，承包地成了外出打工人员的包袱。由于土地合作社多从事劳动密集型的高效农业，为农村的留守农民提供了大量的就业机会，因此，实行土地股份合作社后，农民可以"离土不离乡"，既可以从合作社获得土地分红，又可以在合作社里工作，获得工资收入，形成"人动带动地动，地动带动人动"的良性循环。总的来说，入社农民通过土地入股，可以实现四次收入：一是土地股份在合作社的保底收入；二是合作社的土地分红收益；三是规模经营降低农业生产成本带来的增收；四是务工收入。以山东济宁汶上县为例，当地外出打工的农民可将承包土地以全托管的形式流转给土地合作社，由县社托管服务队经营管理。经计算，土地托管给合作社后，外出务工农民人均全年可增收5300—5400元。

五、山东省农村集体经济股份合作制改革存在问题

受地区工业化、城市化发展阶段限制，与发达地区相比，山东省农村土地股份制改革仍处于起步阶段，无论是合作社，还是其他有土地参股的企业，其组织机构、运行模式、管理方式等都与现代企业制度建设有较大的差距。

（一）土地合作社的法律地位与运行机制

土地合作社作为以土地为纽带缔结的经济组织，具备了土地股份合作制企业的雏形，含有土地入股与分红的内容，但还不是严格意义上的股份制公司，未进行工商注册，其组织机构也相对简单，没有按照现代公司制度设立"三会"，组织机构、运行模式、管理方式等仍有待完善。

（二）土地合作社的股东身份和收益分配

在农村集体土地所有制下，以土地合作社为组织形式的土地股份制，其实质是将股份制引入合作组织，实行土地、劳动、资金及其他要素的结合，聚集和融通各种生产要素，以实现规模经营和发展现代农业为目标，其合作组织或股份组织成员已超出农民集体土地成员的范畴，具有不特定性，从而为界定土地合作组织中的股东身份及合理确定土地股份及其应得收益带来难题。

（三）农民土地承包权抵押的法律效力

基层为解决农业用地资金渠道不畅的问题，以农民土地承包权为基础设定"土地产权使用权"，并发放《土地产权使用证》，并允许该"使用权"抵押融资，虽在一定程度上解决了农业发展资金投入不足的问题，但违背了物权法定原则，以此设定的抵押权应属无效，因此导致的抵押权无法实现等问题，将成为困扰合作企业或股份制企业的重大法律难题，增加了金融风险。

（四）地方政府监管缺位

从地方实践来看，农村土地合作制和股份制改革，除少数由农民自发主导外，基本是由农业部门主导，国土资源管理部门基本没有参与，也没有按照《物权法》《土地管理法》等法律法规对各类土地权利进行严格管理，为进一步推进农村土地产权制度改革埋下了隐患。

六、山东省农村集体经济股份合作制改革建议

（一）完善农村土地产权制度，规范农村土地权属管理

一是进一步明晰农村土地权利，完善各项土地权利的权能。建议尽快起草有关推进农村土地产权制度改革的立法建议，赋予集体建设用地使用权等完整的权利，允许集体建设用地使用权等进入市场流转、抵押，争取在《土地管理法》修改中有所突破。二是按照物权法定原则和各部门职责划分，加强和规范土地权属管理，立即废止与法律不符的土地权利凭证，加快推进农村土地确权登记发证，防范融资风险，确保入股土地集体所有性质不改变、土地用途不改变、农民土地承包权益不受损害，夯实土地股份制改革基础。

（二）加大制度供给力度，提供政策指导与法律保障

农村股份合作是合作经济的一种形式，不同于工商法人和行政事业单位法人，更不同于社团法人，它既承担着发展集体经济、增加农民收入的职能，又承担着社区公共管理的职能。由于目前我国还没有农村合作组织法，地方在进行农村股份合作改革时，往往无法可依。因此，建议尽快出台专门的法规，规范土地股份合作社的组织形式和运作方式，并逐步减少现有制度对土地融资的限制。条件具备时，可进一步考虑完善相关法律。

（三）发挥行政主管部门作用，扶持和开展改革试点

一是改革工作涉及面广、工作量大、政策性强，必须由地方党委政府统一组织，相关部门共同配合，才能抓好。国土资源行政主管部门应发挥牵头作用，农业、水利、畜牧、林业等涉农部门共同参与。二是要抓好试点，大力扶持。在不同经济发展水平、不同特点的地区安排一定数量的农村土地股份制改革试点，在政策指导和资金拨付方面给予一定扶持，达到摸索经验、推动工作的目的。三是要在试点和总结经验的基础上，有序推进。制定规范性文件，就农村土地股权的界定和分配、市场机制等敏感问题进行规范。同时要充分尊重农民的意愿，保障农民合法权益。

本章小结

本章从改革背景、制度设计、改革成效、存在问题等角度出发，分析了北京、四川省、江苏省、浙江省和山东省五地在农村土地股份制改革中的实践，并针对各个地区提出了完善股份制改革的建议。各地均对土地股份制改革进行了多样化的探索和实践，为土地股份制的进一步发展提供了宝贵的经验。

第七章　中国农村土地股份制的制度设计

农村土地问题纷繁复杂，从实践来看，当前农村土地股份制改革仍面临一些制度困境，在现有改革的基础上，通过完善制度设计以提升股份制的实施效率是未来土地股份制改革的重点。

本章针对当前农村土地股份制改革面临的诸多制度困境，按照第五章建立的农村土地股份制理论框架，从股权界定、股权结构、股权流动、经营管理和收益分配五大角度对农村土地股份制的制度进行设计。其中，股权界定主要解决土地股份制改造参与主体的问题；股权结构主要解决土地股权的设置及性质问题；股权流动的设计旨在提升土地股份制改造的活力；经营与管理针对土地股份管理实践中的技术性问题；收益与分配制度的设计着眼于股份制改革中产生的核心利益的分配问题。

第一节　中国农村土地股份制的制度困境

本书在进行农村土地股份制制度设计之前，先分析了当前制度面临的困境，将这些困境归纳为法律、制度、社会和市场四大方面。

一、法律困境

农村土地股份制发展面临的法律困境主要体现在几个方面：首先，缺乏系统的法律体系，当前关于土地股份制改革没有系统的法律法规和政策作支撑和指导，导致土地股份制改革的概念不清、内涵不明、形式多样，成为法律的空心地带。具体表现为：缺乏专门的法律，直接导致合作组织在成立、登记、注册、运转的过程中没有明确的法律依据。比如，实践中土地股份合作企业会在民政、工商、政府农业管理等多个部门进行登记；还有许多土地股份合作社只到各地民政局社团管理部门登记领取民办非企业法人登记证，没有独立的法律地位，这些没有工商执照的土地股份合作社，不具有企业法人的独立资格，既不能在银行、税务部门开户，也不能对外签订购销合同，不能申请商标，更难取得贷款扩大再生产。缺乏对农村土地股权认定的法规，实践中，一些地方工商部门对土地股份合作社不予登记注册，认为村民持有的"股权证"系集体经济组织内部制发，只是收益分配凭证，没有法律效力，不能作为股东出资证明。正是因为缺少正式的制度规则，许多土地股份制组织经营管理十分混乱，一些股份合作社仅仅是更名为股份合作，本质上还是集体经济，以土地出租形式进行经营。

第二，法律法规具有滞后性，一方面，集体经济组织成员权界定相关政策法规滞后，随着城市化进程和人口流动的加快，农村人口性质呈现多元化和复杂化。以广东省佛山市南海区为例，该区村（居）共居住了20多种不同户籍情形的人员，而农村股权和产权制度与户口制度又紧密捆绑，但国家对集体经济组织成员界定的规则存在模糊性，成为该区界定集体经济组织成员的政策瓶颈。再加上农村户籍制度改革，人口流动频繁，股东资格界定成为改革中的一大难点，由此引发的纠纷和社会矛盾急剧增多。另一方面，土地股份合作经济组织公司化后面临工商登记等法律约束，突出表现为现行公司法对公司股东人数作了严格的数量限制，有限责任公司股东人数不能超过50人，集体经济组织进行公司化改造后，由于公司股东人数众多，通常会超过50人，所以难以进行公司登记注册，约束了公司化改造模式的发展。法律上的支持不足是宏观上管理存在缺失的结果，最终导致的结果是各地农村在土地股份制改革时往往无法可依。

二、制度困境

（一）产权制度

在产权制度方面存在的问题表现为，首先，集体土地产权界定不清，土地确权登记是农村土地股份制改革顺利开展的重要保证，目前很多地区农村集体土地确权登记发证工作还在进行，土地确权登记发证率不是很高，实践中难免发生土地权属或者界址的纷争，给农村土地股份制改革造成障碍。同时，目前农村土地股份制改革基本是人人占有、平均分配、享益不负亏，表现出"均分、均利、均受益"的特性，股东的股权是集体无偿配送的，股东只关心分红，不关心集体资产的归属，让原来本来不清楚的资产更加模糊不清，留下了纠纷的隐患。

其次，集体土地权能残缺，集体建设用地使用权、宅基地使用权、承包经营权的用益物权属性虽然在法律中得到了确认，但是，同国有建设用地使用权相比，这些权利的行使仍受到较多限制，造成土地权利随着定着物被流转、被抵押的局面。农村土地股份改革后，集体土地的权能将直接影响和限制股权的处置，事关土地股份制改革的推进。

第三，对农村集体成员缺乏明确规定，所谓"集体成员"，是一个与农民职业相连的，同时具有政治学、经济学和社会学性质的概念，根据法律规定，"集体成员权"是指农户依据在集体经济组织中的成员身份而享有的包括农用地产权在内的各项法律权利及附着于其中的经济利益[154]。历史与现实都以无可辩驳的事实表明：在农民力所能及的范围内，成员权总是表现出强烈的排他倾向[155]。然而，中国特色的非农化道路，决定了中国农村社会成员分化方式的多元性，导致了农村社会成员的多元化流动和身份转换，并且逐渐分离为若干社会阶层[156]。村集体的成员具有两个明显的特征："流动性"和"变动性"，所谓"流动性"，是指村集体的成员参与社会生产活动处于自由流动状态，村民既可以选择到外地打工、经商，也可以在家务农。所谓"变动性"，指从村民数量上来看，由于婚丧嫁娶，村民人数总体处于增减变动之中[157]。这种集体成员"流动性"和"变动性"特征的存在，造成了对集体成员界定的困难。

第四，农用地承包经营权有期限规定与土地股份合作组织长期稳定发展的要求相矛盾，党的十九大报告指出，"巩固和完善农村基本经营制度……保持土地承包关系稳定并长久不变，第二轮土地承包到期后再延长三十年"，农用地承包期限的延长一方面确认了农民继续承包土地的权利，另一方面有利于消除其他主体对土地利用不稳定的担忧，如金融机构在参与农村土地抵押贷款中会考虑土地在中短期内被收回的风险。但不能忽视的是，农民的承包经营权始终是有期限的，对于到期后土地如何处置存在较大的不确定性，而土地股份合作组织的健康运作需要遵循着市场规则运行和发展，如果未来组织的入股要素即农民的承包经营权有可能发生变化，将会严重影响组织的稳定发展，对组织的长期经营计划、资金技术等要素的投入程度产生不利影响。特别是在承包期限即将到期时，经营管理者农业生产的积极性可能降低，损害土地利用效率，浪费土地资源，影响农民收入。虽然现在许多地区的土地股份合作组织的经济效益较好，农民满意度也很高，但是必须考虑可能严重影响组织长期发展的不利因素，进而探讨相关解决办法。

（二）治理制度

治理制度面临的问题突出表现为，首先，治理机制不完善，大部分土地股份制企业虽然建立了股东代表大会、理事会、监事会，并在章程中规定了"三会"的职责和权限，但治理结构尚不完善，有的董事会实际为村委会原班人马，改革没有完全改变集体资产的经营管理方式；一些地方重大事项还是由村支部书记或村委会进行决策，或者直接由村干部兼任股份合作社社长，出现"政企不分"；一些地方出现村支委、村委会与土地合作社三足鼎立之势，出现意见分歧时甚至无法正常开展工作；同时，在实际经营管理过程中，大多数基层土地股份制组织由少数大股东或村干部直接控制，导致村级监督机制的严重缺乏，极易损害股东利益，影响改革进程。

其次，土地入股缺乏合理的退出机制，一方面，农民入股的土地"能进不让退"，土地在入股之时是将土地估价后以资本形式入股的，如果农民选择退股，也只能以货币补偿形式退还给农民，而难以再用"分给土地"的形式退还，因为大多数土地已经过改造，一些农业用地已用于规模化经营，还有一些建设用地已建成工业区，所以很难以地块的形式退还，这种因退出机制缺失导致的农民失地风险，不利于改革的推进。另一方面，股权设置体现出的浓厚福利性和社区封闭性，股东手中的股份增值只能依靠土地股份合作经济组织的经营，很难利用灵活的市场交易、退出等机制实现价值增值。

再次，股权设置固化，一方面，土地股份制改革后，一些地方农民对"增人不增股，减人不减股"存在质疑，认为这种设置原则既有失公平，也不利于实现效率。"增人不增股，减人不减股"原则的提出，是改革之初为避免农民居民混居造成股东界限不清，通过设置固化股权的原则来稳定人股关系。但随着股东对股份制改革的认识日益清晰，股份合作社资产的日益膨胀，股东分红与现行人口特别是新生人口、婚嫁入迁者的矛盾越来越大，质疑固化股权做法的声音越来越大。一些专家学者也从理论层面提出异议，认为新生的集体经济组织成员在土地股份制改革前能够享受到集体土地权益（如征地补偿时能够分享土地补偿费），而在土地股权固化后，"增人不增股，减人不减股"，不能享有土地权益，不合理也不合法。另一方面，股权设置的固化还体现在其高封闭性上，一般章程规定只有本村天然社员资格（出生和婚嫁）才持有股权，目前大部分地方还规定股权不能转让、抵押、继承，这种封闭性很难适应开放的社会化大生产，影响规模效益的实现[158]。

最后，基层治理执行力较弱，执行能力弱的直接原因是地方政府、村集体经济组织缺乏对于土地股份制的明确认识，这种认识的缺乏主要是由于中央对土地股份合作制改革还没有明确的指导性意见，一些地方对土地股份制心存疑虑，缺乏改革的动力[159]。基层治理组织的不作为，直接导致土地股份制改革中农民参与化程度低、效果差；权利行使不清晰，出现了"内部人控制"；委托代理机制不完善，引起"政企不分"的同时还会侵蚀其规模效应。

三、社会困境

土地问题不仅仅涉及经济问题，还与社会环境紧密相关，农村土地股份制改革的推进面临一些社会环境的约束。首先，农村土地股份制的实行可能会导致"耕者有其田"的走样和农村土地的过度集中使用情况的出现，再加上股份退出机制不完善，可能会产生并激化社会矛盾、民生问题[160]。同时，农村土地股份制改革促进了农村工业化的同时却抑制了城市化[161]，由于股权红利依然来源于集体所有的土地或厂房，农民依附于土地的特性并没有改变。这种现实情况不利于农民市场竞争力的培育，缺乏提高自身素质的内在动力，最终可能会影响"城乡统筹发展"这一目标的实现。此外，在改革的实践中，对农民权益保障不够则容易引发社会问题，因为其割裂了农民与土地的直接联系。在推行土地股份制改革过程中，对农民合法权益的保护问题日渐凸现，比如，虽然南海土地股份制被视为农民分享工业化进程中的土地级差增值收益的制度创新，但是，股份分红实际上在农村居民收入中仅占较低的比例，家庭经营和非公有制企业的发展才是南海农村居民主要的收入渠道。

其次，可能引发"农用地非粮化"趋势出现，由于传统的粮食种植的经济效益很低，为了能够获得更高的经济收益，保障入股农民每年的分红，增加农产品在市场上的竞争力，或者是组织聘请的职业经理人在绩效考核的压力下，土地股份合作组织更加倾向于种植价值更高的经济作物，从而保证对入股农民的分红承诺，增加组织收入。但是如果大部分合作组织都选择种植经济作物，放弃粮食种植，甚至破坏了粮食种植的土地，将会对粮食安全的保障产生不利影响，威胁国家稳定发展。

最后，土地股份合作经济组织缺乏经营管理人才，目前很多土地股份合作组织的牵头人都是村集体基层干部或者是种植能手和专业大户，多属于传统农民，文化水平有限，缺乏专业的合作社治理能力，此外，许多地区经营管理层普遍年龄偏大，缺乏合作理念与市场知识，导致组织的经营管理与市场需求脱节，难以与时俱进，不利于组织市场竞争力的提高和技术改进。事实上，土地股份合作经济组织经营管理水平的提高并非易事，一方面，对于初期成立或者经营规模较小、利润较低的合作组织很难承受聘请专业管理人才的成本；另一方面，即使有盈利高的合作组织希望引入现代化的管理机制，相关专业人才仍然十分稀缺，再加上农业收益较低、自然灾害风险较高、第一产业社会地位较低等原因，对专业人才也难以形成有效吸引和激励。

四、市场困境

首先，农村土地股份制改革经营模式单一，长期收益难以保障。大多数土地股份合作社的经营模式主要是对入股的农用地实行统一布局规划，改造农业基础设施，改善农业生产条件，然后简单对外租赁或发包，收取固定的土地租金，难以获取增值收益。部分涉及非农用地的土地股份合作社普遍采取的经营模式是出租物业，该模式的经营收益只需考虑租金高低，虽然操作相对简单，风险整体可控，但不利于政府进行产业引导和集中，且部分经营项目的选择缺乏深入细致的调查研究、严格的分析论证，容易导致区域同质化竞争，部分项目由于集体资产水平有限，收益能力十分有限。

其次，农村土地股份制改革实践中面临融资困难的现状，导致经营风险高。土地股份制企业尽管受到了政府财政、税收等方面的优惠，如《农民专业合作社法》中规定了金融机构要提供资金支持，但实际情况是，土地承包权不得用于清偿债务、不得作为偿还债务后的剩余财产进行分配的限制，导致农民专业合作社依然存在融资困难的问题。所以企业贷款、融资瓶颈尚未突破，集体土地难以抵押，发展所需资金主要依靠成员出资，资金规模十分有限，成为制约企业发展的重要因素。另外，土地股份制企业面向市场生产、提供服务，千变万化的市场给企业带来潜在的经营风险，而许多企业既缺乏风险防范能力，也没有风险应对机制。

再次，土地资产评估缺乏科学依据，入股作价偏低。一般在土地大量被征收地区，入股土地作价往往以政府规定的征地补偿费为依据确定；在土地少量被征收的地区，以政府规定的征地补偿费和当地土地纯收益为依据，采用加权平均法计算；而在土地没有被征收的地区，则以各类土地的农业年纯收入为依据评估。可见，大多数地区在进行入股土地资产价值评估时，参照的是国家土地征收补偿费和农业年纯收入而非当地土地流转市场价格，土地资产的核算和评估缺乏科学性，致使社区成员持有的股权价值远低于其实际价值。土地评估价格既会直接影响农村土地股份制公司总资产和注册资本的确定，也会影响其后续向金融机构申请融资的额度，不科学的评估结果既不利于股份制改造的推进，还容易造成集体资产流失，损害集体成员的利益。

最后，农民增收缓慢和收益失衡也是土地股份制改革面临的突出市场困境之一[162]，以南海区农村股份制几年度之间分红增长速率为例，1997—2000年3年间分红仅增加3.19元，2000—2005年间人均股红仅增加了477元[163]，可见农村土地股份制改革产生的经济收益十分有限，若不能实现资产增值，那土地股份制改革的优势也无从体现。

第二节　中国农村土地股份制改革的基本原则

农村土地股份制改革并非无条件适用于所有地区，也并非解决农村问题的"万金油"，所以在制度设计上应当明确土地股份制运用的基本原则。本书从股份制改革的前提条件和改革思想两方面分析进行土地股份制改革应当遵循的基本原则。

一、明确土地股份制改革条件

我国农业发展还处于初级农产品生产阶段，农业生产收益率较低，并非所有地区都适宜进行股份制改造，需要结合地区实际情况进行判断。从目前已经实行土地股份制改革的地区来看，顺利落实改革政策需要具备以下四个前提条件：一是经济基础，参与改革的许多农村处于发达地区城市周边郊区，村内大多数农村劳动力转移到二、三产业就业，农村家庭农业收入占总收入比重很小。这样农民更具有市场化意识和转变农业经营模式的想法，也能够承担一定的经营风险，会有更高的意愿参与股份制改造。

二是市场空间，只有规模化经营种植的生产对象具有较大的盈利空间，市场需求大，才能够吸引足够的资金、专业人才、生产技术及设备的投入，进而保障合作经济组织生产经营的顺利运行。

三是政府的支持力度，农业生产想要实现规模化种植，前期需要投入大量资金进行基础设施建设，如现代化生产设备、农业设施、农业服务配套项目等都需要在正式生产前进行建设，而新成立的土地股份合作经济组织仅依靠入股成员的入股资本远不能满足这些资金要求。所以大多数合作经济组织在运行前期会依靠政府的财政投入，即使在江浙等发达地区成立的合作经济组织，前期也依靠了地方政府投入的大量支持资金才有效推动股份制改革发展。

四是对基层干部的素质和能力要求，虽然土地股份制改革前提是农民自愿原则，但一般发起人和组织者都是村集体中的基层干部，这就对基层干部个人素质和经营管理能力要求较高。

二、树立正确的改革观

相关政府部门要充分认识到改革的重要作用，坚持在改革中突出农民利益，平衡好集体与农民的利益关系，同时在不违背相关政策法规前提下，突破传统发展观念的束缚，大胆探索，积极创新。

部分具备土地股份制改革条件的农村地区存在村民不能理解股份制改革的重要意义，认为直接将自己的承包土地流转给农业龙头企业或者种植大户，能够立马收回租金，眼前看得到的收益来得更直接的现象。另外还存在农民担心股份制是重走人民公社的老路、土地承包权最终会被集体收回等。出现这些现象的原因除了基层干部政策宣传不到位之外，还有农民对于基层组织的信任不足，害怕土地收益分配不公或者收益落实不到位等。这种情况下就需要当地基层干部做好村民思想工作，加大宣传力度，将土地股份制改革的优势和具体实施细则，尤其是村民能够从中获得的短期和长期收益解释清楚，消除农民疑虑。还可以采用灵活性的解决办法，给予部分选择土地流转方式而不愿入股的村民1—3年的过渡时间，在规定的期限内，通过让这些村民看到加入合作组织中的股东或者社员获得的实际效益来鼓励他们加入，增强农民对于合作经济组织的信任程度，进而不断壮大土地股份合作经济组织的经营规模。

三、因地制宜推进改革

在改革前，应当明确不同地区的社会经济发展水平不同，区位条件也有差异，土地资源禀赋也各有特点，所以在进行土地股份制改革之前，选择何种组织形式，经营方式及规模、种植何种作物等都需要结合当地经济发展水平、地方特色、市场需求等作出决策。同时还要注意避免为了完成政治任务而在短期内盲目改制，否则集体土地的经营管理不仅没有实质性的改变，还容易侵害农民权益。

在土地股份合作经济组织成立后，组织内部运行机制、股权配置、集体资产重组、收益分配等具体的实现形式都需要结合实际情况进行探索，不能盲目跟从已改革地区的经验。对于经营主体，合作经济组织自主经营或者聘请职业经理人代为管理相比由外来投资者经营更优。主要原因是外来投资者以盈利为目的，而农业存在利润回报率低，部分农产品生产周期较长，外来资本难以获得预期收益率，最后出现生产偏离预期规划，农民收益受侵占等问题。所以自主经营型模式下的土地股份合作经济组织更适合集体农业的稳定生产。另外在农业规模化经营上也不是追求规模越大越好，尤其我国多山地地形，土地细碎化问题明显，适宜精耕细作，所以适应当地自然条件，适度规模种植才能更有利于农业生产管理。

　　总之，改革应当注重创新思路，积极对接市场，发展农村特色产业，培育专业市场，打造特色农产品品牌；加强基础设施建设，吸引和利用外来资本和技术，发展适度规模经营，提高农业机械化普及水平，提高农村土地增值空间；充分发挥地区的资源、技术、政策优势，因地制宜推进改革，不断提高土地股份合作经济组织的经营效率。

第三节　中国农村土地股份制的制度设计

　　本节依据第五章构建的土地股份制理论框架，从股权界定、股权结构、股权流动、股权经营与管理、股权收益分配五个方面设计了农村土地股份制的制度体系。

一、股权界定制度设计

　　产权理论认为私有产权是对资源使用权的一种排他性分配，进而抵御侵权者以保外部人无权干涉，本质上是一种排他性的权利。在我国农村土地制度改革过程中，农村土地所有权、土地使用权及他项权利的确认是基础性工作，是保障土地制度改革顺利实施的重要前提，2013年中央一号文件中就提出要全面开展农村土地确权登记颁证工作，体现出中央对农村土地确权的支持态度，所以土地股份制改革中首先需要对农村土地进行确权登记，土地确权过程主要包括土地登记申请、地籍调查、核属审核、登记注册、颁发土地证书等程序。

　　土地确权一方面保障了农民作为土地使用权人这一物权权利人的身份，农民可以依法维护自身土地权益；另一方面，明晰的产权体系有利于进一步盘活农村土地资源，规范各方主体行为，降低相关主体的参与风险。总之，确权后农村土地不再仅仅是土地资源，其土地资产属性也将被激活，是释放农村土地财富的前置环节。

　　（一）农村土地股份制的股东资格界定

　　1.股东资格的初始界定

　　在股东类型上，土地股份制改革中无论形成的是何种组织形式，本质上都是股份制，为了研究和管理标准的统一，本书将所有土地股份合作经济组织的入股成员统一称作"股东"，不因组织形式的不同而区分。

　　股东资格的初始界定，即是界定初次分配的股权归属，本书在第五章按照不同类型的土地股份合作经济组织形式对于股东入股资格的界定标准和界定主体分别进行了详细分析，除了考虑土地要素外，实践中界定股东资格还要综合考虑时间节点、界定单位、乡规民约等多种因素。

　　明确时间节点主要是明确股东资格取得的起止日期，具体来说，可以按照土地一轮或者二轮承包时点、承包经营权证书发放时点、确定股改的时点或者组织因发展需要调整股东资格标准而确定的时点等标准作为股东资格初始取得的时间，选择在哪一时点确认股东资格，应由全体入股股东达成一致意见后方可执行。界定股东资格同样要明确该项权利行使的截止日期，不得超过农村土地剩余使用年限。

　　股东资格界定需要明确界定的单位为何，理论上讲，股权界定的单位可以包括人、户、村、组织等，实践中为了降低管理成本和难度，可以以"户"为单位，通过股权界定到户的方式确认初始的股东资格。界定到户，即按户发放股权证，每户股份总数不变，而不涉及每个家庭成员的股数，股份合作组织的收入增加，每户的分红自然也就增加。股东资格初始界定后，由于家庭人口变动如新出生人口、成员死亡、外嫁女或外部资本进入等因素引起的股权变动，则不属于初始界定的范畴，是股权交易或流动后需要进行的股东资格再次界定。

虽然乡规民约属于非正式制度，但其在中国农村社会仍然发挥重要作用，可以说正式制度要想有效实现改革绩效，必须要重视非正式制度的要求，从改革实践来看，各地区之所以在很多环节、内容上没有形成统一的标准，很大程度上是受各地乡规民约的影响，所以股东资格的界定要与各个地区习俗规则相融合。

总之，无论采取何种方式界定股东资格，都要遵循合法合规、尊重历史、实事求是、公开公正的原则，充分保证农民的主体地位，在征得最广大群众的同意后，选择符合各地实际的资格界定方式。

2.股东资格的变更登记

股东资格的初始界定并非界定的终结，初始界定是为后续股权流动提供基础，随着股东自由转移和流动的实现，股权变更登记的需求会产生，即对股权资格进行再次界定。

登记作为不动产物权变动的公示手段，对于保护交易双方权益，规范交易行为有着重要意义。可以参照土地承包经营权，其发生流转时采用登记生效主义，土地股份制中的股权变更时也需要进行变更登记公示权利关系。当股权发生主体变动，即股东资格初始界定的主体与土地股份实际占有者不一致时，需要及时进行变更登记，以保障股权变更关系的安全性。此外，还应配套设定股权变更登记机关，可以由县级政府相关部门人员负责或者单独成立登记部门，有条件地区也可直接授权乡镇人民政府进行登记。总之，随着土地股份制改革的日益完善，需要逐步健全股权登记制度，除了变更登记外，相应建立起股权的初始登记、注销登记等。

（二）农村土地股份制的权利界定

公司制下，股权即股东权，是指股东因出资而取得的、依法定或公司章程规定的规则和程序参与公司事务并在公司中享受财产利益的、具有转让性的权利。股权的主体是股东，投资者依据出资协议或者认购协议，向公司投资资本，因而取得股东资格，并基于其股东资格对公司享有一系列权利，股权的客体是股东对组织享有的权利本身。股权的内容具有综合性和集合性，我国《公司法》第4条规定："公司股东依法享有资产收益、参与重大决策和选择管理者的权利"，具体包括：发给股票或其他股权证明请求权，股份转让权、股息红利分配请求权，公司剩余财产分配权，出席股东会并行使表决权，任免董事等公司管理人员的请求权，要求法院宣告股东（大）会决议无效的请求权，股东代表诉讼权，对公司章程和会议记录、会计账簿的查阅权等。此外，一般还认为股东依法享有优先认购新股权、公司重整申请权和对公司经营的建议与质询权，综合来说，可以将上述权利归为几类：

第一，资产收益权，主要包括发给股票或其他股权证明请求权、股份转让权、股息红利分配请求权、公司剩余财产分配权、优先认购新股权、公司重整申请权等。股权作为民事权利的一种，权利的功能或者法律赋予权利主体是为了实现和保护其合法的利益。股权作为股东转让其出资财产所有权与公司进行投资所取得的对价，其目的是获得超过其出资财产价值的超额价值，这是股东的合法利益，也是股东进行投资的动机所在，所以，股权必然包括资产收益权。

第二，参与决策和选择管理者的权利，主要包括出席股东会并行使表决权、任免董事等公司管理人员的请求权。股东的资产收益权能否实现以及实现程度如何，依存于公司资产经营的成效，又由于股东资产收益权的实现略后于公司债权人对公司的债权，因此股东资产收益权的实现具有一定的风险性，公司资产经营、管理的任何环节的失误都可能使股东得不到收益，甚至被债权人申请公司破产，所以，股权必然应包括参与决策和选择管理者的权利。

第三，监督权，主要包括对公司章程、会议记录、会计账簿的查阅权，对公司经营的建议与质询权、要求法院宣告股东（大）会决议无效的请求权、股东代表诉讼权。要实现股东资产收益的最大化，除了慎重决策和选择管理者以实现公司盈利最大化外，在所有和控制分离和资本多数决下，还要防止管理层滥用控制权、大股东滥用资本多数决侵害公司利益从而侵害股东利益，所以，股权还应包括监督权。

对比公司制下的股权，目前土地股份制改革中的股权是一种不完整的股权，也可以称为"准土地股权"[164]，与严格意义上的股权有较大差距。土地股份制改革中股东股权往往是不完整的，更多的是带有福利性质的简单分配，股权具有封闭性和残缺性，这与《公司法》中规定的股权差距还很大。因此，入股土地股份合作经济组织的股东股权权利界定应在符合法律法规的前提下不断拓展完善。

二、股权结构制度设计

（一）股权量化与配置

股权的量化与配置是将土地股权分配给相应权利主体的过程，在很大程度上决定了股权结构的状态。

1. 股权量化

农村土地股份制中的土地股权量化是指将集体或农户入股的土地使用权按照一定的量化折算标准，将土地的使用权转化为股权的过程。一般来说，农村土地使用权的股权量化主要有以数量为依据、以质量为依据和以价值为依据三种。

第一，以数量为依据的股权量化方式，具体以农户用以入股的土地多少作为依据，按照一定的折算标准，将股份分给入股农户。这种量化方式的优点在于方便高效，无需其他的评价手段，只看土地面积大小，现行量化方式一般采取一亩一股的方式折算。而以数量为依据的折算方式的缺点在于，不能将土地自身的禀赋差异纳入量化考量，没有考虑到不同位置土地的地理差异，单位面积相同但生产能力不同的土地都被量化为1股，导致量化结果有失公允。这种量化方式主要适用于土地质量差异不大的地区、入股土地面积大而难以分别进行质量和价值评估的地区、土地权属不清的地区和大规模撂荒地区。

从实践经验来看，以数量为依据是最广泛使用的股权量化方式，如四川省崇州市清源土地股份合作社，入社土地面积为2996.64亩，入社农户956户。2015年，该合作社被确立为开展财政投资收益扶贫试点合作社，对公益性资产和经营性资产分别采取了不同的资产量化方式。公益性资产主要包括共计投入192.28万元的财政资金建设形成的渠道、道路等农业生产设施，采取共营制方式量化，按入社面积平均量化到合作社社员；经营性资产则按投入资金以1元为1股，根据资金来源和功能进行股份量化分配[165]。又如山东省东平县，部分荒山、荒坡、荒沟、荒滩、水面、堤坝等资源长期处于权属不清、责任不明状态，成员难以从中受益。通过集体产权股份合作制改革，这类村一般依据资源设置股权，只量化面积不核算价值，组建以经营土地资源为主的股份经济合作社[166]。

第二，以质量为依据的量化方法，具体以社员入社土地的质量和产量为基础，根据其常年产量评定为若干股，作为缴纳股份基金和取得土地分红的依据。评定社员入社土地的产量，综合考虑了土地的质量和实际产量。以质量为依据的股权量化方式优点在于，以土地的资源禀赋为基础，补偿了农户对土地的前期投入，对土地的生产能力作出差异化的利益分配。缺点在于一方面，质量的等级难以划分；另一方面，划分了等级后每个等级单位面积土地所占的股权确定标准也难以统一，可以通过土地整理的方式缩小不同地块之间质量的巨大差异。

目前以质量为标准的股权量化方式也有了一定的实践经验，如湖北省武汉市孤堰农业专业合作社位于金安区孙岗镇孤堰村，2009年5月注册成立，2014年该社被评为国家示范社，到2015年，带田入股156户，入股面积1620亩，其中贫困户5户，入股45亩，股东亩均分红1100元。本着自愿原则，带田入股的农民先书面申请，经合作社批准，签订合同成为土地股份合作社股东，田块质量经合作社实地查看评估后，按田块情况（如冲田、畈田、田块大小、肥瘦等）、水利情况（是否旱涝保收）、交通情况（是否方便农机作业）等分好、中、差三个等级，以每个等级相差5%参与分红。

第三，以价值为依据的股权量化方法，具体以入股农用地在某一时间点的市场价值为依据，按照一定的折算比例，将土地使用权折算成为股权。这是一种较为符合现代公司制的量化方式，由专门的评估机构对入股土地进行估值，可以比较真实和准确地反映公司本金化的价格。但是这种方式也存在一些缺点，一方面，以价值为依据的股权量化方法的工作量和工作难度较大，另一方面评估的结果不仅受主观判断的影响，还受到未来不可预见因素的影响，导致经济性的增值和贬值不易全面准确计算。这种量化方式可以适用于有建筑物附着或者存在大量基础设施、具有特殊性质的难以简单用面积和质量进行评价的地区。

目前以价值为依据的股权量化方式也取得了一定的实践经验，如湖南省资兴市的土地股份制改革，根据《资兴市农村集体资产清产核资工作方案》，资兴市采取了两种方法开展清产核资工作，一种方法是聘请专业公司进行资产评估，另一种方法是组织乡镇、村干部、村民代表、老党员、老干部组建资产评估工作组进行资产评估。试点村对农村集体所有的各种资产、负债和所有者权益进行了全面清查核实，对农村集体所有的无原始凭证的资产以及账面价值与实际价值相差较大的资产，采取重置成本法和现行市价法等方法进行资产估价和价值重估。具体来说，35个试点村集体（社区）除唐洞街道新民社区聘请了专业公司进行资产评估外，其余34个村（社区）都由集体资产评估工作组进行资产评估。评估后35个试点村资产总额15821.6万元，其中：经营性资产1884.01万元，非经营性资产12246.99万元，资源性资产中山林765亩、1690.6万元。另有山林21.36万亩，因未经营，暂未估价[167]。又如武汉市新洲区仓埠街孙岗村仓溪富土地股份合作社，在股权设置上，只设土地股，将每亩土地比照市场平均流转价值（约500元）折算成资金，按10年总数计入股金，按地量股、持股分红。

除上述量化方式外，实践中许多股份合作经济组织在量化股权时还会考虑劳动贡献和非劳动贡献的因素，如将体力劳动投入、专业技术投入、公共服务投入等量化为股份。

2.股权配置

目前学术界对于股权配置的具体方式还未形成一致意见，特别是对于集体股设置的合理性及其所占比例还有待进一步的分析研究。本书将股权配置的方式分为集体股和个人股相结合的方式以及只设立个人股的方式，其中，集体股指的是股份合作经济组织中，用原集体组织共有的资产、集体成员联合投资形成的资产，以及股份合作经济组织设立后的公共积累资产投入所形成的股份。个人股是相对于集体股来说的，是村集体内个人持有的资产投入股份合作经济组织中而持有的股份。

第一种股权配置的方式为集体股和个人股相结合，在实践中，农村社区股份合作社一般将股份分为集体股和个人股，个人股又依据各地实际情况分为不同种类。这种股权配置模式的优势在于能够在维护入股农民利益的基础上解决集体公益支出的财源问题，具体表现为集体能够基于集体股分享股份合作经济组织的净利润，这部分收益可用于处置遗留问题、可能需要补缴的费用、成员社会保障支出和一些必要的社会性支出，或者直接用于提高集体公共设施和公益事业的供给能力[168]。同时，这种股权分配模式也可能导致一些问题，集体股可能导致集体股股东及其代表对股份合作经济组织经营管理的控制甚至不当干预，新型农村集体经济组织的董事会或理事会、监事会成员大多仍由乡镇党政主要领导和机关干部、村领导班子成员等兼任，造成社区行政组织或村委会对合作经济组织日常人事管理权和经营决策权的过度干预现象。所以，有学者认为集体股的存在有一定的必要性，只是集体股的比例应按实际情况来确定，要控制好集体股的比例。随着时间的推移，当社区集体公共事业职能逐步减弱、管理费用逐步降低时，应逐步降低集体股的比例，直至取消集体股，将集体股所对应的资产量化到人，建立明确的产权关系[169]，但仍应该从个人股权收益中提取一定比例的公积金和公益金，作为组织必要的生产成本和组织管理费用[170]。

实践中大部分农村土地股份合作组织都采用了集体股和个人股相结合的配置模式。如山东省东平县开展股份制改革时，设立的资源股分为 A、B 两类，A 股为集体配置股，即量化的集体"四荒"资源与村内荒片等；B 股为股东入社"出资"，即成员以家庭承包土地等自愿入社的股份[155]。湖南省资兴市农村土地股份改革中，有 16 个村设立了集体股和个人股，有 14 个村只设立了个人股。集体股比重由成员大会或代表会议讨论决定，各村不一致，多数村占 30% 个人股全部按"人口股"人均 1 份进行量化，股权管理均实行 1 年或 3 年动态管理①。又如，四川省资阳市由于处于土地股份制改革的初步探索阶段，需要有能力的党支部干部统筹管理合作组织，所以实践中存在集体股比例高达一半的情况，集体股权收益分配上是集体组织与农民个人七三分。

综上，集体股和个人股相结合的股权配置模式比较适用于农村土地股份合作组织的成立初期或集体公益性支出较大的地区，此外，如能建立规范的运作体系，妥善解决行政力量对股份合作组织的不当干预，也可以采用这种

---

① 湖南省资兴市人民政府.资兴集体股份全能改革探索与建议 [J].农村经营管理，2017（1）：19-20.

股权配置模式。

第二种配置方式是只设个人股，目前已有部分农村土地股份合作经济组织采用只设个人股的股权配置模式，以上海莘庄工业区社区股份合作社为例，该股份合作社的股权设置中只设村民个人股，没有集体股。所有具备入股条件的村民，不论农龄长短、职务高低，一律平等入股，每人最多可入4股，每股5000元，由符合条件的村民以现金入股，经工商登记，组建莘庄工业区社区股份合作社，领取农民专业合作社法人营业执照，取得农民专业合作社法人资格，最终该合作社总股本1.1亿元，全部是村民个人股，股东人数7655人，入股率71.7%[158]。再如《中共绍兴市委绍兴市人民政府关于推进农村社区股份合作制改革的意见》中明确规定："在资产量化过程中，原则上不设集体股，一般只设个人股。"

与集体股和个人股相结合的股权分配模式相比，只设立个人股具备一些优势：第一，可以更大程度上调动农民的参与积极性，提升农民对合作经济组织的主人翁精神和参与意愿；第二，只设立个人股，可以为农民带来更大经济利益，扩大农村股份合作经济的参股率；第三，可以缓解部分股份合作组织政社不分的情况，既可以解决集体股股东对重大事项常常没有投票表决权的情况，也杜绝了集体股对股份合作社债权人的清偿责任不明确的问题[157]，使得决策作出和机构运行更加规范，更加符合现代公司制的规则。同时，只设个人股的股权分配方式也存在一些困境：第一，可能带来村集体或者社区的公益资金不足，应对某些公益性的需求可能有效供给不足；第二，只设立个人股，农民作为股东对股份合作经济组织的参与程度有所提升，在行使股东的诸多权利时，也对股东的文化水平、参与能力、判断能力、监察能力等提出一定要求；第三，这种股权分配模式也对实行区域的经济基础、文化条件等有更加严格的要求。

综上，个人股股权分配模式主要适用于已经成立并稳定运行一段时间的农村土地股份合作经济组织或经济较为发达、村民权利意识和自身能力都较强的地区。

（二）股权权利内容

本书从土地股权权利束和股权持有者两个角度出发，解构并设计土地股份制股权应包括的权利内容。

1. 土地股权权利束中的权利内容

第一，股份占有权。股份占有权是实现股权其他一切权能的基础，股份占有权表面体现的是农民对土地股份合作组织的股份权，实质体现的是农民对集体土地的股份权。因为，入股模式打破了集体土地之上"集体所有，农民使用"的旧式人地关系，重新构建了"农民个体按份所有，规模经营"的新式人地关系，从这个角度理解，集体土地地权转股权的过程也是农村再集体化的过程，入股后农民自然享有股份的占有权。

第二，股份收益权。收益权是股份价值的直观体现，不能够产生收益的股权对于农民没有意义，也将使农村土地股份合作制改革的效果大打折扣。收益权实现难点在于股份收益的大小该如何确定，与入股前的土地经营收益相比，股份收益如何更突出地发挥比较优势。现实中，对股份收益的分配有三种做法：第一种是保底收益，第二种是保底"收益＋固定分红"，第三种是"保底收益＋浮动分红"。由此可见，股份收益权首先体现的是股权的生存保障功能，或者说利益共享，其次体现的才是风险共担。实践中不同区域以及同一区域的不同村庄，股份收益实现存在较大差异。以安徽省六安市孤堰农业专业合作社为例，带田入股土地不付租金，入股土地和入股资产每年按股参与年终分红。有关麦、稻、蔬菜、西瓜等农业保险理赔等，一律作为利润据实按股全部分红给入股农户。每年效益分红于当年 12 月 20 日前兑现到位。合作社在年终结算中，从利润中提取 10% 公积金用于来年再生产。关于金安区孙岗镇孤堰合作社'三变'改革试点的调研报告指出，计划从 2016 年开始，在公积金之外，另提取 5% 公益金用于扶持合作社贫困户或公益事业发展。又如大邑县青霞镇龙居土地整理合作社，将辖区 1200 亩土地全部入股，将全部土地整体流转至成都万良菌业开发有限公司，合作社采用共享制的方式进行股权量化，将建设后资产按照合作社社员的数量进行平均分配，实现全体社员入股，实施利益共享的分配机制[171]。

实践中由于不同土地股份合作经济组织的制度设计不同，不同区域以及同一区域的不同村庄，其农民的股份收益出现较大差别，关于收益分配的制度设计，本书将在后文予以阐述。

第三，股份担保权。股份担保权是指农户或农民个人等将其所持有的股份为自己或其他债务人提供履行债务的担保，当债务人不履行到期债务或发生当事人约定的事由时，债权人可通过折价、拍卖或变卖该股份获得的价款优先受偿。股份担保权从属于债权，随着债权的存在而存在，随着债权的转移而转移，并随着债权的消灭而消灭。其中，股份质押作为股份担保的形式之一，因其操作便捷性，是目前最可能得到推广和落实的股份担保形式。

此外，股份收益权是股份担保权能够设定并实现的基础和前提，农民以股权证所代表的股份权益设定担保权时，需要由第三方评估机构对担保股份依据一定年期的收益作出合理的价值评估。一旦农民或其家庭不能及时偿还贷款等债务，其一定年期的股份收益权将由债权人享有，但解除担保权后的股份仍归农民个人所有。

第四，股份继承权。通过对《继承法》《中华人民共和国农业法》（以下简称《农业法》）、《土地承包法》《物权法》等法律的梳理可以发现，我国法律对土地承包经营权继承是普遍认可的，但不同法律的具体规定也存在差异。比如，《继承法》（第4条）和《土地承包法》（第31条）允许继承的是承包地收益；《农业法》（第13条）设置继承的前提是承包人死亡；《物权法》（第128条）采用"等方式"的模糊处理办法，按照"法不禁止即可为"的原理，可以认定继承有效。

参照前述法律的立法思路，农民持有的农村土地股份合作经济组织的股份，在股权人死亡的前提下，经全体股东半数以上同意，继承人获得对股份剩余年限收益的继承权；未取得同意的，必须依照公司法有关股权转让的限制性规定转让股权。

2. 股权受益者的权利内容

本书对股权受益者权利内容的分析，是以一般意义上公司制下股权受益者所享有的权益为标准的，虽然土地股份合作经济组织与一般意义上的公司仍有较大差别，但较为完善的公司制可以为土地股份合作经济组织中股权受益者权利的完善提供有益的借鉴。

第一，资产收益权利，主要包括发给股票或其他股权证明请求权、股息红利分配请求权、股份转让权、优先认购新股权、重整申请权和剩余财产分配权，具体包括：

（1）发给股票或其他股权证明请求权，出资证明书是有限责任公司股东的股权凭证，《公司法》第32条规定："有限责任公司成立后，应向股东签发出资证明书。"可以将"土地股票"看作是土地股份合作经济组织签发的证明股东所持股份的凭证，证明请求权表面体现的是农民对土地股份合作经济组织的股份权，实质体现的是农民对集体土地的股份权。所以，只要是成立农村土地股份合作经济组织，都要为股东颁发股权证明。

（2）股息红利分配请求权，是指股东基于其股东的资格和地位所享有的请求土地股份合作经济组织向自己分配股利的权利[172]，经济组织应当将弥补亏损和提取公积金后所余税后利润向股东进行分配。

（3）股份转让权，即股东获得股权后，股东享有依法转让或处分自己所持有的股权，并从转让或处分股权的行为中获利的权利。常规的转让包括抵押、担保、继承和赠予等多种形式，相比于一般股权的转让，衍生于地权的股权转让存在诸多限制。在实践中，许多农合土地股份合作经济组织都会限制股权交易的对象，有的股份合作经济组织要求股权只能在集体内部交易，这一规定一定程度上可以保护本集体成员的利益，但本质上是一种不完全的股份转让权。本书认为，股份合作经济组织可因地制宜地设置股权转让章程，平衡集体成员利益和经济效率，同时也应设置个人持股的最高限制，以免少数人控制合作经济组织的决策和运行。

（4）优先认购新股权，优先权包括股东优先认缴出资的权利和优先受让股权的权利。优先认缴出资的权利是指组织新增资本时，股东有权优先按照实缴的出资比例认缴出资；优先受让股权的权利是指股东自愿或被强制转让其出资给第三人时，组织内其他股东在同等条件下有较第三人优先受让该股权的权利。设立优先认购权的目的是在组织有扩大总股本的融资行为时保障现有股东的持股比例和权益不被摊薄，通过行使优先认购新股权，老股东可以以较低价格购买新股。农村土地股份合作经济组织如果要增股，也应尊重原有股东的优先认购权，组织应提前设置相应章程并通过股东大会的讨论，确定新股优先认购的比例，这样才能平衡老股东的利益和公司发展的需要。

（5）重整申请权，针对的是一般意义上公司破产的一个权利，目的是保护身陷困境的公司债务人，以便实现在企业再建。濒临破产的企业通过破产重整，不仅能够最大限度保护债权人的合法权益，还能够使得企业借助重整走出困境，重新焕发生机。重整程序作为破产程序的一种，是标准的法院非诉讼司法审判程序，而且相对于一般民事诉讼，重整程序将会占用更多的司法资源。所以，申请人在法律规定的时间内提出申请同样是决定申请人是否具有申请权的因素之一。在我国，人民法院作出破产宣告之后，破产清算程序便不可逆转，所以这项股东权利应谨慎行使，土地股份合作经济组织也应对股东善加说明，也应经股东大会通过相应章程，规定适用的情形和程度。

（6）剩余财产分配权，是指组织解散时，组织财产通过清算清偿完所有债务后还有剩余，股东享有请求分配这些剩余财产的权利。农村土地股份合作经济组织应根据自身情况提前完成相关章程的制定并通过股东大会的审议，章程应包含解散后的负责主体、资产核算方式、剩余财产的分配方式等相关内容。

第二，参与决策和选择管理者的权利，主要指出席股东会并行使表决权和管理人员任免权，具体包括：

（1）股东表决权又称股东议决权，是指股东基于出资者地位而享有的对股东会的审议事项作出一定意思表示的权利。现在各国公司法普遍确立了股东行使表决权的基本原则：一股一票，多数通过。

（2）管理人员任免权的产生是依据2004年版的《公司法》，在董事等公司管理人员任期届满前，如果存在正当理由，如董事违反了对公司的忠诚义务等，股东会（或股东大会）不再信任董事，那么股东会（股东大会）有权解除其董事的职务。

目前在股东参与决策和选择管理者权利范畴内，实践已经较为丰富，如资兴市充分尊重村民意愿，由村集体资产股份合作社制定章程、设置股种、开展股权量化及管理工作，合作社章程及股权量化、管理、变更等方案均通过合作社社员酝酿协商，由社员代表大会表决通过。建立好资产、资源、股权台账和社员登记（变更）台账，建立健全管理办法，并以村集体经济组织名义向成员（以户为单位）出具股权证书，作为其占有权和收入权、参与管理和决策的有效凭证^①。又如崇州市青桥土地股份合作社建立了完备的股权量化分配台账,合作社将拟定的股权量化方案提交合作社股东大会进行讨论,经三分之二的股东代表同意后,公示生效,最后对社员办理股权证^[161]。孤堰农业专业合作社坚持农户"入社自愿、退社自由、一年一定"原则,凡是加入合作社并带田入股的农民,都是合作社股东,在经济上享有股份分红权,在政治上享有选举权、被选举权等。关于金安区孙岗镇孙堰合作社'三变'改革试点的调研报告指出,股东大会作为合作社最高权力机构,由全体股东组成,讨论决定合作社经营管理等一系列重大事项,包括理事会、监事会、片长、组长在内的所有管理人员都必须经股东大会民主选举产生,实行1年3选,且最低当选票数须达到参选股东的90%。

目前我国农村土地股份制改革中,基本都包括了股东参与决策与选择管理者的权利,也有了不少效果良好的实践。但是仍存在一些问题,如"三会"(股东代表大会、董事会、监事会)权利与义务规定模糊,部分合作社"政社不分",组织机构虚设,监管困难,导致农村土地股份合作经济组织管理僵化,股东信任程度低。因此,农村土地股份合作经济组织应采取各种措施解决上述问题:第一,应规范公司制度和章程,明确股东的各项权利和义务,公司的制度及章程是公司一切组织活动的基本规则,只有在公司的管理制度和章程上进行有效的规范,才能切实有效地保护股东的权益。第二,必须坚持以农民为主体的管理原则,重视对农民在农业经营管理、市场化运作等方面的培训,提高农民的参与意识和参与能力,从而使组织内部运作机制、经营模式、分红方式等重大事项由全体股东共同商议决定,符合最大多数人的共同利益。第三,应建立健全会计核算体系,完善财务审批制度、会计档案管理制度等,实现钱、账、物分管。第四,应积极研究制定经营管理人员的激励办法,有效建立起组织效益与管理人员的利益联结机制,加强目标责任制考核,既有利于调动人员的管理积极性,激发创新意识和责任意识,也有利于提高经营效益。在激励的同时设立相应的处罚措施,对公司的董事、经理设立相应的处罚措施以便对其行为进行相应的规范。第五,可以明确要求

---

① 湖南省资兴市人民政府.资兴集体股份全能改革探索与建议[J].农村经营管理,2017(1):19-20.

村集体干部在村委会和土地股份合作经济组织中不能同时兼任职务，股份合作经济组织中的"三会"成员由股东大会选举产生，既可以是村集体成员也可以是社会外来人员。

第三，监督权利，主要包括查阅权、对组织经营的建议与质询权、决议撤销权、股东代表诉讼权，上文已经阐述了查阅权、对组织经营的建议与质询权的概念，下文不予赘述。

（1）查阅权，指股东对组织的会计账簿、会计文书等相关的会计原始凭证和文书、记录进行查阅的权利[173]。但是在一些农村土地股份合作经济组织中，股东的查阅权很多时候被忽视，本书认为，农村土地股份合作经济组织必须以书面形式明确股东查阅财务账册的权利，明确公司有义务向股东披露与经营有关的信息和提供相关的财务文件，并且明确股东查阅财务账册的范围，在目前公司法没有明确规定的情况下，股东可通过公司章程予以规定。还应确立查阅权行使的程序和地点，股东应阐明查阅理由和查阅方法并承诺保密，在不影响公司的正常经营的前提下进行查阅。最后，还应完善查阅权的司法救济。一旦公司拒绝股东的查阅请求，或对股东的查阅权行使设置障碍，股东有权向法院提出诉讼。

（2）对公司组织的建议与质询权，是指股东有权就组织的经营情况向经营者提出质询[174]，经营者也有义务针对股东的质询予以答复，并说明情况，因为《公司法》第97条规定："股东有权……对公司的经营提出建议或者质询。"股东行使建议权，利于组织捕捉来自中小股东的合理化建议和战略思想，与引入管理科学的机构投资者异曲同工。股东行使质询权，有助于健全股东对控制人的监督和制衡，从而弥补监事会和独董的监督职责缺失。

股东大会是投资者充分表达自己意志的场所，同时也是投资者行使建议权、质询权的最佳时机，股东的意见建议以及相应的答复说明都应记载在股东大会会议记录中，以备日后查看。除了在股东大会上当面建议外，平时也可以通过发函、面谈、致电、邮件等方式向"三会"提出质询与建议。农村土地股份合作经济组织也可定期在股东大会上讨论一定时期内收到的建议并对其合理性进行表决，表决通过的建议以书面形式固定下来。农村土地股份合作经济组织中，股东的质询权面临诸多困境：第一，质询范围难界定，股东究竟是有权对组织的任何事项进行质询，还是仅能对组织的特定范围内的事项进行质询；第二，质询权行使程序不清晰，为使股东质询权不被滥用，对质询权的行使方式和形式程序加以规定实属必要；第三，质询的方式、频率、时间等都应作出规定；第四，股东质询权的法律救济缺失，如果管理层拒绝回应质询，有何种法律救济是股东可以诉诸？针对上述问题，股份合作经济组织应充分讨论适合自身情况的章程，并以书面形式正式确定。

关于金安区孙岗镇孤堰合作社'三变'改革试点的调研报告指出，目前在股东监督权利范围内，也有较多实践，如安徽省六安市金安区孙岗镇孤堰合作社按照《农民专业合作社财务会计制度》建立健全账簿，规范会计核算，聘用有资质的人员担任会计，平时每项费用开支都要经理事会研究、监事会审核，年终核算结果经会计师事务所审计后向股东大会公布，允许所有股东随时查阅合作社原始财务资料，接受股东监督。再如武汉市新洲区仓埠街孙岗村仓溪富土地股份合作社，设计了权责明晰、互为一体的结构体系。建立了股东代表大会、理事会、监事会，落实了股东的管理权、监督权、分配权、民主决策权。生产经营、收入分配和人事变动等重大事项，必须经股东代表大会批准和决定方能实施。理事会和监事会按照自身职权，分别开展具体执行和有效监督。在运作管理上，为了维护股东的合法权益，合作社制定了与组织构架体系配套的系列财务管理制度，对资金的运行、使用、结算和固定资产的购置、使用、处置都作了明确规定。

（3）决议撤销权，即要求法院宣告股东（大）会决议无效的请求权。《公司法》第22条规定"公司股东会或者股东大会、董事会的决议内容违反法律、行政法规的无效。股东会或者股东大会、董事会的会议召集程序、表决方式违反法律、行政法规或者公司章程，或者决议内容违反公司章程的，股东可以自决议作出之日起六十日内，请求人民法院撤销"。股东的决议撤销权在本书已了解到地实践中较少，农村土地股份合作经济组织应向股东积极宣传和培训，让股东多了解此项权利地适用情况、认定标准和行使权利地方式并设立专门地法务咨询。

（4）股东代表诉讼权，是指当组织怠于通过诉讼追究给组织利益造成损害地经营者地责任以维护组织利益时，具备法定资格地股东有权以自己地名义代表组织提起诉讼地权利。《公司法》第151条规定"……股东，可以书面请求监事会或者不设监事会地有限责任公司地监事向人民法院提起诉讼……"。

股东代表诉讼权在实践中存在诸多困境：第一，参照正规公司制下地行使程序，当组织利益受到损害时，股东必须先要书面请求监事会或董事会提起诉讼，当其拒绝提起诉讼，或者自收到请求之日起三十日内未提起诉讼，或者情况紧急，不立即提起诉讼将会使组织利益受到难以弥补地损害地时候，股东才能以自己地名义向法院起诉。这就导致组织正当权益受到损害时，股东不能快捷有效地行使股东权利。第二，如果诉讼失败，股东需要自己承担巨额地诉讼费用，导致股东丧失行使诉讼权地积极性。第三，中小股东对于公司地经营状况和面临地问题缺乏准确地了解和把握，可能无法判断有无侵犯组织正当权益地行为发生。

鉴于此，农村土地股份合作组织应充分讨论具体章程，以书面形式对股东享有地此项权利进行说明，如果董事会、监事会拒绝诉讼请求，应作出解释，减少不必要地诉讼。此外，还应对依法行使股东代表诉讼权并胜诉地股东给予一定比例地奖励，提升股东对合作经济组织地参与积极性。

三、股权流动制度设计

土地股权流动即土地股权在不同投资主体间地转移[175]，可以通过市场化和非市场化两种方式实现，其中市场化流动以股权交易地形式为主，非市场化流动通过股权退出实现，这两种不同地流动方式适用于不同地情境。

（一）股权交易

当前我国农村土地股权交易处于半封闭状态，许多地区农村土地股份制改革仍表现出"均分、均利、均受益"地特性，突出表现为股东股权仅限于内部转让[176]，股权的流转与抵押存在封闭性。这种封闭的股权流通模式的形成，一方面是因为其操作简单在土地股份制改革初期可以大大降低管理成本，另一方面是出于对组织内部成员收益权的保护，承担了一定的农村社保功能。但是这种模式大大约束了土地股份合作经济组织的市场交易能力，造成效率的损失，影响土地股份合作经济组织运营的收益能力，虽然在发展初期可以降低管理成本，但却是一种不可持续的管理模式；同时，在市场经济的体制框架下，仅仅对土地股权确权而不允许或限制其流转及交易，在很大程度上造成股权设置的僵化，股权最终会演变为僵化的资产，造成股权流转的缺失[177]，其经济价值仍然难以实现，最终土地股份制的改造效果难以实现。至于认为股权市场化流通会造成农民生计困难的担忧则不应当强加在土地上，因为在任何情况下，能保障人们生活的不是资源和资产（包括土地）本身，而是从资源和资产里产出的收入，即那些可以带来享受的经济物品[178]，降低股份制改造社会风险的根本在于完善农村社保体系，而非限制土地资产、财产功能的实现使其承担社会保障功能。

　　本研究认为，封闭的股权结构具有明显的制度性缺陷[179—180]，股权交易既是股东对土地股份合作经济组织经营管理的"用脚投票"权利，也是优化股权结构的重要途径[181]，交易机制的缺乏易导致组织的低效运行，也会影响潜在投资者／入股者的积极性，进而影响土地股份合作经济组织的融资活力。与封闭的股权流通体系相比，股权的市场化具有较强的经济功能，突出表现在三个方面：首先，股票市场具有较强的融资功能，股权交易有助于增强融资活力，成为资金连通资金供给方和需求方的桥梁，帮助实现资金的合理配置。而封闭的股权结构追求的是股东成员的稳定性，但与此同时，也限制了更多潜在投资者的进入，这种成员的稳定性是以牺牲未来新的融资收入为代价的，既不利于土地股份合作经济组织持续获得生产经营所需的资金，也会妨害其发展壮大；其次，土地股权交易有利于实现投资收益，农户及股东参股的最终目的是通过土地股权的增值获取收益，除了获取股权分红外，股权交易也是股东将股权收益转化为资金或资产的重要途径，股权交易机制的建立可以完善股东投资收益的实现路径，增强其投资信心；最后，土地股权交易是规避投资风险的需要，土地股份合作经济组织的股东目前主要是农民，投资经验不足、抗风险能力弱是其共性，若土地股权可以在市场流通，参股人员又可扩大至一般大众群体。通过股票的交易既能保持市场的有效性，也可以有效分散投资风险。可见，股权交易和流通的优势正能解决当前土地股份制推行面临的融资困难、治理能力弱、内部人控制、收益低、风险高等问题，同时，实行土地股份制度的目的是提高农业生产效率，追求更高的经济收益，所以本研究认为土地股权流通必然要从封闭走向开放[182]。

1. 土地股权交易的市场机制

在土地股权初始配置时，可以通过固化股权的方式将股东资格、相应权利、股权结构等内容进行确定及登记，初始股权配置完毕后，应当允许股权的市场化流转。

理顺土地股权的交易机制，首先应明确土地股份合作经济组织的市场地位，公司化的股份制组织结构合理、财务管理机制完善[183]，但是受到股东人数上限的限制，不宜直接用于土地股份合作经济组织，可以在法律上确定土地股份合作经济组织为特别法人，参照公司化股份制的管理模式，但取消股东人数上限的限制，使其更适用于土地股份制的改造实践。具体可以参考《公司法》关于股权转让的规定，明确股东向本集体经济组织成员以外的人转让股权的条件[184]。在确定土地股份合作经济组织特殊法人地位的基础上，土地股权结构可分解为两大层次：第一个层次为产权层次，表现为土地股权形式，农户或集体将农用地经营权/宅基地使用权/经营性建设用地使用权让渡给土地股份合作经济组织。第二个层次为法人层次，表现为法人资产形式，实现劳动者和生产资料的结合[185]，实现土地规模效益。

其次，土地股权的市场化交易机制，即允许土地股权进行转让、抵押、买卖，进入市场进行交易，按照利益共享、风险共担的原则进行运营。这有助于社会资本引入，解决资金匮乏的问题，提升土地股份合作经济组织的经营能力，拓宽资本增值空间，并解决土地股份合作经济组织发展普遍出现的内部人控制问题，即"政社不分"的问题[186—187]，使决策既符合民主法治理念，又遵循市场经济规则。在这种交易机制下，土地股份合作经济组织本质上就是一个公司[188]，按照现代企业管理规定进入市场运行，每年按时报税，接受工商局监管，自负运行盈亏，承担市场运营风险，运营情况直接与股民（村民）利益紧密相关[189]。

建立市场化的股权交易机制后，土地股权交易的客体为不同类型的股权，如集体股、个人股、机动股等，各地可按实际情况确定可交易的股权类型。土地股权交易的主体由原来的组织内部扩展到整个市场，即政府、社会资本、金融机构、个人等各类主体均可参与土地股权的交易。交易的内容仅限于土地股权，而非地权。总之，土地股权市场化交易，基本的原理是在准予其集体内部流转的基础上，应进一步允许其突破交易范围的限制，而进行买卖、转让、抵押、担保、赠予和继承，这里的股权特指股权在一定时期内的收益权，此时，不论何种形式的土地股权流转都应该以土地股权收益规模大小为依据，探索建立土地股权市场化交易机制，加快生产要素的优化配置，壮大集体经济实力。

2. 股权交易实现路径

第一，推动跨区域土地市场的形成，实践中农村土地股份合作大多是以行政村为单位的，主要是解决村内农民的社会和经济问题，这种特性就决定了它很难超越自身的地域限制以及受到村级经济发展实际情况的约束。在运作过程中，内部的股权不能流动，也不能继承，容易造成股权的凝固，同时也不能很好地解决人口变动导致股权重新分配的问题，这就大大限制了股份制改革的进一步发展。因此，未来土地股份制改革的探索，可以有意识地突破行政村的单位界限，逐步向乡域、县域、市域、省域乃至全国扩张，其基本目的是构建统一的土地市场，在统一的土地市场上，土地股权的交易才能实现市场化，其价值才能得以充分实现。

第二，实施公司制的土地股份制改革，股份合作制是市场经济初期农民对于农用地高度依赖的一种体现，伴随着城乡一体化进程的不断加快，城市与农村之间的人员、资本等生产要素的交流日趋活跃，在这一背景下，农村土地所负载的生活保障和经济收益职能正日趋减弱。所以，在未来土地股权市场化交易的实现，更多地会采取公司制的土地股份制形式。实际上，采取公司制的农村土地股份制已经在部分地区有所实践，较为典型的是成都与重庆曾实行的"股田制"改革，其基本做法就是农民作为集体成员用土地使用权作价入股，设立相应的公司，并实行规范的公司治理结构。此外，辽宁大连和山东桓台也存在以土地使用权入股公司的做法。此后，中央农村工作领导小组叫停了重庆的股田制公司改革，其基本理由是担心公司制的土地入股方式会造成非农村人口通过土地流转获得农村土地的使用权，并进一步造成失地农民基本生活保障的缺失。在农村社会保障同步改革的背景下，公司制的土地股份制仍有较大的发展空间。

第三，构建科学合理的土地价格评估体系，由于农村土地市场发育滞后、市场信息不对称、农户知识匮乏等多种原因，农民用土地与其他资本所有者开展股份合作时，其土地价格的现值和远期价值易被低估。各地应从本区域的资源禀赋和区位条件出发，尽快制定出科学合理的入股土地资产作价方法，开展对农用地价格的科学评估工作，解决土地股份合作过程中地价被低估的问题。

第四，建立土地股权交易平台，要把土地资产从实物形态量化为价值形态，则需要积极推进土地流转交易市场建设，引导现代农业主导镇街成立土地股权服务中心或交易市场，鼓励各区成立农村土地股权交易服务平台，村级设立土地流转信息员，逐步形成"三级联动"的土地股权交易服务体系。

第五，调动基层股权交易积极性，农村土地股份制的改革实践是一个自下而上探索农村土地资产价值实现的过程，在这一过程中，基层管理组织发挥了巨大的作用，所以推动农村土地股权的市场化交易，离不开基层集体的支持，具体可以建立并完善集体经济组织管理人员业绩奖惩机制，调动其谋求发展、推动股权市场化交易的积极性。同时，政府也应支持基层农村土地股份制实践探索，积极开展对集体经济发展的调查研究，研究制定促进集体经济发展的扶持政策，促进农村集体经济可持续健康发展，为股权市场化交易提供良好的环境。

总之，按照十八届三中全会通过的《中共中央关于全面深化改革若干重大问题的决定》提出的"保障农民集体经济组织成员权利，积极发展农民股份合作，赋予农民对集体资产股份占有、收益、有偿退出及抵押、担保、继承权"精神，土地股份市场化交易已成为趋势，所以各地要积极发展乡镇集体股权交易平台等农村集体（土地）股权交易市场，为实现农村土地股权开放流转创造良好的市场环境，并在条件成熟时建立覆盖全国的农村集体（土地）股权交易市场体系和网络。

（二）股权退出

在公司化的股份制组织中，股东是不能随意退出的，因为《公司法》第34条规定："股东在公司登记后，不得抽回出资"，这种制度安排一方面能够保障公司资本充足，另一方面也能够通过较为稳定的股权结构维护债权人的利益，此外，不允许股东的随意退出还有利于增强股东间的信任程度，这种规定下股东只能通过股权转让实现股权的退出。但是这种规定也在很大程度上打击了股东的入股积极性，以及股权管理的灵活性，损害了契约自由的精神。我国许多地区土地股份制改革的实践中同样规定了股权不得退出，这种封闭的股权结构具有明显的制度性缺陷[190—191]。鉴于我国农村社会经济情况复杂，农民与市场投资者相比对土地入股的风险认识有限，土地股份合作经济组织又是一种新型的组织形式，所以目前关于土地股权的退出不应直接照搬有限责任公司的规定，而应根据实际情况建立一定的股权退出机制，以推动股权结构的优化[192]，提高潜在投资者 / 入股者的积极性，增强土地股份合作经济组织的融资活力。实践中产生股权退出需求主要发生在两种情境下：第一，土地产权发生变更导致股东需要退出股权；第二，股东从股份合作经济组织处得到的收益不能达到预期从而选择退出股权，不同情境下股权退出的具体路径如下：

1. 土地产权状态变更导致的股权退出路径

因土地产权状态变更导致的股权退出可能发生在两种情况下：一是征地导致土地性质、用途等变更，土地股份合作经济组织无法继续运营，股权随之消失，此时应当允许股东退出股权，这种由外部力量干预下股权的"被动"消失应当配套相应的补偿机制，补偿的额度在某种程度上要体现股份的实际价值。二是农民家庭落户城市，由农民变为市民，自愿放弃相应股权，这种情况下，股东可以通过转让股权的方式实现退出，也可以无偿将股权退回股份合作经济组织。

2. 经营不善导致的股权退出路径

土地股份合作经济组织经营不善导致股东想要退出股权，实际上是一个市场风险问题，土地股份制改革的目的虽然是获取经济收益，然而收益总是与风险相伴，土地股份合作经济组织运营产生风险甚至损失是正常的现象，事实上，不论何种形式的经营方式都不能完全杜绝风险的产生。之所以存在土地股份合作经济组织经营不善或经营不达预期时，股东便要求退出股权的现象，一方面是因为农民本身对土地入股的风险认识有限，将土地股份制看作"只赚不赔的买卖"；另一方面是因为大多数土地股份合作经济组织缺乏完善的运营章程，比如，亏损处理、土地股份合作经济组织合并、分立、解散和清算的程序等都没有明确规定。本书认为，虽然股权退出机制的设计是为增强股权结构的灵活性，但灵活的基础是稳定，即一般情况下，股权结构应当是稳定的，只有在特殊情况下才允许股权退出，因经营不善就要求退出股权是一种随意退出股权的行为，将大大影响股权结构的稳定，损害债权人的利益，不利于土地股份制改革的可持续发展。所以因经营不善就要求退出股权，甚至要求赔偿的行为应当被严格禁止，一方面，在土地股份合作经济组织成立之初，就应告知股东其权责，明确其自主经营、自负盈亏的经营方式；另一方面，当土地股份合作经济组织实在难以为继时，可通过破产清算等方式实现股权的退出。这样既可以实现土地股份合作经济组织管理的规范性，也可以防止一些地区不顾实际情况，盲目开展土地股份制改革的现象。可见，当土地股份合作经济组织经营难以为继时，通过破产清算等方式实现股权退出是参股者规避风险的终极方式，顺畅的管理机制能够帮助参股者降低损失。

此外，当土地股份合作经济组织解散时，应当实行土地经营权原价回购制度。为了防止农民"失地"，目前土地经营权入股实践中当土地股份合作经济组织解散时，土地经营权通常会退回农民股东。但是，土地经营权作为农户的入股财产，理应作为土地股份合作组织清偿债务的"责任财产"。目前土地经营权退回农民的保障措施，虽有利于保护农民的权益，却不利于维护农村土地股份合作经济组织的市场公信力和外部债权人的利益。因此，在土地股份经济组织破产解散时，农民股东入股的土地经营权应由农户折价收回，以此对土地股份经济组织的债务承担责任[193]。

3. 股权退出后的土地管理

由于土地在入股之时是将土地估价后以资本形式入股，土地入股后，股份合作经济组织将土地统一开发经营，一旦农民要退股，要求归还土地，则成了一个棘手的问题，股份合作经济组织很难将统一规划后的土地单独归还给某户。所以股权退出路径设计时，应充分考虑到此类问题，可以货币补偿形式为主，有条件的地区可辅以异地安置。

综上所述，虽然本书认为为防止股权固化，提升土地股份合作经济组织的运行活力，应当根据土地股份制的实际需求配套完善的股权退出机制，但这种退出并非无限制条件的随意退出，是建立在股权结构基本稳定基础上兼顾股权运作的灵活性。

四、股权经营与管理制度设计

（一）农用地股份合作社

从经营制度来看，农用地股份合作社在经营模式上应当积极鼓励合作社自主经营，避免单一依靠内股外租取得租金收入的模式，提高合作社自主经营的意识和能力，尽量保证农民有效参与土地增值收益的分配环节。合作社应该结合自身资源禀赋，充分发挥地区生产特色农产品的天然优势，生产具有市场竞争力的农产品，合理配置并集约投入生产要素，实现生产的规模效应。

在管理制度上，农用地股份合作社首先应当建立起生产全过程的风险防范机制，因为农业生产易受到自然灾害和技术及市场风险影响，严重时使得产量大幅度减少甚至颗粒无收，所以需要制定完善的防范农业生产风险的预案及措施，特别是农业规模化经营下更加需要建立健全农业生产配套服务体系，包括农业科技服务体系、专业化服务体系、电商销售渠道服务、农业金融服务体系等。对于市场风险的防范，合作社管理者一方面应积极关注市场供求关系的变化，充分掌握市场信息，通过采取订单生产、农超对接、农校对接等方式实现销售环节的集约化，减少中间流通环节，降低成本，增加效益；另一方面可以积极参与多种农业保险和商业保险，多层次多维度地参与相关保险能够最大化地减小各种风险造成的损失，增强股东对于合作社经营管理的信心。

在建立风险防范等机制上，农用地股份合作社还应完善内部管理流程，建立健全管理制度，首先，合作社章程中要明确管理层、股东、股东（代表）大会的权利义务，保证每一个入股股东都了解每一条规定的含义。其次，合作社运作信息应完全公开透明，保障股东知情权、参与权和监督权，鼓励每一个股东积极参与股东大会，审议合作社年度报告，对于合作社重大决策应该及时组织股东参与讨论决定，充分尊重入股股东意愿。最后，应当不断完善"三会"制度，推动合作社的规范科学运作。

（二）农用地股份合作公司

在经营制度上，农用地股份合作公司应结合地方农业产业规划发展适合企业化经营的种养殖产品，重视全产业链的生产流程，提高产品的附加值，优化产品结构，精准对接市场需求，找准产业定位，避免生产的盲目趋同性。同时重视机械化生产，提高农业生产技术、生物技术、农业物联网技术等，降低自然、技术和市场风险，提高生产效率。此外还可以组织农业粮食作物种植技术和经营管理培训，提高公司粮食作物生产效率，同时拓展公司领导层的视野，抓住生态农业的发展趋势，转变粮食作物生产不盈利或者盈利很少的传统观念，提高市场信息获取能力，把握市场规模大盈利效益高的粮食作物品种，结合自身生产条件生产更具有经济效益的高品质作物品种。

在管理制度上，农用地股份合作公司应当细化完善公司内部管理制度，实现资产管理、财务支出、经营战略、利益分配等重要环节运作流程的规范合理、民主公开。为了防止领导层滥用职权以权谋私，完善监督体制，具体来说，监委会应切实做好公司内部重大事项决策的事前监督，或者实行股东听证制度，股东有权要求监委会公开监督过程和定期反馈监督结果，还可以结合利用互联网技术加强技术监管，打造公司重大事项网络公示平台，保证股东网上可查公司内部财务收支情况，使公司经营状况和效益透明化，实现收益分配的公开公平公正。

（三）社区股份合作社

在经营制度上，社区股份合作社相较于其他几种组织形式存在的一个较为突出问题是缺少建设用地资源，所以政府在征用集体土地时应该严格区分公益性用地和集体经营性建设用地，缩小征地范围。随着集体经营性建设用地直接入市的逐渐放开，积极探索集体建设用地征地多元补偿安置形式，如留地安置、合作经营、土地入股等方式，使合作社能够不因土地征收而失去可供开发经营的土地资源，促进合作社的不断发展壮大。在有条件的情况下，还可以要求政府"征一补一"，征拆一地则补偿另一块同等类似的地块，以确保合作社集体资产不流失。为了充分发挥各合作社内部各项资源的集聚优势，有条件地区还可以跨社区范围甚至跨行政区县范围建立社区股份合作社联合发展体，通过资源整合、拓展业务范围、规模化经营等方式实现相对稳定的经营业务，进而保障合作社资产保值增值。

在管理制度上，社区股份合作社的成立运营与我国集体资产产权制度改革有着紧密联系，合作社作为一个市场经济主体承担着集体资产管理运营、收益分配等经济管理职能，因此要高度重视合作社内部财务管理状况，建立起完善的财务管理制度。原来我国农村集体所拥有的"三资"都由村委会管理，属于代理行使经济管理职能，所以对于集体"三资"的管理权利应逐步让渡给社区股份合作社管理。加强合作社财务管理从根本上还是要加强三会制度的落实和完善，只有从制度上规范财务管理流程，增强财务管理透明度，保证重大经营决策的正确合理性，并形成财务管理人员的自我约束机制，才能避免"暗箱操作"行为的出现。

（四）社区股份合作公司

在经营制度上，社区股份合作公司可以结合地方特点探索多种经营模式，充分挖掘利用各地在地理区位、自然环境、人文资源等方面的比较优势，整合各类资源和服务，实现多元化经营；转变落后的发展观念，积极学习其他社区股份公司的优秀管理经营经验；同时厘清公司和政府各自应承担的社会服务职能，如社区基础设施建设维护、绿化环卫、人口流动管理等，从而减少不应由社区股份合作公司负担的有关社会公益事务的经费支出。

在管理制度上，社区股份合作公司可以向现代企业制度靠近，健全监督约束机制，改革完善社区股份合作公司的治理结构，简化公司章程，提高工作效率等。首先，借鉴现代企业管理模式，实行管理层领导的任期绩效考核制度，建立有效的三会分权制衡机制。其次，完善内外部监督体系，内部监督需要加强股东的参与管理意识和监督意识，外部监督要求基层地方政府在及时提供相关行政服务工作的同时做好公司的监督工作，提出改进建议。最后，坚持政社分离的管理原则，土地股份合作经济组织在成立初期由于缺乏相关专业人才，在人力资源需求、资金整合能力、策略执行等方面都必须依赖村级组织的统筹管理经验，所以政社不分在初期有其存在的合理性。但随着土地股份合作经济组织的经营走上正轨后，原村级组织干部应退出股份合作经济组织或者"二选一"，不能同时担任行政和经济职能职务，避免"一言堂"等侵犯股东权益现象发生。有条件地区可以外聘有专业技术和管理经验的人才加入组织管理层，为组织注入新鲜血液。更可行的办法则是通过股东大会选举村里德才兼备的种植能手或者大中专学历的农业人才担任组织领导，这样由所有股东自己选出来的领导也更能让他们信服。此外，实践中有些省市地区成立的社区股份合作公司涉及的改制集体资产比例较大，为了有效保护并利用好这些集体资产，地方政府应该积极研究出台推动公司转变经济发展方式的扶持政策，制定统一的集体资产管理办法，对下属地区成立的社区股份合作公司的资产管理进行统一指导、统筹和协调。

五、股权收益分配制度设计

（一）收益分配理论依据

为了实现促进土地要素优化配置和合理利用，切实保护农民的土地权益，增加农民财产性收入的目标[194]，农村土地股份合作制度应运而生。无论是以集体建设用地为主的模式还是以农用地为主的模式，股份制改革的推行使得农民转变为市民过程中改变过去主要通过对土地的占有和使用获取收益变为获得了更多土地增值收益，增加了农民非农收入，壮大了农村集体经济，使"集体有发展、农民得实惠"[183]。而在农村土地股份合作改革中，应取消法律上对集体土地用益物权的不合理限制，明晰集体土地所有权的主体、行使代表和成员资格，保障其平等地位和发展权[183]。

"土地发展权"包含了土地的"发展"和"权利"两层面含义，土地除了本身具有的资源价值之外，还存在着由较低利用类型（强度）转变为较高级别（强度）的可能，也就是基于土地的效益或收益存在由低到高的发展机会，这些机会共同构成了土地的发展价值，赋予了土地"发展的权利"[195]。土地发展权是依附于土地之上的，可以改变土地利用类型或利用强度的物权，它的分离和单独支配必须依赖于明确的土地所有权、使用权和土地利用开发行为，利益主体均可通过出售或购买发展权而获得财产性收益。土地发展权的客体可以是需保护的农用地、历史古迹、生态脆弱区或任何对人类生存发展具有重要作用的土地，也可以是建筑物的建筑密度或容积率[196]，土地发展权也可被简单定义为"将土地现有利用方式改变为另一种利用方式的权利"[197]。

农村土地股份制改革的大量实践，正是农村土地发展权流转的一种形式，无论是集体建设用地还是农用地，都是将农户的土地占用权利和承包经营权以一定标准折算为股权，由村集体进行集中整治，或者由股份合作企业统一规划经营。在这种框架下，土地发展权可以自由流转，但值得注意的是，这种"自由"并不是无规划的混乱和无序，而是在法定红线内按照一定规划进行的改造，发展权交易价格可以完全交由市场决定[145]。

（二）收益分配基本原则

法定优先原则，在农村土地股份合作经济组织收益分配的过程中，土地股份合作组织要严格依照法律法规来进行分配，优先适用法律，各地方也可根据法律因地制宜地制定相关法规。

村民自治原则，也就是指村民的自我管理、教育和服务，在自治中，必须实行民主选举、决策、管理和监督。根据本村的实际情况，村委会应依据国家法律法规的精神，制定村民自治章程和村规民约，使本村的管理有章可循，违章必究。

公平与效率原则，中国农村土地股份合作制度把股份制与合作制的优点相结合，注重效率与公平——合作化形式降低了生产成本，减小市场风险，重视市场竞争，同时开展社区公益事业，提升居民生活质量，改善区域生态环境。大多数农村土地股份合作组织的收益分配对个人贡献适当拉开档次，体现了公平这一社会目标[198]。

上述土地股份合作经济性组织的收益分配应遵循的基本原则，反映了组织和股东之间利益分配关系，着眼于处理股份合作经济组织与股东之间的长远利益和近期利益的关系[145]。

（三）分配制度的改革策略

第一，明晰股东权有助于明确股东的收益权，股权证明确宣示的股东权可以让农民股东更清楚地知道集体资产中自己的权益，而入股农户股息红利分配请求权的前提是股份经济组织有利润可分，这激发了农民作为集体成员的权利意识，将自身利益与集体的利益结合在一起。

第二，应摒弃盲目保底的收益分配思路，重视风险保障。保底收益在无形中降低了农户的风险意识，收益分配不与经营业绩挂钩也降低了生产效率，因此，农村土地股份合作组织在成立之初可以采取几年实行保底收益，待到组织运营逐步走入正轨后，完全采取收益分红的措施，切实将收益与风险相挂钩[199]。

第三，收益分配应和股东需承担的社会义务相结合，这样不仅能够激励股东积极参与到农村土地股份合作经济组织的运营建设中去，还能产生深远的社会影响，具有广泛的社会意义，降低政府的监督成本。

第四，重视发挥农业保险的作用，农业生产经营风险较高，无论对于农用地股份合作组织成员的股份分红，还是对于金融机构发放的各类贷款的偿还均存在一定的违约风险。因此，应大力发展农业保险，增加农业保险产品，设立保险基金，形成多重风险控制的保障体系，保障农用地股份合作制度的持续发展[200]。

第五，建议设立设置岗位股，可以起到对农村集体经济组织管理层的激励作用，激发他们的工作积极性，集体经济组织的收益增加，从而股东的财产权益起到保护作用。

本章小结

本章首先厘清了当前农村土地股份制来自法律、制度、社会和市场方面的困境，然后从股权界定、股权结构、股权流动、农村土地股份经济组织的经营管理制度、收益分配制度等方面设计了农村土地股份制的制度，以期实现现有制度的完善。

股权界定包括股东资格界定和权利界定，在股东资格的初始界定中，除了考虑土地要素外，实践中还要综合考虑土地股份合作经济组织的形式、时间节点、界定单位、乡规民约等多种因素。股权权利的界定是明确土地股权的主体和客体的过程。

股权结构包括股权的量化与配置、权利内容。股权量化可以以土地数量、质量、价值为依据；股权配置方面，土地股份合作组织可以参考集体股和个人股相结合、只设个人股，找到适合自身发展的配置方式；此外，本书从土地股权权利束和股权持有者两个角度出发，分析土地股权的权利内容：土地股权权利束主要包括股份占有权、收益权、担保权、退出权、继承权等；股权持有者的权利主要包括资产收益权利（发给股票或其他股权证明请求权、股息红利分配请求权、股份转让权、优先认购新股权、重整申请权、剩余财产分配权）、参与决策和选择管理者的权利（出席股东会并行使表决权、任免董事等公司管理人员的请求权）以及监督权利（查阅权、对经营的建议与质询权、决议撤销权、股东代表诉讼权）三大部分。

股权流动主要包括股权交易和股权退出，本书认为封闭的股权结构具有明显的制度性缺陷，应进一步允许其突破交易范围的限制，而进行买卖、转让、抵押、担保、赠予和继承。在地权消失导致的股权难以存续、土地股份合作经济组织经营不善或经营期限届满等原因无法继续经营决定解散、土地股份合作经济组织侵害股东合法权利、出售或转让股权等情况下，股权持有人可以行使退出权。

在经营管理制度设计方面，不同形式的农村土地股份经济组织有不同的要求。农用地股份合作社应自主经营，增加收入渠道，保证农民有效参与收益分配，建立起生产全过程的风险防范机制，减少中间流通环节，完善内部管理流程，保障股东的知情权、参与权和监督权。农用地股份合作公司应重视全产业链的生产流程，提高产品的附加值，同时重视机械化生产，重视"非粮化"趋势，细化完善公司内部管理制度和公示制度。社区股份合作社面临的突出问题是缺少建设用地资源，应积极探索集体建设用地征地多元补偿安置形式，有条件地区还可以跨区域建立社区股份合作社联合发展体，重视合作社内部财务管理状况。社区股份合作公司应健全监督约束机制，简化公司章程，建立有效的三会分权制衡机制，坚持政社分离的管理原则，随着土地股份合作经济组织的经营走上正轨后，应逐渐清理原村级组织在经济组织中的任职。

土地发展权为农村土地股份经济组织收益分配提供了理论依据，在收益分配中，应遵循法定优先、村民自治、公平与效率的原则。此外，在制定收益分配制度时，还应注意明晰股东权有助于明确股东的收益权、重视风险保障、收益分配应和股东需承担的社会义务相结合、重视农业保险、岗位股的设置可以激励农村集体经济组织的管理层。

第八章 中国农村土地股份制改革的政策建议

通过第七章对中国农村土地股份制制度的分析，可以看出，改革的推进既要完善已有制度设计，还要解决制度所面临法律、制度、社会和市场四大困境，针对这些困境，本章提出了具体的政策建议。

第一节 建立健全土地股份制法律体系

一、明确土地股份合作经济组织法律地位

由于缺乏明确的法律条例和全国性的行政法规，土地股份合作经济组织的地位合法性和改革有效性缺少法律支撑。当前各地成立的多种形式的土地股份合作经济组织正在蓬勃发展，所以需抓紧完善相关法律法规，破除土地股份制改革在实践运作中的法律障碍。具体方法可以在相关法律如《农民专业合作社法》中修订相关条例或者增加特殊条例说明，也可以制定系列行政法规如《土地股份合作经济组织管理办法》，并在其中明确规定土地股份合作经济组织的性质、成立条件、成员权资格、股权配置、收益分配、股权流转、集体股权能等具体内容，使组织运行有章可循。在相关条例的制定中，要注意区分组织入股要素类型（如明确规定入股土地的类型）和组织性质（是否公司化），然后针对不同情况分别进行规定。法律条款中还应对村民持有的"股权证"给予法律上的认定，畅通土地股份合作经济组织的登记渠道。此外，

对于合作经济组织中的财产制度、财务管理、收益分配制度等进一步加以规范，明晰组织和经营者的法律权利和义务，使组织内部管理层、经营者的责、权、利之间的关系能够清晰统一。

此外，公司化的土地股份合作经济组织是具有创新性的农村集体经济改革发展新模式，值得不断实践探索，而其在很多方面的情况与现有《公司法》中对于有限责任公司和股份有限公司的规定都有很大不同，所以应尽快在《公司法》中修订条例，明确公司化的土地股份合作经济组织的法律地位，逐步完善配套的法律法规，使得公司化后的土地股份合作组织在成立登记、管理经营等方面能够与法律衔接，符合实际运行现状，做到有法可依，规范公司运作流程，为公司扩大规模、优化升级经营模式等扫清法律障碍。同时还要注重对公司内部的监管，有关法律条款应对公司内部管理机构的职责划分、重大事项决议、土地使用或转让监管等作出详细规定，建立健全组织内外部的监督体系。充分借鉴国内外实践改革经验，结合各地发展实际，建立起符合我国国情的土地（社区）股份合作企业制度。

最后，中央政府应该积极鼓励地方政府跟进当地改革实际，听取土地股份合作经济组织管理人员对于组织发展的需求和建议，及时出台地方支持政策，有效解决国家法律政策出台的滞后性问题，鼓励合作经济组织在不违背相关法律法规的前提下大胆探索实践。

二、清楚界定入股成员法律地位

随着我国城市化发展，农村人口流动频繁，法律规定的模糊性，集体成员权资格界定变得十分困难，进而影响到土地股份合作经济组织成员的界定，建议在相关法律修订中及时明确入股成员资格界定标准。具体来说，对于组织成员权资格界定，应根据入股要素的不同进行区分，其中，从事农业生产经营，以农用地为主要入股要素的土地股份合作经济组织应以土地承包经营权为起点进行股东资格界定[111]；从事二、三产业，以集体建设用地为主要入股要素的组织则以集体成员权为起点进行股东资格界定；"增人不增股、减人不减股"的规定实践起来有诸多障碍，股权封闭性也不利于组织经营的灵活性，阻碍规模的扩大，大大降低组织在市场中的竞争力，所以对于集体成员中的过世者股权可以继承或转让，而新增人口和外来人口则可以通过市场化交易的方式获得股权，显化股权收益权能，提升股份合作经济组织经营效率，缓解农村社会矛盾和纠纷。

第二节　完善土地股份制制度设计

一、完善农村土地产权制度

（一）赋予农村土地完整的产权权能

在坚持农村土地集体所有权不变的前提下，赋予农村土地完整的产权权能，最大限度地激发农村改革发展动力。一是对于集体土地所有权主体的明确需要切实落实到具体的农村集体经济组织，明晰集体成员的权利和义务，为集体成员提供利益诉求和权益维护的合法渠道。除了政府因为公共事业征收集体土地外，任何组织都不能剥夺集体土地所有权，并且对于征收的集体土地要给予与市场价值对等的足额补偿，若是出现地方政府或者基层组织恶意侵犯集体土地产权的现象要依法按照相关规定作出惩处。

二是要想顺利推进土地股份制改革，必须要保证农民依法获得土地收益权能，这样才能将农民从土地上解放，让渡出对土地的直接占有和使用权，实现农用地的规模化经营，然后对农业规模化经营过程中各个环节所产生的土地增值收益进行分解计算，保障农民获得应得的土地财产收益，实现公平分配。

三是稳定农民拥有的土地权能，放开集体土地只能从事乡镇企业或者公益事业的规定，允许集体土地在符合土地用地管制的前提下开展多种经营业态，增加集体土地收入，提高土地资源利用效率。此外，为了有效消除土地股份合作组织担心农民承包经营权在期限到期后土地权属状况不明确的疑虑，应当在坚持农村集体土地所有权不变的基础上，赋予农民长久拥有承包经营权的规定，最大程度地优化利用土地，发挥出农村土地资源的最高价值。

四是对于集体农用地使用权、集体建设用地使用权以及宅基地使用权等集体土地用益物权的具体内涵、法律效力等给予具体明确的规定，赋予其与国有土地同等的法律地位、权力范围及保护措施。

（二）加快落实完成全国土地确权登记工作

在推动现代化农业发展、促进城乡一体化进程、实现城乡统筹的大背景下，想要真正维护好农民权益，提高农民收入，缩小城乡发展差距，从根本来讲还是要激活农村土地的财产和资产属性，因为集体土地才是真正属于农民所有的资源，只有将这些沉睡的资源变为资产，让农民通过市场化、现代化、项目化的运作方式经营管理土地，才能真正实现集体土地的资产属性，不断提高土地的增值收益。我国集体土地虽然在法律上规定为属于农民集体所有，但事实上集体所有权主体长期处于虚置状态，而土地股份制改革有利于明晰集体成员对于集体土地的收益权，将农村土地权利转化为股权，获取股权收益，最终实现农村经济发展、农民增收、稳定社会治理秩序的发展目标。过去由于产权意识不足，加上测量技术不够先进，不少村集体在清查本村、社的土地资产时，对于土地的面积、质量、用途等的记录往往不够准确，只是简单丈量后便登记造册。这对于股份制改革中对于土地资产的评估、成员配股的计算都造成了影响。很多村、社由于没有土地产权证书，遗留下来的土地归属问题也很多，有的情况不甚复杂，产生了很多村民之间的矛盾和纠纷。因此，为了保障土地股份制改革得以顺利实施的重要前提就是要进一步健全农村土地权利制度，明晰农村土地权利，完善土地权利各项权能。最新修订的《农村土地承包法》中第24条明确规定"国家对耕地、林地和草地等实行统一登记，登记机构应当向承包方颁发土地承包经营权证或者林权证等证书，并登记造册，确认土地承包经营权"。因此各地应按照法律规定加快全国农村集体土地确权登记发证进程，明确相关职能部门的职责划分，规范集体土地权属管理。

当前农民入股土地股份合作经济组织大部分还是将农用地承包经营权、集体经营性建设用地使用权入股，未来还可扩展至宅基地、四荒地使用权等各项集体土地权能入股，实现农村全部土地的股份制改革。

二、规范土地股份合作经济组织的管理机制

（一）推进政社分离

为了实现高效生产经营和维持管理秩序的发展目标，政社分离必然是今后的发展趋势。不少土地股份合作经济组织在组织章程中包括一些非生产经营内容，本书认为合作经济组织独立于村（居）委会，对入投股东承担的是经济职能，不应该承担或者是干预其他行政管理性事务。政社（企）不分导致原村集体党组织与村委会干部的基层管理职能与股份合作经济组织的经济职能界限模糊不清，权责不清对于基层社区治理进程和经济发展都造成了很大的影响。因此，应加快开展"政社"分离改革，增强国家财政对于农村公共设施建设和社区管理服务费用的支持力度，以制度的形式明确村集体或者社区的公共建设、治安环保、托幼养老等管理事项由村（居）委会负责，股份合作经济组织则专门负责生产经营、资产管理等经济工作。可以明确要求村集体干部在村委会和土地股份合作经济组织中不能同时兼任职务，股份合作经济组织中的"三会"成员由股东大会选举产生，既可以是村集体成员也可以是从外部引进的人才。

（二）完善"三会"制度

落实并完善好土地股份合作经济组织中的"三会"制度，明确股东代表大会、董事会、监事会的权力与义务，建立起有效的权力制衡的监督制度，充分发挥各自职能，贯彻民主管理、民主决策、民主监督的运作原则，避免少数领导干部一言堂、组织机构虚设、各自为政的情况出现。坚持以农民为主体的管理原则，重视对农民在农业经营管理、市场化运作等方面的培训，提高农民的参与意识和参与能力，从而使组织内部运作机制、经营模式、分红方式等重大事项由全体股东共同商议决定，符合最大多数人的共同利益。很多土地股份合作经济组织缺乏专业的财务管理人员，使得组织账目资金记录混乱，难以使入股股东产生信任。因此，有必要建立健全会计核算体系，完善财务审批制度、会计档案管理制度等，实现钱、账、物分管。

此外，还应积极研究制定经营管理人员的激励办法，有效建立起组织效益与管理人员的利益联结机制，加强目标责任制考核，既有利于调动人员的

管理积极性，激发创新意识和责任意识，也有利于经营效益的提高。

三、加强各类政策配套建设

（一）完善农村社会保障体系

尽快完善农民的养老、医疗、失业等保险、保障项目，建立起覆盖农民与城市居民的统一社会保障体系，弱化农村土地的失业保障和生活保障功能，转变传统农民始终依赖承包土地的自我保障局面。虽然政府早在2014年就在有关文件中指出农村承包地经营权可以抵押贷款，但由于我国广大农村地区还普遍存在"以地防老"的心态，户籍制度二元化现实的存在始终会使得农用地的社会保障功能被过分强调和依赖。解决农村土地过度承担社会保障功能的问题，一方面应当建立健全农村社会保障体系，另一方面，在实行土地股份制改革的地区，可以从合作经济组织中的集体股收益中划出一定比例用来补充缴纳社员保险，作为国家社会保障制度的有益补充。

（二）加大财政金融扶持力度

规模化生产经营对于土地股份合作经济组织的资金投入提出了更高的要求。缺乏足够的投资资金成为影响股份合作经济组织进一步发展的最大瓶颈。

首先，政府应加大财政支持力度，设立针对土地股份合作经济组织的专项扶持资金，通过"以奖代补"的方式给予资金补助，对于规范化建设、延长产业链、品牌建设等的合作经济组织给予奖励，引导合作经济组织开展农产品加工、打造品牌农产品、发展电子商务，不断提高规模经营效益。

其次，加快制定相关税费优惠政策，许多土地股份合作经济组织在实际中还兼有社区管理和提供公共服务的职能，大大增加了资金费用支出负担。因此，建议工商税收部门出台相关税收减免优惠政策，允许经济条件较差的组织申请社区自用房产、土地的房产税及城镇土地使用税的困难性减免，引导和扶持社区的经济发展。也可以借鉴部分地区实行的先征税后全额返还的办法，对于经济效益较好、管理规范、创新生产经营模式的先进组织以等额奖励的形式将所征收的地方税收返还组织。

最后，政府还可以专门设立农村金融扶持银行，作为非营利性法人组织机构，主要承担农村土地使用权抵押业务、规模化农业中长期生产经营低息贷款等。与此同时，还应完善土地股份合作经济组织的融资担保机制，设立融资担保专项资金、风险补偿基金等，也可以成立政策性担保公司，当股份合作经济组织出现违约不能按时还款时，担保公司可以进行损失补偿或者抵押物收购等[201]，为农村土地使用权抵押贷款增信，提高银行的放贷率。

（三）加强对入股土地的经营监管

前期政府应结合经济社会发展需求做好符合地方自然和经济条件的农业产业规划，主动积极为合作经济组织提供符合当地特色的高效农业信息和技术支持，加强农业基础设施投入建设；还应完善相关行政审批程序，简化流程，积极帮助合作经济组织吸引外来资本的投入，发展特色生态和休闲农业等。

此外，对于合作经济组织在扩大生产规模、延长产业链条过程中出现的农业生产配套附属设施用地空间不足的问题，各地方政府应在符合土地利用总体规划的前提下，最大程度地将其规划为农业生产用地，优先给予农用地计划指标，落实具体的用地优惠政策。

最后，加强生产监管，确保土地用途符合土地利用总体规划，确保入股土地集体所有性质不改变、土地性质不改变，保证农用地农用，保护农用地资源。具体来说，地方基层干部需加强土地用途管制和耕地保护政策的法制宣传工作，通过制定奖惩条例来严格规范保证农业用地性质不改变和合理使用；对于相关农业产业规划中划定为粮食种植区域的农用地应加强监管，防止农用地非农化现象的出现，加强违反相关规定的惩罚措施。考虑到通过行政手段划定部分区域种植粮食作物可能会引起农民的不满，其实这也是剥夺了土地发展权的表现，所以政府应对于划定为粮食种植区域的合作组织提供一定补贴或优惠措施。如四川崇州市政府对当地的土地股份合作社经营权抵押贷款资金提供不同比例的利息补贴，为了鼓励粮食作物生产，经营粮食作物的产业园区享受最高达80%的贷款利息补贴；而种植蔬菜水果等经济作物补贴基准利率的50%，用于烘储中心、加工中心等第二产业则补贴基准利率的30%。

（四）建立人才引进机制

为了不断提高农业规模化生产管理的技术水平，必须要加强农业技术人才的引进和培育，壮大农业生产人才队伍。一方面，可以与高校合作，对当代大学生进行思想引导，对愿意到合作经济组织中工作的青年专业技术人才给予资金和社保扶持、提供各项优惠政策等，鼓励有志青年走入基层发挥才干，增强他们对农村生产工作的认同感。另一方面合作经济组织还应注重管理团队的系统化培训，提高综合素质，实现技术水平、文化素养的双提升，使其具备拓展农产品产业链和市场营销的经营管理能力，为更好地开展农产品市场化运作打下基础。

四、推动农村土地股份制市场发育

（一）建立市场化的股权流动机制

在改革初期，合作经济组织规模较小，运营管理还不成熟，为了操作简便，稳定生产经营，降低交易成本，合作经济组织运营体现得更多的是股权的福利性，保障集体内部成员的利益，所以不管是何种形式的土地股份合作经济组织内的股权设置及其流动都存在很多的限制，具有明显的封闭性特征，在特定历史条件下具有一定的合理性，但从长期来看，不利于外部资金、技术、劳动力等多种生产要素的充分流动，严重制约组织资金的筹集和规模的扩大，进一步妨碍了农业产业的聚集升级。因此，随着土地股份合作组织逐步发展成熟，改革进程日益加快，各项配套制度越来越完善，应逐步打破股权封闭性，放开股权交易，除了允许股权在集体内部成员之间流转外，在征得组织所有股东成员同意的基础上，可以准许部分股权在市场上进行转让、抵押、担保、赠予或者买卖，进一步提升股权完全性。

具体可以通过三大平台的建设实现农村土地股权的市场化交易。第一是信息平台，及时向社会公布可出让地股份交易信息，提供政策咨询、交易结算、办证等专项服务，降低交易成本，破解市场竞争中交易双方信息不对称问题，避免各个参与主体信息不对称可能导致的纠纷。第二是政策平台，对于农村土地股权交易的供应机制、交易方式和经营监管等方面构建完善的法规体系，使相关工作人员的工作能够有法可依，依法执行。第三是监督平台，加强对政策执行、违法交易行为的监督力度，严厉打击侵犯农民权益的行为，重视政策中后期反馈，对于降低行政效率，影响交易进度的规定按实际情况进行及时调整。

（二）拓宽筹融资渠道

农村基础设施建设是实现农业规模化生产经营的前提，而基础设施建设所需的大量资金目前还严重依赖政府投资，这也成了想要进一步推广土地股份制改革的重要制约因素之一。目前在成都地区实行的"地票制度"能够有效解决集体筹集资金的问题，值得重点关注，崇州市产业园区前期基础设施建设由于财政资金支持不够，利用城乡建设用地增减挂钩政策通过土地整理的集体建设用地指标向银行抵押贷款，完成基础设施建设，节约的建设用地指标通过农村产权交易中心公开交易，交易所得资金还银行贷款，解决了前期基础设施建设资金来源问题，之后则能够吸引相应的投资企业入驻。崇州市还通过资金统筹整合各部门涉农资金，打破部门壁垒，包括财政、发改、水务、交通等，集中打捆使用，全部用于农业产业园区建设。

在推动农村金融发育的同时，还应注意防范可能产生的金融风险。具体来说，银行在为土地股份合作经济组织提供抵押贷款资金后，应加强资金使用情况的监督，定期对合作经济组织的财务记录、生产经营效益、还款能力等作出评估和监督。如果银行认为合作经济组织的生产效益低下，经营能力较差，初期可以提出警示，提醒其注意改进生产和管理方式，必要情况下银行出于保护自身金融安全的目的可以采取减少贷款金额。

（三）建立完善的集体土地估价体系

集体土地明晰权能和产权归属明确后，在土地入股后则要做好土地资产评估工作，这关系到入股成员所能获得的股权份额及日后的分红收益。因此，当前需要研究制定集体土地的评估标准和估价体系，考虑到成本因素，各个合作组织分散地聘请外来专业评估机构进行资产估价的成本较高，所以可以由政府牵头出台集体土地基准地价①指导价格，还可以参照国有土地市场建立起规范的集体土地交易平台，推动土地承包经营权、使用权的合法正规交易和流转，保证入股农户真正享受到集体土地增值收益。

---

① 基准地价实际是政府对地价进行管理的工具，因此还能够对集体土地的市场价格起到引导管理的作用，为宏观调控决策提供参考信息。

（四）提升农业产业链发展

土地股份合作经济组织应探索开创多种新型经营模式，改变以往依赖单一土地或物业出租收益的经营模式，有效促进组织增收，增强持续稳定发展的能力。对于部分组织内部的入股农民只满足于收取物业出租租金的现状，地方政府可以出台针对性的支持政策，引导其观念的转变，对于发展符合市场趋势的新型业态的土地股份合作组织给予税收减免优惠或者相关费用的补贴，当组织成员通过转变产业经营模式获得更高收益后，则可以逐步取消相关优惠措施。

我国第一产业的利润率一直很低，重要原因之一就是农产品价格过于低廉，大多以初级产品直接进入市场交易，附加价值低，所以土地股份合作经济组织在进行规模化经营的同时，要转变发展理念，重视农产品的深加工，延伸产业链，迎合市场需求增加产品的多样性。还可以拓展销售渠道，利用网络技术搭建电子商务平台，扩大产品知名度，重视农产品品质的维护与提升，进而不断提高土地股份合作经济组织的市场竞争力。另外还可以发展生态循环农业，打造旅游观光点，组织农事体验、基地科普教育等创意活动，促进一、三产业联动发展。

本章小结

本章针对前文分析的农村土地制度面临的法律、制度、社会和市场困境，提出了相应的改革建议：第一，明确土地股份制改革的条件，树立正确的改革观，因地制宜地推进改革；第二，建立健全土地股份制法律体系，明确股份合作经济组织的法律地位，界定入股成员的法律地位；第三，完善土地股份制制度设计，完善农村土地产权制度，规范股份合作经济组织的管理机制；第四，重视各类政策配套建设，完善农村社会保障体系，加大财政金融支持，加强监管，建立人才引进机制；第五，推动农村土地股份制市场发展，建立市场化的股权流动机制，拓宽融资渠道，建立完善的集体土地估价体系，提升农业产业链的发展。

结　语

中国自古是农业大国，虽然快速的城镇化使二、三产业飞速发展，但农业对粮食安全、社会稳定的作用不可替代。当前我国经济进入新常态，面临下行压力，消费疲软，内需不足。历史和现实表明，重新聚焦农村是改革的方向和着力点，也是克服经济下行压力的根本[202]。农村制度由多方面构成，而土地制度具有基础地位，是农村改革和发展的牵引力，关系到农村以资源优势实现发展的潜力，如果说土地是农民的"命根子"，那么土地制度就是农村经济社会发展和"三农"问题破解的关键[203]，农村改革和发展的基石。随着农业现代化和乡村振兴战略的提出，现有土地制度的弊端已经呈现，制约着农村生产力的提高，因此应当加快农村土地制度改革，以平衡各方主体利益，化解因土地制度不合理而产生的许多社会矛盾和冲突，适应农业生产力发展和建设现代农业的客观需要。

从当前农村土地制度改革的现实情况来看，土地股份合作制对盘活农村土地资源、提高农业规模经营水平、保障农民的土地增值收益有重要意义，具有明显的经济和社会效益。土地股份制改革是在农业劳动力大规模向城市转移、农用地资源大量闲置、耕地细碎化严重、土地生产效率低下、农民土地资产权利意识不断增强的背景下展开的，对盘活农村闲置土地资源，提高农业经营效率，实现农业现代化，明晰土地产权，保障农民合法的土地财产权益有着重要意义。随着时代发展，土地股份合作制呈现出一些新特征，面临一系列发展困境，需要对其进行系统的分析与解构。本书希望通过将土地股份制的理论与实践结合，构建中国特色的土地股份制制度体系，并在此基础上，对改革的完善提出进一步的设想和建议。

参考文献

[1] 刘柱. 中国农村土地规模化经营问题研究 [M]. 北京：中国农业科学技术出版社，2017：2.

[2] 唐正繁. 中国农用地制度改革的可行选择——土地股份合作制 [J]. 理论与实践，2003（06）：25-26.

[3] 李增刚. 纯农业型土地股份制改革的必要条件探讨 [J]. 学习与探索，2014（12）：100-106.

[4] 张兰君，赵建武. 农村土地股份合作制模式研究 [J]. 农村经济，2013（06）：24-28.

[5] 刘晓玲，张璐. 土地股份合作模式——"三权分置"中"落实集体所有权"的有效实现形式 [J]. 宁夏党校学报，2017，19（06）：97-100.

[6] 唐浩，曾福生. 农村土地股份合作制产生原因解析 [J]. 中国土地科学，2008（10）：46-51.

[7] 唐浩，曾福生. 农村土地股份合作制研究述评 [J]. 江西农业大学学报（社会科学版），2009，8（01）：20-27.

[8] 谢琳，钟文晶，罗必良. "农业共营制"：理论逻辑、实践价值与拓展空间——基于崇州实践的思考 [J]. 农村经济，2014（11）：31-36.

[9] 杨桂云. 规范与完善农村土地股份合作制流转模式研究 [D]. 长沙：中南大学，2012.

[10] 肖端. 农村土地股份合作制模式发凡及其协同推进 [J]. 改革，2013（09）：90-97.

[11] 刘骏，陈倩文，周容，等．农村土地股份合作社的融资路径研究 [J]. 湖北农业科学，2017，56（09）：1787–1790.

[12] 陈会广．分工演进与土地承包经营权股份化——一项土地股份合作社的调查及政策启示 [J]. 财贸研究，2011，22（03）：50–55.

[13] 朱婷．农村土地股份合作社发育动因及作用机制分析——以经济欠发达地区为例 [J]. 中国农业资源与区划，2018，39（03）：91–95.

[14] "我国新型农业经营体系研究"课题组，程国强，罗必良，等．农业共营制：我国农业经营体系的新突破 [J]. 红旗文稿，2015（09）：19–21.

[15] 王吉泉，沈贵川，冯龙庆，等．成都农业共营制发展研究——以崇州市为例 [J]. 中共四川省委党校学报，2016（04）：65–67.

[16] 周振国，王江涛．广东农村土地股份合作制的理论与实践 [J]. 仲恺农业技术学院学报，1995（01）：5–10.

[17] 于朝印．论农村土地股份合作制中的农用地股权完善 [J]. 山东经济，2011，27（01）：74–79.

[18] 解安．农村土地股份合作制的生成机理分析 [J]. 生产力研究，2002(06)：98–100.

[19] BEKKUM O V,DIJK G V.Agricultural Cooperatives in the European Union[M]. Assen：Van Gorcum，1997:4–19.

[20] NILSSON J.New Generation Farmer Cooperatives[J].ICA review，1997，90（1）：32–38.

[21] 房慧玲．广东农村土地股份合作制研究 [J]. 中国农村经济，1999（03）：19–22.

[22] 庞璐．马克思土地产权理论视角下农村土地股份制改革研究 [D]. 福州：福建农林大学，2017.

[23] 朱婷，夏英．国际经验对我国土地股份合作社发展的启示 [J]. 中国国情国力，2018（06）：64–67.

[24] 张笑寒，杜静．农用地股份合作社的新动向与出路——以江苏省为例 [J]. 山西农业大学学报（社会科学版），2015，14（10）：999–1002，1008.

[25] 解安，徐宏潇．略论农村土地股份合作制配套制度设计 [J]. 理论探讨，

2016（06）：68–72.

[26] 孙东升，孔凡丕，钱静斐. 发展土地股份合作与三产融合是保障粮食安全和粮农增收的有效途径 [J]. 农业经济问题，2017，38（12）：4–7，110.

[27] 范瑞，刘承瑞，向利蓉，等. 四川省农村土地股份制改革现状及对策研究 [J]. 农民致富之友，2017（02）：8.

[28] 黄哲，袁凤林. 土地股份合作社经营风险及防范 [J]. 合作经济与科技，2018（11）：78–79.

[29] FAMA E F,JENSEN J M.Separation of Ownership and Control[J].Journal of Law and Economics,1983（26）：301–325.

[30] JENSEN M C,MECKLING W H.Rights and Production Functions：An Application to Labor–managed Firms and Codetermination[J].Journal of Business，1979（52）：469–506.

[31] COOK M L.The Future of U.S. Agriculture Cooperatives：A Neo–Institutional Approach[J].American Journal of Agricultural Economics，1995（77）：1153–1159.

[32] 张笑寒. 农村土地股份合作社——运行特征、现实困境和出路选择——以苏南上林村为个案 [J]. 中国土地科学，2009，23（02）：38–42.

[33] 张笑寒. 农村土地股份合作制的若干问题思考[J]. 调研世界,2009(05）：25–27，35.

[34] 杨继国，黄文义. "产权"新论——基于"马克思定理"的分析 [J]. 当代经济研究，2017（12）：5–14，97.

[35] 斯韦托扎尔·平乔维奇. 产权经济学———一种关于比较体制的理论[M]. 蒋琳琦，译. 北京：经济科学出版社，2004:23.

[36] 夏海波. 产权理论的发展与产权制度构建研究 [D]. 长春：吉林大学，2007.

[37] 菲吕腾博，配杰威齐. 产权与经济理论——近期文献的一个综述 [M]. 上海：上海人民出版社，1994：100–200.

[38] 刘诗白. 产权新论 [M]. 成都：西南财经大学出版社，2003：17 –200.

[39] 刘振环，白非. 私有制效率的决定因素：制度组织形式——马克思与

科斯、诺斯的比较 [J]. 经济问题，2008（11）：17–20，34.

[40] H. 德姆塞茨. 关于产权的理论 [M]// 盛洪. 现代制度经济学（上册）. 北京：北京大学出版社，2003：83–84.

[41] 何易. 产权理论与中国国有企业改革研究 [D]. 成都：西南财经大学，2011.

[42] 巴泽尔. 产权的经济分析 [M]. 费方域，段毅才，译. 上海：上海人民出版社，1997：161.

[43] 阿曼·阿尔钦. 产权经济学 [M]// 盛洪. 现代制度经济学（上册）. 北京：北京大学出版社，2003:93.

[44] 马克思恩格斯全集：第30卷 [M]. 北京：人民出版社，1995:484.

[45] 陈晓枫. 马克思土地产权理论探析 [J]. 思想理论教育导刊，2018（02）：41–44.

[46] 孙飞. 解析马克思产权理论的三个关键点 [J]. 经济纵横，2010（02）：21–25.

[47] 王海传，岳丽艳，吴波. 所有权、产权与人的发展——西方新制度经济学与马克思的差别 [J]. 山东社会科学，2011（12）：82–85.

[48] 郭铁民. 马克思产权理论与深化供给侧结构性改革 [J]. 福建论坛（人文社会科学版），2018（01）：39–43.

[49] 王志伟. 社会主义市场经济下产权理论30年发展的阶段性认识 [J]. 经济科学，2008（06）：29–41.

[50] 吕天奇. 马克思与西方学者产权理论的观点综述与分析 [J]. 西南民族大学学报（人文社科版），2004（03）：121–126.

[51] 饶静安. 马克思产权理论解析及对我国产权改革的反思 [J]. 经济师，2009（06）：31–32.

[52] 李洁真. 产权理论的发展历程及其对我国国有企业改革的启示 [D]. 长春：吉林大学，2017.

[53] WILLIAMSON O E.The Theory of the Firm as Governance Structure：From Choice to Contract[J]. Journal of Economic Perspectives，2002，16（03）：171–195.

[54] 威廉姆森. 资本主义经济制度 [M]. 段毅才，王伟，译. 北京：商务印书

馆，2002：127.

[55]喻中.论威廉姆森法律经济学的研究范式 [J]. 中国政法大学学报，2014（04）：97-105,159.

[56]聂辉华.交易费用经济学：过去、现在和未来——兼评威廉姆森《资本主义经济制度》[J]. 管理世界，2004（12）：146-153.

[57]蔡四青.威廉姆森契约经济理论研究 [J]. 财贸经济，2005（08）：81-84.

[58]董君.马克思产权理论的国内研究综述——兼与现代西方产权理论的比较 [J]. 内蒙古财经学院学报，2010（03）：11-16.

[59]程恩富.西方产权理论评述——兼论中国企业改革 [M]. 北京：当代中国出版社，1997:29.

[60]张夏力，王岩.江苏省农村土地股份合作社的发展实践及推进路径 [J]. 江苏农业科学，2016，44（04）：539-542.

[61]李美幸.马克思、恩格斯股份制理论及对国企改革的指导意义 [J]. 当代经济，2006（12）：8-9.

[62]凡勃伦.企业论 [M]. 蔡受百，译北京：商务印书馆，1959：64,85.

[63]胡义成."股份制社会主义理论"——美国进步学者的贡献 [J]. 攀枝花大学学报，1998（03）：24-28.

[64]李美幸.马克思、恩格斯股份制理论及对国企改革的指导意义 [J]. 当代经济，2006（12）：8-9.

[65]李斌，张军.《资本论》中的股份制理论与国有企业股份制改造 [J]. 贵州商业高等专科学校学报，2006（01）：35-38.

[66]贝尔.后工业社会的来临 [M]. 高铦，等译.北京：商务印书馆，1984：279.

[67]张艳，王新安.股份制财产是"社会财产"——试论马克思恩格斯有关股份制的论述 [J]. 西北大学学报（哲学社会科学版），2005（04）：50-54.

[68]剧义文.马克思的股份制理论与我国现阶段公有制的基本形式 [J]. 中州学刊，2008（04）：17-19.

[69]李斌，张军.《资本论》中的股份制理论与国有企业股份制改造 [J]. 贵

州商业高等专科学校学报，2006（01）：35-38.

[70]王静．农民合作经济组织理论与实践的研究[D].昆明：云南财经大学，2014.

[71]李贺．马克思恩格斯合作经济思想研究[D].天津：天津商业大学，2014.

[72]张士杰．近代农村合作经济的理论与实践研究（1918-1937）[D].南京：南京农业大学，2008.

[73]王礼力．农村合作经济理论与组织变迁研究[D].咸阳：西北农林科技大学，2003.

[74]毛泽东选集：第3卷[M].北京：人民出版社，1968：885.

[75]列宁．论合作制[M]//列宁选集：第4卷.北京：人民出版社，1995：681.

[76]张晓辉．中国农村合作经济制度研究[D].长春：吉林大学，2009.

[77]吴藻溪．近代合作思想史[M].北京：棠棣出版社，1950：58.

[78]马克思．资本论：第2卷[M].北京：人民出版社，1975：497.

[79]马克思．国际工人协会成立宣言[M]//马克思恩格斯选集：第2卷.2版.北京：人民出版社，1995：50,133.

[80]邓小平文选：第3卷.[M].北京：人民出版社，1993：355.

[81]刘根梅．制度变迁理论比较研究[J].合作经济与科技，2016（07）：39-40.

[82]岳武，彭文戈．马克思与诺斯的制度变迁理论比较研究[J].长春理工大学学报（社会科学版），2017，30（01）：7-11,77.

[83]常乔丽．新中国成立以来高等教育重点建设政策的演变机制研究[D].兰州：兰州大学，2018.

[84]孙圣民．历史计量学五十年——经济学和史学范式的冲突、融合与发展[J].中国社会科学，2009（04）：142-161，207.

[85]郭艳茹．制度、权力与经济绩效——阿西莫格鲁（Acemoglu）理论评述[J].理论学刊，2010（05）：65-69.

[86]GREIF A.Institutions and Impersonal Exchange——The European

Experience[R]. Stanford,CA: Stanford University Working Paper, 2004.

[87] 彭涛，魏建 . 内生制度变迁理论——阿西莫格鲁、青木昌彦和格雷夫的比较 [J]. 经济社会体制比较，2011（02）：126-133.

[88] 孙方，李振宇 . 诺斯与马克思：制度变迁的动力比较 [J]. 理论学刊，2014（11）：10-14.

[89] 郭佩文 . 制度变迁中的制度惰性原因探究——基于马克思主义理论和诺斯的制度变迁理论分析 [J]. 前沿，2014（ZB）：70-71.

[90] 王怡靓 . 诺思制度变迁理论对国家治理的启示 [J]. 金融经济,2018（14）：144-145.

[91] 徐捷，张伟如 . 诺斯与格雷夫制度变迁理论的比较 [J]. 经济纵横，2012（03）：12-15.

[92] 纪婷婷 . 试论诺斯制度变迁理论的转变 [D]. 长春：吉林财经大学，2012.

[93] NORTH D C.Institutions，Institutional Change and Economic Performance[M]. Cambridge:Cambridge University Press，1991:92.

[94] 肖端 . 农村土地股份合作制模式发凡及其协同推进 [J]. 改革,2013（09）：90-97.

[95] 广东试行社区土地股份制的考察报告 [J]. 江苏农村经济，1998（09）：27-29.

[96] 张吉清 . "土地股份制"是最佳的制度安排——关于农村土地制度创新的对策建议 [J]. 红旗文稿，2004（03）：13-15.

[97] 刘保峰，吴荣秀 . 土地股份制是农村土地产权改革的必然方向 [J]. 乌鲁木齐职业大学学报（人文社会科学版），2006（01）：70-73,80.

[98] 张毅 . 我国农村土地股份制研究 [D]. 北京：中国人民大学，2014:50.

[99] 张兰君，赵建武 . 农村土地股份合作制模式研究 [J]. 农村经济，2013（06）：24-28.

[100] 刘晓玲，张璐 . 土地股份合作模式："三权分置"中"落实集体所有权"的有效实现形式 [J]. 宁夏党校学报，2017，19（06）：97-100.

[101] 盖建玲 . 股份合作制的实践考察 [J]. 企业管理，1997（11）：8-10.

[102] 戴银萍 . 2014中国土地政策蓝皮书 [M]. 北京：中国社会科学出版社，2014:250.

[103] 叶剑平 , 等 . 中国农村土地产权制度研究 [M]. 北京：中国农业出版社，2000:16.

[104] 陈吉元 , 等 . 中国农村社会经济变迁（1949-1989年）[M]. 太原：山西经济出版社，1993:113.

[105] 刘守英 . 土地制度与农民权利 [J]. 中国土地科学，2000（03）：1-9.

[106] 张钦，汪振江 . 农村集体土地成员权制度解构与变革 [J]. 西部法学评论，2008（03）：83-94.

[107] 丁关良 . 土地承包经营权流转法律制度研究 [M]. 北京：中国人民大学出版社，2011：421-422.

[108] 2014年12月22日，农业部部长韩长赋表示，实现土地集体所有权、农户承包权、农用地经营权三权分置，是引导土地有序流转的重要基础，是我国农村改革的又一次重大创新，从"两权分置"过渡到"三权分置"是巨大的政策飞跃。

[109] 陈锡文 . 土地股份合作制是农业改革方向 [EB/OL]. 上海证券报，2015-11-18.

[110] 张红，张毅，毕宝德 . 土地股份合作经济组织的性质与法律地位探析 [J]. 创新，2015，9（04）：93-97,128.

[111] 张毅 , 张红，毕宝德 . 农村土地股份合作经济组织股东资格界定问题研究 [J]. 昆明理工大学学报 (社会科学版),2015,15(03):50-58.

[112] 邵燕，唐启光 . 我国土地承包经营权入股的制度选择及完善 [J]. 蚌埠学院学报，2013，2（06）：41-44.

[113] 刘雪梅 . 土地承包经营权入股农业公司模式及规制 [J]. 河北大学学报（哲学社会科学版），2012，37（05）：90-94.

[114] 李凡 . 社区型股份合作公司股东资格制度研究 [D]. 上海：华东政法大学，2013.

[115] 重点 | 特区股份合作公司改革如何推？这三个方向是重点…… [J]. 搜狐网，2018-05-24.

[116] 解安 . 农村土地股份合作制——市场化进程中的制度创新 [J]. 甘肃社会科学，2002（02）：53–55.

[117] 姜爱林，陈海秋 . 近年来中国农村土地股份合作制研究述评（2000—2006）[J]. 南京农业大学学报（社会科学版），2007（01）：11–20.

[118] 蒋省三，刘守英 . 打开土地制度改革的新窗口——从广东《集体建设用地使用权流转管理办法》说起 [J]. 学习月刊，2006（01）：22–23.

[119] 刘玉照 . 财产起源与村落边界——征地拆迁补偿分配和村改居中"集体资产"的分割 [J]. 探索与争鸣，2012（11）：16–18.

[120] 王利明 . 物权法专题研究 [M]. 长春：吉林人民出版社，2002：907–908.

[121] 杜文骄，任大鹏 . 农村土地承包权退出的法理依据分析 [J]. 中国土地科学，2011，25（12）：16–21.

[122] 于毅 . 浅议农村集体经济组织成员资格的界定 [J]. 农业经济，2014（06）：70–72.

[123] 韩松 . 论成员集体与集体成员——集体所有权的主体 [J]. 法学，2005（08）：41–50.

[124] 韩松 . 农民集体所有权主体的明确性探析 [J]. 政法论坛，2011，29（01）：104–116.

[125] 张毅，张红，毕宝德，周鹏 . 对农村土地股份制的认识：相关概念辨析与要素构成 [J]. 社会建设研究，2016(3):139–158.

[126] 李锡鹤 . 究竟何谓"共同关系"——再论按份共有与共同共有之区别 [J]. 东方法学，2016（04）：11–24.

[127] 朱新华 . 农村宅基地制度创新与理论解释 [D]. 南京：南京农业大学，2011.

[128] 宗仁 . "土改"新思维——农用地股份共有制 [J]. 南京社会科学，2017（09）：28–35.

[129] 宗仁 . 中国农村合作社的前世今生与土地制度创新 [J]. 上海国土资源，2018，39（03）：1–9.

[130] 关成华 . 关于农村集体经济产权制度改革的实践与思考 [J]. 前线，

2009（02）：47-49.

[131] 厉以宁.论新公有制企业 [J].经济学动态，2004（01）：17-20.

[132] 汤跃跃.国有股权流通问题研究 [D].湘潭：湘潭大学，2001.

[133] 孔祥智.农村社区股份合作社的股权设置及权能研究 [J].理论探索，2017（03）：5-10.

[134] 汪险生，郭忠兴.虚置还是稳固：农村土地集体所有制的嬗变——基于权利分置的视角 [J].经济学家，2017（05）：58-67.

[135] 赵龙.为乡村振兴战略做好土地制度政策支撑 [J].行政管理改革，2018（04）：11-14.

[136] 魏鲁彬.农村土地所有权共享的理论逻辑——从"两权分离"到"三权分置"[J].财经科学，2018（04）：39-53.

[137] 高圣平.承包土地的经营权抵押规则之构建——兼评重庆城乡统筹综合配套改革试点模式 [J].法商研究，2016，33（01）：3-12.

[138] 高圣平.农用地三权分置视野下土地承包权的重构 [J].法学家，2017（05）：1-12,175.

[139] 许中缘，崔雪炜."三权分置"视域下的农村集体经济组织法人 [J].当代法学，2018，32（01）：83-92.

[140] 韩立达，王艳西，韩冬.农用地"三权分置"的运行及实现形式研究 [J].农业经济问题，2017，38（06）：1,4-11.

[141] 张毅，张红."三权分置"条件下土地承包经营权及其可能形成的股权权能探析 [J].农村金融研究,2015(7):70-73.

[142] 陈广华，罗亚文.宅基地"三权分置"之法教义学分析——基于试点地区改革模式研究 [J].农村经济，2019（02）：23-30.

[143] 汪险生，郭忠兴.虚置还是稳固：农村土地集体所有制的嬗变——基于权利分置的视角 [J].经济学家，2017（05）：58-67.

[144] 石传梅.试论现行农村土地制度的弊端及变革路径——以贵州省平塘为例 [J].中共贵州省委党校学报,2009（03）：39-41.

[145] 孔祥智.农村社区股份合作社的股权设置及权能研究 [J].理论探索，2017（03）：5-10.

[146] 李华雨 . 农用地股份合作社之收益分配法律制度研究 [D]. 南京：南京农业大学，2012.

[147] 孔祥智 . 再论引导和促进农村土地股份合作经济组织规范发展 [J]. 中国农民农村土地股份合作经济组织，2014（12）：27.

[148] 苑鹏 . 欧美农业农村土地股份合作经济组织的实践创新及其对我国的启示 [J]. 学习与实践，2015（07）：33-38.

[149] 丁芳丽 ."三权分置"改革下农用地股份农村土地股份合作经济组织发展问题研究 [D]. 蚌埠：安徽财经大学，2018.

[150] 邢芳凝 . 农用地股份合作制改革与收益分配研究 [D]. 北京：中国地质大学（北京），2017.

[151] 于华江，王刚 . 农用地股份合作组织盈余分配机制的利益衡量 [J]. 经济与管理研究，2011（09）：65-71.

[152] 张夏力，王岩 . 江苏省农村土地股份农村土地股份合作经济组织的发展实践及推进路径 [J]. 江苏农业科学，2016，44（04）：539-542.

[153] 刘云生，吴昭军 . 农村土地股份制改革中的行为特征 [J]. 求实，2016（09）：78-87.

[154] 张凡，孙淑云 . 集体成员权视角下的农用地产权构造 [J]. 农村经济，2012（11）：28-32.

[155] 王瑞雪 . 关于农村社区成员权退出若干理论问题的探讨 [J]. 生产力研究，2007（10）：29-30，33.

[156] 卢福营 . 中国特色的非农化与农村社会成员分化 [J]. 天津社会科学，2007（05）：56-61.

[157] 汪军民 . 中国农用地制度的立法基础与路径选择 [M]. 北京：中国政法大学出版社，2011：115-116.

[158] 史金善 . 社区型土地股份合作制——回顾与展望 [J]. 中国农村经济，2000（01）：66-69.

[159] 李晓冰 . 公有制框架内农村土地制度改革评析 [J]. 云南财贸学院学报，2005（03）：13-17.

[160] 侯作前 . 土地股份合作制与农民权益保障 [J]. 法治研究，2007（11）：

16-23.

[161] 魏立华，袁奇峰. 基于土地产权视角的城市发展分析——以佛山市南海区为例 [J]. 城市规划学刊，2007（03）：61-65.

[162] 彭美玉，王成璋，叶子荣. 制度互补性的一般均衡模型研究 [J]. 改革与战略，2007（04）：7-11.

[163] 丛艳国，章家恩，夏斌. 快速城市化进程中基于集体土地视角的农村发展分析——以佛山市南海区为例 [J]. 热带地理，2009，29（03）：263-267.

[164] 黄少安. 从家庭承包制的土地经营权到股份合作制的"准土地股权"——理论矛盾、形成机理和解决思路 [J]. 经济研究，1995（07）：32-37，20.

[165] 黄词捷，石芸. 贫困户优先股：现代农业发展方式下的财政资金扶贫新路径——以崇州市王场镇东风村清源土地股份合作社为例 [J]. 中共乐山市委党校学报，2016，18（06）：47-49.

[166] 陈挺. 山东省东平县农村集体产权股份合作制改革实践探索 [J]. 中国农民合作社，2016（06）：65-66.

[167] 资兴集体股份权能改革探索与建议 [J]. 农村经营管理，2017（01）：19-20.

[168] 高海，杨永磊. 社区股份合作社集体股改造——存废二元路径 [J]. 南京农业大学学报（社会科学版），2016，16（01）：114-122.

[169] 程燕玲. 农村集体经济股份合作制改革研究 [D]. 上海：上海交通大学，2012.

[170] 解安，周英. 土地股份合作制股权设置与实现研究——以京郊为例 [J]. 河北学刊，2016，36（04）：140-144.

[171] 王吉鹏. 我国农民专业合作社财政扶持政策效应研究 [D]. 北京：中国农业科学院，2018.

[172] 华小鹏. 论股利分配请求权之诉 [J]. 河南师范大学学报（哲学社会科学版），2009，36（03）：140-142.

[173] 孙箫. 股东查阅权的范围及拓展 [J]. 河北法学，2010，28（08）：116-120.

[174] 陈震 . 公司法股东质询权困境的进路 [J]. 湖北经济学院学报（人文社会科学版），2008（04）：68-70.

[175] 牛国良 . 论债转股后股权的市场化流动 [J]. 山东经济，2003（02）：47-50.

[176] 赵家如 . 北京市农村社区股份合作制变迁绩效研究 [D]. 北京：中国农业大学，2014.

[177] 马彦丽 . 农用地股份合作社的固定租金契约优于分成契约——兼论农用地股份合作社的功能定位和发展空间 [J]. 农业经济问题，2019（03）：108-120.

[178] 周其仁 . 城乡中国（下）[M]. 北京：中信出版社，2016.

[179] 牛若峰 . 农民集体所有土地股份合作制的前提和根据 [J]. 调研世界，2000（07）：5-8.

[180] 孙中华，罗汉亚，赵鲲 . 关于江苏省农村土地股份合作社发展情况的调研报告 [J]. 农业经济问题，2010，32（08）：30-35.

[181] 王静 . 渐进性农村股份合作制改革的路径分析 [J]. 农业经济问题，2017，38（04）：23-29,110.

[182] 姚鹏，党森，安福杰 . 农村土地股权制度构建研究 [J]. 农业经济，2018（12）：77-78.

[183] 李嘉伟 . 农村集体资产股份化改革问题研究 [D]. 泰安：山东农业大学，2018.

[184] 陈泽杰 . 农村集体经济组织产权制度改革中的股权转让——以浙江省诸暨市 L 村为例 [J]. 法制与社会，2016（16）：95-96.

[185] 文洪朝 . 公有制通过股份制经济实现的理论探讨 [J]. 贵州社会科学，2015（06）：118-123.

[186] 王曦 . 关于农用地股份合作社发展的思考——以江苏地区为例 [J]. 江苏农业科学，2013，41（10）：414-419.

[187] 刘成良，孙新华 . 精英谋利、村社托底与地方政府行为：土地股份合作社发展的双重逻辑 [J]. 中国农业大学学报（社会科学版），2016，33（03）：33-41.

[188] 田焱.农村产权股份化——土地股份合作社建构的理论与现实思考[J].农村经济，2017（07）：124-128.

[189] 刘志秀，李增元.农村社区股份制改革：实践模式、现实问题及路径选择——基于山东省J县的实证调查[J].山东行政学院学报，2018（04）：86-92，51.

[190] 牛若峰.农民集体所有土地股份合作制的前提和根据[J].调研世界，2000（07）：5-8.

[191] 孙中华，罗汉亚，赵鲲.关于江苏省农村土地股份合作社发展情况的调研报告[J].农业经济问题，2010，32（08）：30-35.

[192] 王静.渐进性农村股份合作制改革的路径分析[J].农业经济问题，2017，38（04）：23-29,110.

[193] 吴义茂.土地经营权入股产业化经营的几点思考[J].农村经营管理，2017（08）：22-23.

[194] 冷宏志.稳妥推行农村土地股份制改革的思考[N].中国县域经济报，2015-02-02（001）.

[195] PRUZTZ R,BERGER D I.Beyond Takings and Givings[M]. Burbank,CA:Arje Press，2003.

[196] 赵茜宇，刘挺，张占录.农村居民点整理利益分配理论构建与实践优化研究[J].地域研究与开发，2016，35（06）：115-120.

[197] NELSON A C,PRUETZ R,WOODRUFF D.The TDR Handbook：Designing and Implementing Transfer of Development Rights Programs [M]. Saint Louis :Island Press，2011:5.

[198] 史金善.关于农用地产权制度改革的思考[J].农村研究，1999（06）：9-12.

[199] 王康如.农村土地股份合作经济组织的运行机制及构建研究[D].郑州：河南农业大学，2012.

[200] 张红，张毅，毕宝德.土地股份合作组织规范探讨[J].农村经营管理，2016（05）：20-21.

[201] 陈珊，李苗."三权分置"模式下农村土地经营权抵押贷款的困境与

对策 [J]. 西部经济管理论坛，2017，28（03）：23-27.

[202] 刘柱 . 中国农村土地规模化经营问题研究 [M]. 北京：中国农业科学技术出版社，2017:2.

[203] 徐勇 . 东平崛起——土地股份合作中的现代集体经济成长 [M]. 北京：中国社会科学出版社，2015:123.